KB088715

철이 금보다 비쌌을 때:

충격과 망각의 경제사 이야기

철이 금보다 비쌌을 때:
충격과 망각의 경제사 이야기

알레산드로 지로도

송기형 옮김

까치

QUAND LE FER COÛTAIT PLUS CHER QUE L'OR :
60 histoires pour comprendre l'économie mondiale

by Alessandro Giraudo

역자 송기형(宋起炯)
서울대학교 인문대학 불문과 및 대학원 졸업. 건국대학교 문과대학 불문과
교수 역임. 현재 건국대학교 예술디자인대학 영화·애니메이션과 교수.
간송미술관 연구위원.
저서 : 『현대 프랑스의 언어정책』
역서 : 『파리의 풍경』(공역), 『관용론』(공역)

철이 금보다 비쌌을 때 : 충격과 망각의 경제사 이야기

저자 / 알레산드로 지로도
역자 / 송기형
발행처 / 까치글방
발행인 / 박종만
주소 / 서울시 마포구 월드컵로 31(합정동 426-7)
전화 / 02·735·8998, 736·7768
팩시밀리 / 02·723·4591
홈페이지 / www.kachibooks.co.kr
전자우편 / kachisa@unitel.co.kr
등록번호 / 1-528
등록일 / 1977. 8. 5
초판 1쇄 발행일 / 2016. 8. 3
    2쇄 발행일 / 2016. 9. 12

값 / 뒤표지에 쓰여 있음

ISBN 978-89-7291-619-2 03900

이 도서의 국립중앙도서관 출판예정도서목록(CIP)은 서지정보유통지원시스
템 홈페이지(http://seoji.nl.go.kr)와 국가자료공동목록시스템(http://www.nl.
go.kr/kolisnet)에서 이용하실 수 있습니다. (CIP제어번호 : CIP2016017516)

지식의 가장 큰 적은 무지가 아니라, 알고 있다는 착각이다.

—스티븐 호킹

추천사

장-마르크 다니엘

오늘날 경제는 가장 중요한 관심사의 하나이다. 경제는 책, 텔레비전 방송, 모임의 주제가 되었고 누구나 각자 입장을 밝히며 이런저런 조치를 취해야 하는 데도 그렇게 하지 않는다고 주장한다. 과오와 근사치를 열거하면서 과거만을 예측할 능력이 있을 뿐이라는 조롱을 받는 경제학자는 실제로 분명한 질시의 대상이기도 한다. 많은 사람들이 출신과 배경에 무관하게 자신이 진리를 알고 있으며 경제학자보다 경제를 더 잘 이해한다고 확신한다. 그들은 학위를 내세우거나 학회를 지지하면서 자신들을 무시하는 경제학자가 정부와 대자본 아니면 트로츠키주의에 매수된 자에 불과하다고 생각한다.

경제학자가 자신의 지식에 대한 반론을 잠재우고, 다시 말해서 자신의 지식을 유용하게 만들기 위해서는, 경제학의 통속화라는 도전만이 아니라, 다소간 근거가 없는 해석의 범람을 물리쳐야 한다. 단호한 확언과 판박이 개념들에 대응하기 위해서는 과학적인 접근을 해야 한다. 경제학자들은 과학적인 접근을 위해서 처음에는 수학의 방법을, 나중에는 물리학의 방법을 채택했다.

최초의 경제사 교수인 영국인 윌리엄 나소 시니어(1790-1864년)는 데이비드 리카도(1772-1823년)의 제자였다. 시니어는 두 가지 점을 확인하는 것으로 첫 번째 강의를 시작했다.

먼저 그는 자신이 대학에서, 즉 공금으로 운영되는 조직 안에서 경제학을 가르치는 것을 수락한 것은 경제학이 하나의 과학이라는 확신을 얻었기 때문이라고 단언했다. 또 경제학은 특정 정치집단의 이익을 위한 선전이 아니라, 사회의 복지를 개선할 수 있는 지식을 전파하는 수단이라고 확신한다고 덧붙였다.

그는 "보호주의자는 결코 경제학자가 될 수 없다"는 선언에 의해서 자신의 견해를 뒷받침했다. 경제학자가 어떤 사람이고 그에게서 무엇을 기대해야 하는지를 이해하려면 이 선언을 명심해야 한다. 시니어가 살던 시대는 극도로 보호주의적이었고 그 시대의 지도자들은 보호주의자라고 자처하기를 주저하지 않았다. 시니어는 그들이 무능하다거나 어리석다고 비난하지 않았다. 그는 다음과 같이 말했을 뿐이다. 경제학자는 자유무역이 물가를 하락시킴으로써 만인의 구매력을 증진시킨다는 점을 밝히는 반면, 보호주의는 경쟁을 방해함으로써 몇몇 집단에게 혜택을 준다는 것이다. 경제학자는 자신의 역할이 주민의 전체적인 상황을 개선시키는 정책들을 생각하는 것이라고 간주한다. 보호주의자는 일부 주민에게 혜택을 주기 위해서 다른 주민들을 희생시키기로 선택한 사람이다. 이런 선택은 경제학적으로는 정당화될 수 없기 때문에 정치적, 인종적, 종교적 이유 등의 다른 이유로 정당화하게 마련이다.

시니어 시대의 보호주의자들은 경제학자들의 이론을 잘 알고 있었는데, 두 가지 이유에서 자국의 밀 생산을 보호하려고 했다. 대개는 귀족인 지주들의 권력, 재산, 사회적 위상을 보호하는 것이 첫 번째 이유였다. 두 번째 이유는 나폴레옹이 시행한 것과 같은 유형의 새로운 대륙봉쇄령이 내려졌을 때 영국이 자기 국민을 먹여 살릴 수 있다는 확신이 필요했기 때문이었다. 경제학자는 생산비용과 구매력에 의거하여 판단을 내린다. 결정권자는 다른 요소들을 고려하여 선택한다. 학문적 엄격성은 경제학자에게 결정권자의 행동을 잘못된 이론에 의해서 정당화하려고 하지 말고, 결정권자가 자기 행동의 결과를 평가할 수 있는 수단을 제공하려고 노력하라고 요구한다.

시니어가 두 번째로 확인한 것은 경제학이 공리적이라는 점이다. '공리적'이라는 것은, 공리(公理)라고 불리며 실제를 나타낸다고 모두가 인정하는 기본 원칙을 제시하는 것을 의미한다. 그다음에는 이 공리들에서 결론을 이끌어내기 위해서 논리적인 방식으로 추론해야 한다. 시니어는 네 가지 공리를 제시하고 그 공리들을 중심으로 강의를 진행했다.

신고전학파를 탄생시킨 그다음 세대 경제학자들은, 경제학은 과학적 접근에 기초해야 정당성을 인정받을 수 있다는 입장을 고수했다. 윌리엄 스탠리 제번스(1835-1882년)는 경제학은 문학적인 표현으로 그쳐서는 안 되고, 엄격하게 수학적인 공식화를 요구한다고 강조한 19세기 영국 경제학자이다. 제번스는 기회가 있을 때마다 "갈릴레이에게 자연은 수학의 언어로 쓰인 책이었다. 내가 보기에는 사회 역시 수학의 언어로 쓰인 책이다"라고 말했다. 양자의 차이는 단 하나뿐이다. 갈릴레이(1564-1642년)의 작업이 결실을 맺기 위해서는 뉴턴(1643-1727년)의 수학이 필요했고, 제번스의 작업은 라그랑주(1736-1813년)와 라플라스(1749-1827년)의 수학을 기다려야 했다. 제번스에 따르면, 경제이론이 분석하는 사회구조를 이해하기 위해서는 실제를 수량화해야 한다. 그리고 성찰을 시작하기 전에, 사회적 관계를 설명할 수 있는 몇 개의 명확한 개념을 규정해야 한다. 그래야만 세부 속으로 함몰되어 실재의 부수적인 측면들을 과대평가하는 것을 피할 수 있다는 것이다. 그는 자신의 방법이 수학자의 방법보다는 물리학자의 방법을 모방한 것에 더 가깝다고 보았다. 그의 동시대인으로 벨 에포크 시대(p. 302 참조) 경제학자들의 교과서가 된 앨프레드 마셜(1842-1924년)은 원래 물리학도였다. 이처럼 신고전학파가 등장한 19세기 말부터, 경제학이 채택해야 할 방법이 수학의 방법이 아니라 물리학의 방법이라는 생각이 뿌리를 내렸다.

경제학자들은 시니어의 공리들을 확립한 원칙과 가정을 받아들였다.

그러나 그들은 그것들을 물리학의 틀처럼 조직된 성찰의 틀 안에서 사용했다.

구체적으로 경제학자의 추론은 3단계로 이루어진다. 첫 번째 단계에서 경제학자는 연구의 대상을 정하고 이 대상에 수량화가 가능한 특성을 부여함으로써 이론을 만든 다음, 이 이론을 실제에 적용하여 그 타당성을 검증한다. 특히 그는 참조 요소가 되는 주요인들을 규명하여 이것들을 토대로 하여 이론을 발전시킨다. 두 번째 단계에서 경제학자는 법칙들, 다시 말해서 수량화된 특성들 사이의 수학적 관계를 확립한다. 마지막 단계에서 경제학자는 이 법칙들을 실험에 의해서 검증한다.

알레산드로 지로도의 저서도 전체적으로는 이런 방식을 따르고 있다고 볼 수 있다. 물론 물리학자가 연구하는 자연과는 달리, 사회는 조작과 반복적인 실험의 대상이 아니다. 사회는 그 역사에 의거하는 주석(註釋)의 대상이다. 물리학자의 검증은 분석의 대상인 현상의 재현과 반복에 의해서 이루어지고, 경제학자의 검증은 역사에 대한 수량화된 연구에 의존한다. 이런 연구는 통계학과 계량경제학 덕에 가능하다. 모범이 되는 경제사를 쓰려면, 과거 사건들에 대한 세밀한 지식 그리고 경제 이론과 지식에 대한 통섭을 겸비해야 한다. 이것은 정말 어려운 일이기 때문에, 경제 이론과 역사 사건들의 대조가 필수적임에도 불구하고 이런 작업에 뛰어드는 학자는 거의 없다. 대부분의 경제사는 두 가지로 분류될 수 있다. 첫 번째 부류는 역사를 장기 또는 단기 순환이 이어지는 영구적인 반복으로 인식되게 만든다. 따라서 미래는 과거의 무한한 재현에 불과하기 때문에 예측이 가능하다는 것이다. 이러한 관점은 로마인들의 "태양 아래서 새로운 것은 없다"는 말을 신봉하는 사람들의 열렬한 지지를 받는다. 그러나 이런 관점을 과도하게 받아들이면, 시대착오 그리고 부수적인 사실들의 다원적 결정이라는 이중의 위험에 빠질 수가 있다. 두 번째 부류는 시간의 흐름을 단선적으로만 파악한다. 몇몇 고대 그리스 철학자들의 비유를 빌리면, 똑같은 물에 두 번 몸을 담그는 것은 절대로 불가능하다는 것이다. 이런 관점에서는 역사는 경제학자의 실험 방식이라는 위상을 상실하고, 과거 세계들을 다소간 향수에 젖어 문학적으로 회상하는 작업이 된다.

이러한 두 가지 부류 사이의 중간이, 역사를 경제과학의 실험 자료로 사용하는 것이다. 인간의 역사는 흘러가는데, 물질적이고 기술적으로 진보하기도 하고 때로는 퇴보하기도 한다. 그러나 경제학자가 참조하는 모델, 즉 이익을 따라서 움직이고 물질적 상황을 개선하기 위해서 노력하는 인간이라는 모델은 기본적으로 모든 시대에 적용된다.

대중의 기대를 충족시킬 수 있는 단정적인 주장과 다소간 정치적인 구호에 의존하는 경제학자는 선동가로서 크게 성공할 수도 있다. 그러나 그런 유혹에 저항하려는 경제학자는 선동적이고 단정적인 주장들을 세 가지 기준에 의거하여 심판함으로써만 자신의 사명을 다할 수 있다. 그런 주장들이 관찰의 대상인 실제에 부합하는지, 그런 주장들이 기존 이론에 부합하는지, 그런 주장들이 역사적으로 검증될 수 있는지를 따져보아야 하는 것이다.

알레산드로 지로도는 우리의 현재를 더 잘 이해시키고 받아들이게 만들고, 혹시 가능하다면 우리 미래의 심오한 쟁점을 가늠하게 만들기 위해서 과거를 돌아보는 방식을 택했다. 그의 이런 시도는 처음이 아닌데, 나는 그가 이번에도 대가의 솜씨를 보여주었다고 말할 수 있다. 나는 지로도의 저서들을 읽었을 뿐만 아니라, 1842년 창립되어 전통을 자랑하는 정치경제학회의 만찬 모임에서 옛날 사건들에 대해서 그와 정기적으로 토론할 기회가 있었다. 그렇기 때문에 필자는 『철이 금보다 비쌌을 때: 충격과 망각의 경제사 이야기』에서 지로도의 저술들을 필독서로 만든 그 박학과 그 정밀성이 유감없이 구사된 것이 너무나 당연하다고 생각한다. 그가 우리를 초대한 대항해에는 알렉산드로스 대왕이나 나폴레옹 같은 신화적인 인물들이 무수히 등장한다. 알렉산드로스 대왕은 금광을 찾으러 페르시아 제국 정복에 나섰다. 나폴레옹은 적국들의 경제를 인플레이션에 의해서 파괴하려는 화폐 위조 기업의 총수로 소개되었다. 인플레이션은 다양한 시대에, 주로 전쟁 직후에 출현하는 재난 가운데 하나이다. 우리 모두 1923년과 1945년의 독일에서 인플레이션이 살인적이었다는 점은 잘 알고 있다. 그러나 알레산드로 지로도는 1945년의 헝가리가 겪은 참상을 우리에게 생생하게 보여준다. 헝가리의 인플레이션과 그 해결은 스탈린의 권력이 이 나라에서 정착하는 데에 적지 않게 기여했다.

이러한 역사에서 얻을 수 있는 교훈은, 확신과 희망에 대해서 끊임없이 의문을 제기해야 한다는 것인지도 모른다. 화학의 세계에서 모든 것이 변화한다면, 경제의 세계는 손실과 파괴로 점철되어 있다. 물론 이러한 손실과 파괴의 일부는 창조적이지만, 대부분은 치명적이다. 인간과 세상은 취약하기 짝이 없다. 알레산드로 지로도는 전쟁과 전염병 등만이 아니라 세금에 의해서도 끊임없이 위협을 당하는 인간과 세상을 우리에게 적나라하게 보여준다.

결론적으로 이 책은 매우 유용하다. 일화를 하나 소개하겠다. 영국 여왕은 2008년 말 런던 경제학회를 방문했을 때 학회 관계자들에게 "어떻게 현재의 경제위기를 아무도 예측하지 못할 수가 있습니까?"라고 질문했다. 여왕이 오늘까지도 타당성 있는 답변을 듣지 못했을 것은 확실하다. 여왕이 알레산드로 지로도의 이 책을 읽어본다면, 기본적인 답변을 얻게 될지도 모른다. 그 답변은 다음과 같은 질문의 형태로 표현할 수 있으리라. 세상이 경제위기를 겪지 않은 적이 있었습니까?

차례

* 주는 까치글방 홈페이지에서 무료로 다운로드 받을 수 있습니다.
  www.kachibooks.co.kr

서론

작은 호기심이 대사건들을 설명할 수 있다

경제사는 인류가 농업, 산업, 기술 혁명을 통해서 진보하고 석기시대에서 청동기시대, 철기시대를 거쳐 항구적인 기술혁명의 시대로 이행하고, 신대륙과 미지의 제품들을 발견하는 것을 가능하게 만들어준 대사건들에 의해서 결정되어왔다. 역사는 제국들의 도약, 쇠퇴 그리고 몰락과 함께 하면서 흘러왔다. 그러나 작은 사건들과 미세한 세부들 역시 역사를 만들고 역사에 영향을 끼쳐왔다. 그것들이 몇몇 실제를 불안정하게 만들어 균형을 변화시키고 다른 균형을 만들어내기 때문이다. 18세기에 새로운 유행이 전파되었다. 『백과전서(*Encyclopédie*)』*의 완성으로 귀결된 과학, 문학, 여행 대사전들의 편찬이 성행하는 옆에서 일화를 다루는 책들을 쓰는 유행이 퍼져나간 것이다.

필자는 이 책에서 금, 은, 공업용 금속, 향신료를 둘러싼 소동을 이야기했다. '로마의 평화'와 '몽골의 평화' 사이에 그리고 지리적 대발견 이전과 이후에 통상로(대상과 해상)를 이동하게 만든 기후변화와 정치-군사 변동을 이야기했다. 콘스탄티노플 함락 이후 유라시아 교역의 새로운 재편도 같이 다루었다. 경제 중심이 육지에서 바다로 또 바다에서 육지로 바뀜에 따라서 인간은 물론이고 정치와 금융의 구조가 크게 달라진다.

---

* 18세기 디드로와 달랑베르가 편집한 35권의 백과사전. 이 사전에 기고한 계몽사상가들을 백과전서파(Encyclopédistes)라고 한다. 이 사전은 프랑스 혁명의 사상적 기반이 되었다/역주

농업과 초기 산업 생산 그리고 전쟁의 신기술 도입에 의해서 인간의 삶만이 아니라 전투에서 죽는 방식까지 바뀌었다. 감자와 옥수수 같은 '아메리카' 농산품이 사람들의 일상생활, 국가 사이의 균형 그리고 특히 대 경제권(圈) 사이의 균형을 근본적으로 변화시켰다. 돈의 지리적 이체로 대표되는 새로운 상업과 금융 기술 그리고 '이탈리아 장부'의 도입은 거래는 물론 돈과 신용 사이의 관계를 완전히 바꾸어버렸다. 이것이 피아첸차의 종이-금융 시장의 전성기를 가져왔다.

경제에서의 단절, 주민들 그리고 나라들 사이의 관계 단절은 모든 역사에서 항상 일어나는 일이다. 역사는 언제나 요동치면서 흘러가는 법이다. 청동기시대에서 철기시대로의 이행은 3세기의 기후변화와 마찬가지로 지중해 동부 지역에 중대한 위기를 불러일으켰다. 3세기의 기후변화는 로마 제국의 쇠퇴를 조장한 이유 가운데 하나였을 뿐만 아니라 파르티아 제국, 쿠샨 제국, 한(漢)나라 붕괴의 한 원인이었다. 중국사를 관통하는 특징의 하나는 기근을 피해서 쌀과 물을 구하려고 이동하는 북쪽과 동쪽 유목민족들의 침략이었다.

특수한 상품(흑요석, 청동, 금은, 후추, 인디고, 고래기름) 시장이 급작스럽게 위기에 빠지면, 일거에 모든 경제 분야가 손상을 입거나 파괴되곤 했다. 그리고 경제 여건, 기후, 기술, 이념, 종교적 선택의 변화로 말미암아 잘못된 결정이 내려지곤 했다. 로마 제국은 전리품이 줄어들고 군단의 전투력이 떨어지는 바람에, 국경지대의 평화를 돈으로 살 수밖에 없었다. 이슬람은 신도들의 종교적이고 군사적인 열정에 힘입어 전광석화와 같은 정복을 이어갔지만, 이러한 성공은 상당 부분 노예와 전리품 장사로 확보한 자금 덕이었다. 베네치아는 향신료 독점을 리스본에게 빼앗기자, 숙적 오스만 제국에게 수에즈 운하를 공동으로 건설하고 인도양에서 포르투갈의 캐럭 선들과 갤리언 선들을 상대로 전쟁을 벌이자고 제안했다. 국교와 다른 종교 신봉자들을 추방하는 결정은 유대인, 무어인, 개신교도들의 노하우를 국외로 유출시킴으로써 스페인과 프랑스 경제의 사회와 생산 구조에 엄청난 손해를 입혔다. 귀금속과 향신료를 구하기 위해서 탐험가들은 길고 험난한 항해의 모든 고통을 감수했고, 콩키스타도르들은 포악한 짐승이 되었다. 향신료가 경제의 핵심으로 간주되는 경우가 드물지 않았다. 향신료 시장의 이윤이 너무나 막대했기 때문에, 네덜란드가 영국인들에게 맨해튼을 주고 그 대신 육두구가 나는 런 섬을 받을 정도였다. 런던은 나폴레옹을 저지하기 위해서 프로이센, 오스트리아, 러시아에 황금 수백만 온스를 제공했다. 제2차 세계대전 당시 워싱턴 역시 똑같은 전략을 선택하여 히틀러에 맞서기 위해서 모스크바에 군수품과 식품을 수송했다(무기대여법). 산업 스파이는 비단, 종이, 자기 생산 그리고 지도 제작, 레이스 세공품과 수정 제조, 금속 정련, 향신료 재배, 직물 생산과 염료화학 기술 등에서 지식을 단번에 탈취함으로써 경제전쟁의 전세를 급속하게 역전시키곤 했다.

변화는 세상을 어지럽히고 불안정하게 만든다. 그러나 많은 상상력을 동원하여 변화를 해석할 필요가 있다. 야만족이 쳐들어왔을 때 카르타고 주민들은 원형경기장에서 구경을 하고 있었고, 다른 야만족이 쾰른을 공격했을 때 귀족들은 연회에서 식사 중이었다. 명(明)나라는 유럽인들의 군사적 발전을 무시했다가 그 대가를 톡톡히 치렀다. 필자에게 경제사에 대한 열정을 불어넣어준 위대한 역사가 카를로 치폴라*가 지적했듯이, 『돈키호테』는 스페인 제국의 전성시대에서 나왔다.

필자는 독자들에게 상상의 마법 융단을 타고, 세계 경제사의 일화와 진기한 이야기들 속으로 함께 여행하자고 제안하는 바이다.

---

* Carlo Cipolla(1854-1916년) : 이탈리아 역사가로 토리노 대학 근대사 교수를 역임했다/역주

1

아시리아인들의 시대에는
철이 금보다 8배나 더 비쌌다

아시리아인들은 메소포타미아 북부, 시리아, 아나톨리아(소아시아) 남부 사이의 지역에 거주했다. 지금으로부터 거의 4,500년 전이다. 그들의 시장에서 철은 금보다 8배 정도 비싼 가격에 거래되었다.[1] 이 지역에서 이루어지던 철 거래에 대한 기록이 지금도 남아 있다. 인근 지역들의 시장에서 이루어지는 거래 가격도 크게 다르지 않았다. 그 당시 지구에서 사용되는 거의 모든 철은 운석(隕石)에서 나온 것이었다. 아직 인간은 철을 녹이는 데에 필요한 온도인 섭씨 1,535도를 만들어내지 못했다. 상당히 정교한 기술을 가지고 있었는데도 말이다. 인간은 목탄으로 온도를 높이는 법을 알고 있었다. 그래서 나무 값이 엄청나게 비쌌던 것이다. 가까운 숲에서 나무를 자르고 목탄을 광산지대로 운반해야 했다. 그 결과 지역 전체의 산림이 벌채되는 사태가 종종 벌어져서 역사에 커다란 영향을 미쳤다. 키프로스, 에페소스, 프리에네, 밀레토스 그리고 아주 나중에는 런던 동부와 중부 유럽의 몇몇 숲들 등이 그랬다.[2]

높은 온도를 만드는 능력은 특정 문명의 기술 단계를 평가하는 기준의 하나였고 지금도 그렇다. 그것은 석기시대(섭씨 300-400도)에서 청동기시대(섭씨 약 1,100도), 철기시대(섭씨 1,500-1,600도), 현대 기술문명시대(극히 높은 공업 온도와 절대 0도에 근접하는 최저온도)로의 이행을 설명하는 근거가 된다. 오늘날에는 10억 분의 몇 초 동안에 극도로 높은

온도를 산출할 수 있는 기술도 있다.[3]

신의 선물인 운석의 철

고대의 많은 언어들에서 철을 가리키는 표현은 하늘과 관계가 있었다. 수메르인들은 철을 안-바르(하늘의 불), 히타이트인들은 쿠안(하늘의 불)이라고 불렀다. 이집트어 비아-엔-페트는 '하늘의 벼락'이라는 뜻이었고, 히브리어 파르-질은 '신 또는 하늘의 금속'이었다. 지금도 조지아어(그루지야어)로는 '운석'을 '하늘의 파편'이라고 한다.[4]

고대에는 운석을 찾아다니는 사람들이 오늘날보다 훨씬 더 많았다. 고대인들은 특히 사막을 뒤졌다. 땅속에 너무 깊이 박히지 않는 지역에서 운석을 찾기가 쉽기 때문이다. 숲이나 산에서는 습한 토양과 돌들 때문에 찾기가 더 어렵다. 운석이 떨어지면서 숲을 불태우는 경우가 자주 있었다. 헤시오도스가 이야기했듯이, 이디 산은 운석이 떨어진 후 큰 불이 났는데, 이것은 크레타 역사에서 유명한 화재였다.[5]

철은 신전에 전시되었고 권력자들이 매우 탐을 냈다

오랫동안 철은 신과 하늘에 관한 상상력을 자극했다. 많은 운석들이 신전 제단에 금과 함께 전시되었다. 이 '하늘의 파편'에 경탄하고 겁을 먹은 신도들은 운석을 경배했다. 예컨대 에페소스의 아르테미스 신전은 운석이 떨어진 곳에 지어졌다고 한다. 메카에 있는 카바의 검은 돌은 아마도 운석일 것이다. 권력자들 역시 운석으로 만들어진 권력의 상징과 물건을 가지기를 원했다. 아틸라가 그랬고 티무르도 그랬다. 많은 칼리프들이 공식 행사에서 운석으로 만든 언월도(偃月刀)를 착용했다. 스페인 정복자들은 멕시코에 도착했을 때, 족장들의 철 단도와 철 단검에 깊은 인상을 받았다.

그러나 아스텍 문명은 철을 녹이는 방법을 몰랐고 그 지역에서는 주조소가 하나도 발견되지 않았다. 밀레토스의 탈레스(624–546년경 기원전) 이래로 자연적으로 자력이 있는 철, 곧 자철광 이야기가 나온다. 일부 뱃사람들이 항해를 위해서 사용했다고 한다.[6] 철은 종교적, '정치적', 군사적 그리고 경제적으로 수요가 많았기 때문에 그렇게 비쌌던 것이다. 예컨대 인도의 포루스 왕은 히다스페스 전투[7]에서 알렉산드로스 대왕에게 패한 후 그를 영접하고 자신의 보물과 철 30킬로그램을 바쳤다. 이 철은 그 유명한 인도 우츠의 강철일 것이다. 이 철로 나중에 다마스쿠스 검을 만들게 된다. 다른 기록에 따르면, 30킬로그램이 아니라 30탈란트였다고 한다. 1탈란트는 28–30킬로그램이다.

미약한 제철기술

주조된 작은 철제품들이 이집트와 메소포타미아에서 발견되었다(기원전 5000년경). 같은 지역에서 다른 물건들도 나왔다(기원전 3000년경). 중국에서 고고학자들은 운석을 용해했던 작업의 흔적들을 찾아냈다.[8]

지중해 동부와 중동 사이에 위치한 문명지대에서 발견된 철제품들의 주조 기술은 초보적인 수준을 점차 벗어나고 있었다. 그것들의 연대는 철기시대 초기인 기원전 1200년 무렵이다. 지중해 동부 전체, 중동, 아나톨리아, 그리고 중부 유럽의 몇몇 지역은 대대적인 주민 이동, 히타이트 제국의 몰락, 미케네 문명의 종식, '바다 민족들'에 대한 람세스 3세의 승전으로 인해서 아주 격렬하게 (정치적이고 군사적인) 요동을 치게 되었다.

이 모든 변동은 아직 완전히 규명되지 못하고 있다. 그 사회적, 기후적, 군사적 원인들은 진정한 구조적 위기로 발전하여 무려 4세기 동안이나 지속된다. 그러나 주석의 유통 경로가 완전히 교란되어 청동 생산이 타격을 받았다는 점은 알려져 있다. 청동기시대 말기와 철기시대 초기라는 이 인류사의 극적인 시점들이 연결된다고 보는 역사가들이 있다.[9]

야금업자들은 깊지 않은 철광산과 숲을 찾아내어 점점 더 많은 양의 철을 생산하려고 했고, 이것은 철 값에 아주 부정적으로 작용하게 된다. 철 값이 금값에 비해 폭락한 것이다. 그래도 철은 상대적으로 비쌌다. 군인들이 이 금속의 질에 대해서 관심이 많았기 때문이다. 신기술은 신속하게 전파되었고, 국가들은 청동 무기에 비해 전술적인 장점이 큰 철제 무기로 군대를 무장시키려고 노력했다. 철제 무기는 더 무겁기는 했지만, 더 단단하고(검), 더 길게(창) 만들 수 있었다.[10] 유명한 군사 전문가 존 키건은 군대의 역사를 네 시기로 나눈다. 돌, 몸(동물 포함), 철 그리고 불.[11]

경제사는 가격의 변동 그리고 재화와 서비스 가격들 사이의 매우 불안정한 관계로 점철되어 있다. 로마에서는 비단 1파운드가 금 1파운드인 적이 있었다. 금과 은의 가격은 오랫동안 10배에서 15배 사이를 오갔다. 네덜란드의 튤립 투기 시절(1636~1637년)에는 구근 하나가 집 한 채 값이었다!

2

키프로스와 지중해의 구리 시장

'cuivre(구리)'라는 프랑스어 단어는 그리스인들이 키프로스 섬에 붙인 '쿠프로스(Kupros)'라는 이름에서 유래했을 것이다. 이 단어는 많은 서양 언어들에도 존재한다. 라틴어로는 cuprum, 독일어로는 Kupfer, 영어로는 copper, 스페인어로는 cubre, 스웨덴어로는 koppar, 덴마크어로는 kobber인데, 예외가 있다. 이탈리아어로 구리는 rame이다. 이 단어는 aramen이라는 라틴어 구어에서 온 것이다. 지중해에서는 오랫동안 구리를 cyprium, 곧 '키프로스의 구리 또는 청동'이라고 불렀다. 구리의 최초 생산은 기원전 3000년대에 시작되었다. 구리 광산은 거의 모두 섬의 중앙부에 있었다. 아프리카 판과 유라시아 판 사이의 섭입(攝入) 지역인 키프로스의 산악 습곡(褶曲)이 구리 산지였던 것이다.[1]

기원전 18세기 시리아의 설형문자 서판(楔形文字 書板)에 알라시야 섬에 '구리산'이 있다는 이야기가 나온다. 알라시야는 나중에 키프로스라고 불리게 된다. 이집트에서 발견된 기원전 14세기 기록(알라시야 왕이 파라오에게 보냈다는 9통의 편지)에 따르면, 그 섬에는 구리가 풍부하여 이집트와 상인들의 관심을 끌었다고 한다. 3통의 편지는 구리 113 탈란트가 이집트로 수출되었다고 전하고 있다. 그 섬에서 구리가 많이 나온다고 지적하는 다른 기록들도 많다.[2]

구리 생산은 청동기시대 말경(1650-1100년 기원전)에 절정에 달했다고 본다. 구리 생산은 섬에 엄청난 영향을 미쳐서 경제가 번창했고, 광산에서 일하는 노예들을 수입했으며, 항구는 외국 상인들로 붐볐다. 배들이 선적을 기다리는 항구와 광산 사이의 교통은 혼잡할 정도였다. 그러나 그 대가는 컸다. '소가죽'이라고 불리는 납작한 형태의 구리덩이를 생산하기 위해서는 목탄 제조용 나무를 많이 베어야 했다. 페니키아인들이 현재의 레바논 지역의 전나무와 서양삼나무 숲에서 나무를 수입했지만, 키프로스 섬의 산림 벌채는 미래에 무거운 부담이 된다.

고고학자들은 제련 처리를 위한 거의 모든 용광로들이 항구 주변과 농경지에 설치되어 있었다는 것을 밝혀냈다. 용광로가 광산 바로 옆에 있는 경우는 드물었다. 기원전 14세기경에는 광산의 비약적인 발전 덕택에 미노아인들이 대거 키프로스 섬으로 이주하기도 했다.

키프로스의 구리 시장은 지중해 지역 전체의 가격을 결정하는 핵심 요인이었다. 키프로스에 비해 아나톨리아, 이란, 아라비아, 이집트 광산들은 경쟁력이 미미했다. 이집트는 구리를 많이 소비했다. 이집트에는 팀나(에일라트 : 이스라엘의 항구 도시), 제시라트(에일라트 만), 시나이 반도 서부(세라비 엘카딘)에 광산이 있었지만, 키프로스 구리에 크게 의존했다. 나중에 키프로스 구리는 리오 틴토* 지방의 스페인 구리와 경쟁하게 된다. 스페인 구리는 페니키아 상인과 선원들이 유통을 담당했지만, 광산 자체는 카르타고인들 덕택에 개발되었다. 이 광산들이 로마로 넘어가서 제국의 거대한 생산 중심지가 된다.

안탈리아 만 울루부룬의 난파선

구리를 실은 난파선이 터키 남부 안탈리아 만 울루부룬의 수심 50미터에서 발견되었다. 배는 기원전 1305년경에 침몰한 것으로 추정된다.

---

* 스페인 남서부를 흐르는 틴토 강 유역. 고대부터 구리 광산으로 유명하다/역주

네페르티티 여왕의 이름이 새겨진 황금 풍뎅이가 나온 것으로 보아서 그 이전은 분명히 아니다. 배의 행선지는 로도스일 가능성이 아주 높다. 당시 로도스는 에게 해에서 상품이 재분배되는 중심지였다.[3] 배에는 구리 덩어리 354개(약 10톤), 약 1톤의 주석, 수많은 항아리, 유리 제품(코발트), 무기, 금과 호박(琥珀)[4]으로 만든 귀중품이 실려 있었다. 이 호박의 산지는 발트 해였다. 이집트인들은 발트 해 호박을 매우 좋아해서 이집트 상인들이 파라오에게 바칠 호박을 구입하기 위해서 현재의 폴란드 지역을 드나들었다고 한다. 이 난파선은 키프로스 구리[5]의 생산량이 엄청났다는 것을 단적으로 보여주는 예이다. 배 한 척에 무려 10톤을 실을 수 있었고, 당시 로마 제국의 연평균 생산량은 1만5,000톤[6]을 조금 넘었다. 로마의 생산량은 제국의 붕괴와 함께 크게 줄어든다. 키프로스만큼 구리를 많이 생산하는 지역은 1,000년 이후에나 나타난다. 그것은 1000년경 중국의 송(宋)나라였다.[7]

지중해 동부의 왕과 군주들은 기증과 선물의 형태로 많은 구리를 주고 받았다. 특히 이집트의 파라오들은 키프로스의 '벗들'이 이집트 지배를 피하기 위해서 보내는 구리를 받았다. 그러나 키프로스는 독립을 지키지 못했다. 기원전 6세기부터 그리스 도시국가들과 페르시아 제국은 키프로스를 두고 전쟁을 벌였다. 알렉산드로스가 키프로스를 점령했고 그의 사후에는 이집트의 프톨레마이오스 왕가가 지배하게 된다. 로마가 섬을 점령한 후인 기원전 36년에 마르쿠스 안토니우스는 키프로스를 클레오파트라에게 선물로 주었다. 그러나 키프로스의 구리 생산은 차츰 줄어들었다. 섬의 대대적인 벌채와 구리 함유량 저하가 생산 감소의 주요 원인이었다.

대개 시장은 중요한 생산지들에 위치하고 있었다. 그러나 교통이 발달함으로써 강대국들이 시장을 통제하기 시작했다. 베네치아, 암스테르

담, 런던(런던 금속거래소 창설) 그리고 뉴욕(뉴욕 상업거래소 창설)이
그렇다.

3

지중해의 최대 노예시장 델로스

고대에 델로스라는 작은 섬은 라지아(토끼 섬), 오르티지(메추라기 섬), 프리필(불의 문), 신테르, 펠라스기라고 불렸다. 델로스(Delos, '밝은', '보이는')라는 이름은 신화에서 유래했다. 제우스의 자식을 임신하여 뜻하지 않게 헤라(로마 신화의 주노)의 경쟁자가 된 레토는 헤라를 피해서 쉴 틈도 없이 달아나다가 부도(浮島)로 피신하여 출산을 했다. 레토[1]는 두 명의 신, 아폴론과 아르테미스를 낳았다. 이 사건 이후 섬에서는 아주 잘 보이는 신의 빛이 발산되었다. 그리스어 동사 deloô는 '보여주다'는 뜻이다. 섬은 인간의 신적인 측면과 탐욕스러운 측면 사이의 모순을 잘 보여주게 된다. 섬에는 많은 신전들이 세워졌지만,[2] 교역은 인간의 영혼이 아니라 인간의 몸에 집중되었다.

델로스의 특출한 위치가 노예무역에 적합했다

아티케, 크레타, 아나톨리아 연안, 이 세 지역의 중앙에 위치한 델로스는 특히 노예무역의 이상적인 중심지였다. 먹을 것이 별로 없는 (곡물은 드물고 포도주는 나오지 않고 산양만 조금 있는) 섬으로서는 노예무역이 큰 돈벌이였다. 항구가 위치가 좋고 매우 규칙적인 바람의 혜택을 받는 덕이었다. '국제' 노예무역의 다른 중심지는 에페소스 그리고 돈 강 하구의 항구들이었다. 이 항구들 자리에 나중에 타나이스 등의 그리스 식민도시가 건설된다. 24년경에 스트라본이 고증했듯이,[3] 델로스에서는 하루에 노예를 1만 명까지 거래했다. 공급은 거의 정기적으로 이루어졌지만, 상인들은 너무나 많은 노예가 시장에 나오는 것을 피하기 위해서 공급이 줄어드는 시점을 만들려고 노력했다. 상인들은 대개는 맞춤형 노예를 공급하려고 했다. 시장이 요구하는 노예를 공급하는 것이었다. 광산에는 건장한 남자들, 수확기에는 밭에서 일할 수 있는 노예들, 남자들에게는 육체적 매력이 있는 젊은 여자들, 집안일이나 직물 수공예를 전문으로 하는 여인들, 부자 아이들의 가정교사가 될 수 있는 학식 있는 남자들 등을 제공했다.

델로스는 노예무역 덕택에 매우 부유한 도시가 되었고, 페르시아를 물리치기 위해서 아테네 지휘하에 뭉친 그리스 도시국가들의 군사동맹인 '델로스 동맹'의 본거지가 되었다.[4] 델로스의 사자 대로(獅子大路)는 성지를 보호하고 권력을 상징했다. 그 상들은 파로스 섬의 값비싼 대리석으로 만들어진 암사자상이었지만 말이다. 항구에 인접한 몇몇 건물들은 아마도 노예 경매에 사용되었을 것이다.[5] 고고학자들이 이탈리아인의 광장이라고 부르는 건물도 마찬가지이다. 건물의 구조는 매우 기능적이었다. 몇몇 장소는 매매할 노예를 '저장하는' 곳이었다. 더 작은 다른 방들은 노예들을 관찰하고 고르기 위한 것이었다. 커다란 방 하나에서는 구매자들 앞으로 노예들이 열을 지어 지나갔다. 마지막 공간에서는 팔린 남녀 노예들이 대기했다가 다시 배를 타고 최종 목적지로 떠나갔다. 구매자들에게는 음료와 식사가 제공되기도 했으나, 편의 시설은 거의 없었다. 모든 공간은 노예의 도주나 반란을 예방하는 데에 초점을 맞추어 구성되었다. 예컨대 층과 층 사이에는 고정된 계단 대신 이동식 사다리가 있었다. 항구는 노예를 운반하는 배들을 모두 수용할 정도로 충분히 넓었다. 노예들이 아예 상륙하지도 않는 경우가 빈번했다. 큰손들이 임박한 전쟁, 농작물 수확[6] 등처럼 아주 시급한 수요를 충족시키기

위해서 노예선들을 '통째로' 사들였기 때문이다.[7]

노예 가격

노예시장은 공급과 수요 사이의 균형을 맞추기가 훨씬 더 어렵기 때문에 진정한 시장이라고 볼 수 있다. 실제로 그 균형은 양적인 변수에 의해서만 좌우되지 않았다. 많은 노예의 가격이 품질, 나이, 건강, 단순한 노동력과 구분되는 전문 지식에 의해서 결정되었다. 예컨대 크세노폰(430-354년경 기원전)은 아테네에서 30킬로미터 정도 떨어진 라우리온 은광에서 일할 노예 가격을 180드라크마라고 평가했다. 자유인 노동자가 하루에 1드라크마를 받았다는 점을 고려해야 한다. 데모스테네스(384-322년 기원전)의 부친 공방에서 칼을 만드는 경험이 풍부한 노예 가격은 500에서 600드라크마 사이였다.[8] 특출하게 우수한 노예의 가격은 기준이 없었다. 통역사, 과학자, 기술자, 예술가, 빼어난 미모의 젊은 여인, 고급 창녀가 그랬다. 이 '특제품들'은 개별적으로, 즉 경우별로 가격이 정해졌다.

노예의 공급과 수요는 전쟁과 수확량에 따라서 변했다

적군에게 함락된 지역과 도시의 시민들이 노예가 되어 매물로 나오는 경우가 많았다. 해적들도 노예사업에 매우 적극적이었다. 그들은 사람을 납치하고 그 가족에게 몸값을 요구했다. 상당수의 해적들은 몸값을 받지 못한 포로들을 직접 노예시장에 팔아넘겼다. 다른 해적들은 '상품'을 팔아줄 '장물아비'를 구했다. 사법당국은 대개는 눈감아주었다. 도시는 노예 거래에 대해서 세금을 징수했다. 채권자에 대한 빚이 쌓였거나 세금을 내지 않았기 때문에 자유를 빼앗기고 노예가 된 사람들도 있었다. 재판에서 노예형을 선고받은 경우도 없지 않았다. 혼자 힘으로는 빚을 갚을 능력이 없어서 자기 몸을 파는 사람들도 있었다. 난파를 당하고 사로잡힌 선원들이 노예가 되는 경우도 있었다.

전쟁이 일어나기 직전에는 무기를 다룰 줄 아는 건장한 노예 수요가 급증했다. 징모관들은 참전과 충성을 대가로 자유를 약속했다. 펠로폰네소스 전쟁* 그리고 그리스 도시국가들과 페르시아 사이의 무력충돌이 있기 직전에는 노예 가격이 치솟았다. 그러나 전쟁이 끝나면 많은 포로를 노예로 팔아넘겨야 했기 때문에 가격이 폭락했다. 알렉산드로스 대왕의 원정으로 '이국적인' 노예들의 수요가 폭발했다. 권력가들은 흑인 노예(에티오피아인), 인도인 노예 그리고 특히 시르카시아인** 노예를 원했다. 시르카시아 출신으로 회색 눈의 젊은 여자들은 보통 가격보다 4배나 비쌌다.[9]

로마가 델로스를 발전시켰다. 미트라다테스와 로마 공화국의 전쟁으로 델로스가 쇠퇴했다

로마의 그리스 정복 그리고 로마 군단의 지중해 동부 진출로 델로스의 노예 상인들은 떼돈을 벌었다. 그들은 로마의 대농장과 정복자들의 대저택에 일상적인 노동자만이 아니라 학자, 여러 언어 사용자, 기술자, 교사, 예술가를 제공할 수 있었다. 또 로마 창가(娼家)에 여자들을 대줄 수 있었다. 로마인들은 마케도니아와 아나톨리아의 결정적인 전투들 (197-190년 기원전)에서 승리를 거두었다. 델로스에 정착한 로마 상인

---

* 페르시아 전쟁(492-448년 기원전) 후 일어난 펠로폰네소스 전쟁(431-404년 기원전)은 전반기와 후반기로 나뉘어서 아테네를 중심으로 하는 델로스 동맹과 스파르타를 중심으로 하는 펠로폰네소스 동맹이 그리스 패권을 둘러싸고 여러 차례 벌인 큰 전투였다. 승자는 스파르타였다/역주
** 러시아 남부 카프카스 산맥의 서북부 지역에 사는 원주민/역주

들은 이 섬에 자유항 설립을 허가해달라고 원로원에 요청했다. 이 결정 때문에 로도스 항이 몰락하게 된다(167–150년[기원전]에 쇠퇴). 로마 상인들은 코린토스의 파괴를 요구했다(기원전 146년). 이 모든 것이 델로스에는 매우 유리하게 작용하여 항만과 노예 수용 시설을 개선하기 위한 대규모 공사가 이루어졌다. 사실 델로스는 비좁고 농업이 미약했으며 치부한 외국인들이 많이 살고 있었다. 델로스 주민들은 '아폴론의 식객들'*이라고 불렀다.[10]

델로스는 기원전 130년의 노예 반란[11]으로 잠시 쇠락했다가 토목공사의 긍정적 효과와 노예무역의 회복 덕에 되살아났다. 그러나 미트라다테스 전쟁(로마와 폰투스 왕국의 전쟁)으로 결정타를 맞게 된다. 기원전 88년 미트라다테스 6세의 군대가 섬을 황폐하게 만들었다. 더구나 로마 해군이 해적들과의 전쟁에서 어느 정도 성공을 거두는 바람에 노예 공급이 크게 줄어들었다. 최후의 일격은 이탈리아 항구들, 알렉산드리아, 시리아 사이의 해상무역로가 변경된 것이었다. 배들이 기항하지 않게 된 델로스는 급격히 몰락하여 에게 해에서의 지배적인 위상을 상실하게 되었다.[12]

20세기 초에 대다수 국가에서 노예제 폐지가 '법적으로' 이루어졌다. 그러나 인류의 이 오래된 질병은 근절하기가 어렵다. 오늘날에도 여전히 많은 나라에서 심지어는 최고 문명국들에서도 '현대판' 노예들이 존재하고 있다.

---

* 델로스 주민들이 아폴론 신전 덕에 먹고산다는 의미이다/역주

4

청동기시대에서 철기시대로의 급격한 이행은 주석의 공급이 급감했기 때문이다

기원전 13세기경 지중해 동부 그리고 이집트, 아나톨리아, 바스라 만(현재의 페르시아 만)을 경계로 하는 중동 분지의 일부 지역은 괄목할 만한 경제발전을 구가하고 있었다. 이집트와 흑해의 비옥한 땅에서는 곡물이 잉여 생산되었다. 또 이집트에서는 목화를 재배했고, 대마는 흑해에서, 단백질(특히 양들)은 그리스 그리고 티그리스 강과 유프라테스 강 유역에서 나왔다. 물론 이 넓은 지역은 나무가 부족해서 현재의 레바논과 아나톨리아 북부의 산악 계곡에 의존해야 했다. 키프로스, 팀나(에일라트), 시나이 반도, 아나톨리아 동부 지방 산맥의 광산들에서 구리가 생산되었다.[1] 주석은 아나톨리아 동부, 사르데냐, 아프가니스탄의 광산들에서 나왔다. 아프가니스탄의 주석은 '페르시아 길'[2]을 통해서 중동지역에 도착했다. 금은 누비아(이집트 남부의 나일 강 유역과 수단 북부/역주)와 마르마라 해 주변에서 나왔다. 은은 페르시아 화산대(火山帶)의 광산들에서, 향과 몰약은 아라비아 반도 남부(풍요로운 아라비아)에서, 호박은 발트 해 해안에서, 산호초는 이탈리아 연안에서 나왔다.

이 지역의 무역은 번창했다. 바닷길과 대상들이 다니는 길은 항상 해적과 도적의 위협을 받았지만, 뱃사람과 낙타꾼들은 자신을 지킬 수 있었다. 트로이(다르다넬스 해협을 통과하는 상품의 유통을 통제했다), 크노소스(크레타 섬의 중심 위치라는 이점이 있었다), 나일 강 삼각주 하구의 아바리스와 타니스, 우가리트(아마도 당대의 최대 무역도시였을 것이다), 레반트(Levant : 지중해 동안 지역을 가리키는 프랑스어로 '근동'의 동의어라고 볼 수 있다)의 비블로스, 키프로스의 엔코미 그리고 바스라에서 페르시아 만으로 흘러들어가는 티그리스 강과 유프라테스 강이 무역의 중심지였다. 이 넓은 분지는 이집트 제국, 히타이트 제국(아나톨리아의 많은 부분), 미탄니 왕국(티그리스 강 유역), 미노아 세력(크레타 지역), 미케네 세력(아티케 남부)의 지배를 받았다.[3] 당시는 청동기시대의 마지막 단계였다. 청동은 구리 9/10과 주석 1/10의 합금으로 일상생활에서 널리 사용되었다.

당시의 군대는 대규모 보병과 전차 부대가 주력이었다. 보병은 대개 용병에 의존했다. 아직 등자가 나오지 않았기 때문에 기병(騎兵)의 역할은 정찰, 통신 그리고 보병 지원에 국한되었다. 군대는 청동제 무기를 사용했다. 비소[4]를 섞어 단단하게 만든 청동검은 주로 장군, 왕자, 왕의 무기였다.[5] 말은 대개 트로이의 상인들이 공급했다. 그들은 말 사육 전문가들이 일하는 지역에서 말을 구입했다.

기원전 12세기경의 중동 문명의 몰락

이 광활한 분지는 역동성과 번영에서 당시 상(商) 왕조가 통치하던 황허 유역에 비견될 만했다.[6] 그러나 이 분지는 기원전 1206-1150년에 급격하게 몰락하게 된다. 50년 이상 지속된 이 붕괴의 정점을 고고학자와 역사학자들은 기원전 1177년경이라고 본다. 조지 워싱턴 대학교의 에릭 클라인은 그것이 로마 제국의 붕괴보다 훨씬 더 중대한 정치적, 경제적, 사회적 비극이었다고 단언했다.[7] 프랑스 역사가 페르낭 브로델은 이 지역이 역사의 영점(零點)으로 되돌아갔다고 주장했다.[8] 이 지역의 모든 나라들이 이 구조적인 위기로 타격을 받았다. 수많은 주거지,

왕궁, 신전이 불타고 파괴되었으며, 도시들은 방화와 살육으로 황폐해졌다. 전체 주민의 학살, 강요된 이주, 집단 탈주에 관한 증거들이 남아 있다. 주민들은 살아남기 위해서 산속과 접근이 어려운 장소로 피신했다. 파괴된 도시들의 잔재가 고고학적 발굴에 의해서 드러났다. 집 담벼락과 성벽은 대개 화살로 뒤덮여 있어서 전투가 얼마나 격렬했는지를 웅변하고 있다.

키프로스, 그리스, 시리아, 레반트 해안, 이집트는 혼란에 빠졌고, 트로이는 함락되었다

지중해 동부 구리 생산의 중심지였던 키프로스는 두 차례에 걸쳐 파괴되었다. 기원전 1230년과 1190년에 주민이 탈주하고 도시들은 파괴된 흔적들이 남아 있다. 탈주한 주민 가운데 섬으로 돌아온 사람은 거의 없었다. 암흑시대라는 단어가 공공연하게 나올 정도인 그리스에서는 미노아 문명의 거의 모든 중심지가 사라져버렸다. 방어용 성벽들까지 파괴되었다. 에게 해의 수많은 섬들과 아티케의 도시들이 버려졌다. 살아남은 주민들은 노예가 되었다. 상대적으로 부유해서 이집트인, 히타이트인, 미탄니인, 아시리아인이 서로 차지하려고 싸웠던 시리아는 폐허가 되었다. 중요한 상업도시이며 이 지역 권력의 본거지인 우가리트도 파괴되었다. 이 도시에 거주하던 암무라피 왕(재위 1215-1180년 기원전)이 히타이트인들을 돕기 위해서 주력 부대를 파병하자, 적군의 배들은 우가리트를 공격했다. 암무라피 왕은 동맹국인 키프로스의 왕에게 지원을 요청하기 위해서 황급히 통신문을 작성했다. 왕이 채 보내지 못한 그 통신문은 고고학자들에 의해서 발견되었다.[9] 도시는 전멸했고 간신히 도망간 암무라피는 동맹국들에 보낸 서신을 통해서 이 비극을 전했다.[10]

에라토스테네스(276-194년경 기원전)는 트로이가 기원전 1184년에 멸망했다고 추정했다. 그러나 이 도시가 파괴된 것은 그때가 처음이 아니었다. 트로이는 금이 생산될 뿐만 아니라 흑해와 지중해 사이의 상품 유통을 장악했기 때문에 모든 적들이 이 지역을 차지하려고 했다.[11] 이집트 역시 이 재앙으로 타격을 입었다. 침략자들은 나일 강 삼각주의 도시들을 공격했다. 메르넵타 석비(기원전 1200년경)에 따르면, 그들은 리비아에서 몰려왔다고 한다. 람세스 3세(재위 1186-1155년 기원전)는 적들을 물리치고 제국을 지켰다. 그러나 람세스 4세(재위 1155-1149년 기원전) 시대에 제국은 붕괴하기 시작한다.

이 재앙을 어떻게 설명해야 하는가?

고고학자, 기후학자, 화산학자, 역사학자들이 이러한 재앙의 원인들을 규명하려고 힘을 모았다. 기원전 13세기 중반경에 그리스 지역을 지진이 강타했다는 것이 밝혀졌다. 그러나 피해는 신속하게 복구되고 주민들은 집으로 돌아왔다. 당시의 화산 폭발은 기원전 1159년경 딱 한 번 일어난 것으로 추정된다. 아이슬란드의 헤클라 화산이 폭발하여[12] 이집트 농업이 망가져 심각한 기근이 일어났다. 그러나 이 화산 폭발은 기원전 12세기의 재앙 이후에 일어난 것이다.

급격한 기후변화도 배제할 수 없다. 이미 기원전 2150년경 갑작스러운 기후변화 때문에 파라오 페피 2세 시대(23-22세기 기원전)의 이집트 제국 그리고 사르곤 대왕(재위 2334-2279년 기원전) 치하의 아카드 왕국에서는 생존이 어렵게 된 적이 있었다.[13] 기후학자들의 지질 조사에 의해서 가뭄(기원전 1200년경)이 캘리포니아, 남유럽, 중동, 인도를 휩쓸었다는 것이 확인되었다. 이 가뭄의 영향으로 인도에서는 가가르-하크라 강이 말라서 타르 사막이 형성되었을 것이다.[14] 중국에서는 주(周)

왕조(1046-771년 기원전) 초기에 기후가 혹독해졌다는 것이 밝혀졌다.[15] 역사학자들은 이 시기에 세계의 기근이 매우 심각했으며, 중동의 곳간(이집트)에서도 충분한 양의 밀을 생산하여 수출하지 못했다는 점을 지적한다.[16] 여러 지역에서 인민의 생계를 보장하지 못한 권력에 저항하여 격렬한 농민반란이 일어났을 것으로 추정된다. 고고학자 샤론 저커만은 이 반란들을 1917년의 러시아 농민반란에 비교하기도 했다.[17]

바다 민족과 철 야금

가장 흥미로운 가정은 바다 민족*이 지중해 서부와 동유럽의 기근과 끔찍한 기후를 피해서 이동했다는 것이다. 다수의 이주자들을 수용할 수 있으며 비옥하다고 생각되는 땅을 찾아나선 그들은 더 이상 잃어버릴 것이 없었기 때문에 그 지역을 차지하기 위해서 어떤 폭력도 마다하지 않았다.

새로운 힘의 균형이 경제상황을 송두리째 바꾸어버렸다. 상품 유통 라인(항해와 대상의 통행로)과 교역이 완전히 파괴되었다. 이 지역으로 오는 상품들은 흐름이 막히고 양이 급감했다. 특히 청동 생산에 필수적인 주석이 부족하게 되었다. 야금업자들은 이 합금을 대체하는 금속을 찾아야 했다. 철은 구리와 주석에 비해 훨씬 더 풍부했다. 그러나 231.93도의 열로 주석을, 그리고 1,084.62도의 열로 구리를 만들 수 있는 데에 비해, 철 생산에 필요한 1,535도를 얻기는 어려웠다.[18] 대장장이들이 온도를 1,100도 조금 위까지 끌어올렸다. 그런 다음 그들은 이 물렁물렁한 (카본이 풍부한) 덩어리를 아주 무거운 망치로 두들겨 원하는 형태로 만들었다.[19] 이 기술은 이미 사용되고 있었지만 소규모에 불

---

* 바다 민족(Sea People) : 청동기시대 말기에 남유럽과 에게 해에서 출발하여 지중해 동부를 거쳐 아나톨리아, 시리아, 키프로스, 이집트 등을 침략한 해양 민족의 총칭/역주

과했었다. 이런 방식으로 생산된 물건들은 값이 아주 비싸고 장식용으로 간주되었다.[20]

철 야금 기술이 전파되어 전술이 근본적으로 바뀌게 된다. 전차의 역할이 줄어들고, 청동제 무기보다 우수한 철제 무기로 무장한 보병이 중요해졌다. 더구나 철제 무기를 만드는 데에 필요한 금속은 훨씬 더 풍부했다. 아직은 상대적으로 비쌌지만 말이다.[21] 지중해와 근동의 무역도 흐름이 바뀌어서 철이 아주 풍부한 지중해 서부(엘바 섬, 스페인, 리옹 지역), 유럽의 독일 지역, 토로스 산맥의 아나톨리아가 매우 중요해졌다. 이런 지역들에서 목탄 생산에 필요한 대대적인 산림 벌채가 이루어졌음은 물론이다.[22]

새로운 기술 시대로의 이행은 매번 폭거라고 인식되었다. 인간은 안정을 추구하는 '동물'이기 때문이다. 사람들은 첫 번째 산업혁명에 대해서 반발했다. 기차에 대해서 저주를 퍼부었다. 이제 공장의 로봇 도입을 반대하는 격렬한 파업도 일으킨다. 그래도 진보라는 불도저의 바퀴는 멈추지 않는다.

5

알렉산드로스 대왕은 어마어마한 페르시아의 보물 덕택에 인도 원정이 가능했다

알렉산드로스 대왕(재위 336–323년 기원전)은 역사상 최고 전략가의 한 사람일 뿐만 아니라, 10년 넘게 이동한 군대를 지휘하는 능력이 있는 탁월한 군대 행정가이기도 했다.[1] 그가 빼어난 솜씨로 마케도니아의 재정을 관리한 덕에 페르시아 제국 원정이 가능했다. 아케메네스 왕조의 보물 18만 탈란트를 차지함으로써 인도 공격에 필요한 자금을 조달한 것 역시 마찬가지였다. 페르시아 원정을 위한 재원은 마케도니아 광산과 차입으로 마련했다.

그리스의 주요 도시국가들은 서로 싸우면서 약화되어갔다. 페르시아 제국은 그리스의 내분을 조장하기 위해서 도시국가들을 재정적으로 지원했다. 어떤 도시국가가 득세하면 그 도시국가를 버리고 다른 도시국가들을 지원하는 방식이었다.

상대적으로 고립되어 있던 마케도니아의 필리포스(재위 359–336년 기원전)는 트라키아에서 가장 가까운 타소스 섬의 금광을 채굴할 수 있었다.[2] 파가이온 산 주변에서 다른 금광과 은광들이 발견되자 광부들이 새로운 광맥을 캐내기 위해서 집단으로 몰려들었다.[3] 필리포스는 스타테르를 주조하기 시작했고, 이 금화는 지중해 동부 지역에서 수요가 많은 통화가 되었다.[4] 필리포스가 수수께끼 같고 여전히 논란이 되는 암살을 당한 후에 알렉산드로스는 페르시아 제국을 공격하기로 결정하고,

기원전 334년 9만 군사를 이끌고 다르다넬스 해협을 건넜다. 이 정도 규모의 군대를 거느리려면 하루에 은 524킬로그램[5]이 소요되었기 때문에, 마케도니아의 보물을 물려받은 알렉산드로스도 1,460탈란트에 달하는 거금을 빌리지 않을 수 없었다고 플루타르코스는 이야기했다.

알렉산드로스는 금 생산지를 점령하려고 시도했다

알렉산드로스는 금 생산지들의 점령을 목표로 삼고, 친구이며 지질학자인 고르고스를 비롯한 탐광 전문가들을 데리고 떠났다.[6] 현재의 터키 땅에서의 초기 전투들에서 승리한 대왕은 이다 산 광산들을 장악했고, 그 결과로 람프사쿠스 시의 조폐소에서 알렉산드로스 주화를 발행하게 만들었다. 그다음에 그는 팍톨로스 강의 광산 지역이 내려다보이는 사르디스로 진군했다. 전설적인 크로이소스(기원전 6세기 리디아의 왕)의 재산은 이 광산들의 덕이었고, 다리우스 대왕(다리우스 1세, 재위 522-486년 기원전/역주)의 금화인 다레이코스 역시 이곳의 금으로 주조했다. 다레이코스의 한쪽 면에는 궁사의 모습이 새겨져 있는데, 스파르타의 왕 아게실라오스 2세(재위 399-360년 기원전)는 "3만 명의 궁사가 자기를 뒤쫓았다"고 이야기했다. 다리우스 대왕이 금화 3만 잎을 아테네에 보내 스파르타와의 전쟁을 사주했기 때문이다.[7]

기원전 333년의 이소스 전투에서 알렉산드로스가 대승을 거둔 것은 유명하다. 역사가 디오도로스 시켈로스에 따르면, 알렉산드로스가 막사에 들이닥치자 다리우스 3세(재위 336-330년 기원전)는 어머니, 부인들, 아이들을 버리고 간신히 달아났다고 한다. 다리우스가 남기고 간 귀금속 3,000탈란트(1탈란트는 28-30킬로그램)는 6개월 동안 마케도니아 군대의 돈줄이 되었다. 기원전 333년 알렉산드로스는 마케도니아 군인과 페르시아 여자 포로의 결혼을 장려했다. 대왕은 식량과 아이들의 교육을 책임지고 아버지가 사망하면 연금을 지급했다.

알렉산드로스의 목적은 군사들을 정복지에 정착시키는 것이었다. 나중에 로마의 카이사르(100−44년 기원전)도 마찬가지였다. 카이사르는 갈리아를 정복한 군대의 고위 지휘관들에게 농토와 포도밭을 지급하여 정착시켰다(유명한 부르고뉴산 포도주 '라 로마네'*). 알렉산드로스는 급여를 주고 고참병들을 제대시켰다. 귀국 수당은 1인당 1탈란트였다.[8] 많은 병사들이 작전에 가족을 동반하기를 원했기 때문에 군대를 떠나야만 했다. 알렉산드로스는 행군이 지체된다는 이유로 가족이 군대에 있는 것을 허용하지 않았던 것이다. 그는 시간을 벌기 위해서 군대를 따라다니는 모든 보급 마차를 없애도록 했다. 모범을 보이기 위해서 항상 자신의 마차를 제일 먼저 없앴다. 그는 현지에 남는 마케도니아인들에게 3탈란트를 주고, 새로 참전하는 군사들에게도 3탈란트를 주었다.[9]

이집트를 점령한 알렉산드로스는 페르시아 제국 중심부인 바빌론, 수사, 페르세폴리스로 진격하여 다리우스를 공격하기로 결정했다. 기원전 331년 10월 1−2일의 가우가멜라 전투는 마케도니아 기병대의 승리로 끝났다.[10] 다리우스는 도주했고, 추격전이 시작되었다. 결국 카스피 해 남쪽의 카비르 사막에서 다리우스가 측근들에게 배신을 당하고 살해당한 직후 현장에 도착한 알렉산드로스는 그에게 성대한 장례식을 치러주었다고 한다. 7월 30일 알렉산드로스는 18만 탈란트가 넘는 아케메네스 왕조의 보물을 손에 넣었다. 5만 탈란트는 수사의 보물창고, 12만 탈란트는 페르세폴리스의 보물창고, 6,000탈란트는 파사르가다에 궁전, 8,000탈란트는 다리우스의 방에서 나왔다.

당시 페르시아의 재산은 세계 최대 규모였다. 전리품, 노획물, 제국에

---

* 라 로마네(la Romanée)라는 명칭에서 알 수 있듯이, 프랑스에서 본격적인 포도주 생산은 카이사르의 갈리아 정복을 기점으로 시작되었다고 본다/역주

바친 공물에 자그로스 산맥(이란 서부), 엘부르즈 산맥(카스피 해 남쪽), 로레스탄과 메소포타미아의 광산들[11]에서 나는 풍부한 귀금속이 추가된 결과였다. 알렉산드로스가 차지한 전리품의 정확한 규모는 알려지지 않았다. 국제 금시장 전문가인 티머시 그린은 금이 36 내지 47톤, 은이 4,200톤에 달했을 것이라고 추정한다.[12] 당시 연대기에 따르면, 이 전리품을 3,000마리의 낙타와 1만 쌍의 노새로 운반했다고 한다. 아마도 알렉산드로스는 이동 '조폐소'를 거느리고 정복지 현장에서 화폐를 주조하게 했을 것이다.[13] 거의 10년이나 지속된 원정 내내 계속 화폐를 만들 수 있는 유일한 해결책은 이동 조폐소였다.

알렉산드로스는 군사들을 후하게 대우했다

알렉산드로스는 아리스토텔레스(384-322년 기원전)의 훌륭한 제자답게 부하들에게 포상금을 주기로 결심했다. 기병대 지휘관은 은 26.2킬로그램, 보병 병사는 은 1,000드라크마(4.37킬로그램)를 받았다. 대왕은 인도 원정을 떠나기 전에 다리우스에게 봉사했던 그리스 용병들을 고용하여 군대를 보강했다. 알렉산드로스의 인도 원정은 혁혁한 승전과 패전(생존자들이 패전 이야기를 하는 것을 엄격하게 금지했고 어기면 사형이었다) 그리고 배신으로 점철되어 있었다. 더구나 위험한 산악지대(특히 아프가니스탄 지역)는 물론이고 지중해인들에게는 전혀 낯선 계절풍과 큰 조수 간만의 차이의 영향을 받는 기후 때문에 행군은 아주 힘들었다. 페르시아로 귀환했을 때 불만이 팽배하여 마케도니아와 그리스 고참병들의 충성도가 눈에 띄게 약화되었다. 그들은 아시아 출신의 부대들이 중요한 역할을 담당하는 바람에 불이익을 당했다고 생각했다.

알렉산드로스는 그들의 불만을 진정시키기 위해서 아마도 기원전 324년(이 연대를 받아들이지 않는 연구자들도 있다) 마케도니아와 그리스 군사들의 빚을 갚아주겠다고 선언했다. 채무 청산을 위한 행사는 장교들과 페르시아 귀족 여인들 그리고 병사들과 페르시아 여인들의 집단 결혼식과 함께 열렸다.[14] 빚을 진 병사들은 대대적인 조사 과정에서 액수를 신고했다. 병사들과 장교들이 서로 짜고 가짜 빚을 신고하는 경우도 있었다. 알렉산드로스는 조사를 시켰으나, 속임수가 드러나더라도 용감한 군인들에게는 관용을 베풀었다. 플루타르코스에 따르면,[15] 훌륭한 장교인 안티게네스가 속임수를 썼지만, 알렉산드로스는 그를 용서하고 은까지 하사했다고 한다. 대왕은 죽기 전에 귀금속 5만 탈란트를 보유하고 있었다고 추정된다. 이 귀금속의 일부가 그리스로 들어와서 지역 발전에 도움이 되었다.

모든 정복자들은 자신들의 우위를 이용하여 적군의 보물을 빼앗게 마련이다. 재화만이 아니라 머리도 말이다. 히틀러를 위해서 일했던 독일 과학자들을 미국인들과 소련인들이 문화적으로 '약탈한' 것도 마찬가지이다.

6

로마는 6만 명의 자유민 광부들이
일하는 최대 규모의 금광을 운영했다

로마의 지배가 미치지 않는 스페인 북동부를 정복하기 위해서 아우구스투스 황제(재위 기원전 27-기원후 14년)는 10여 년 동안 7만 내지 8만의 군대(로마 군단 병사, 보조 부대, 해군)를 동원해야 했다. 아주 강인하고 전쟁에 능한 칸타브로이족과 아스투리아스족은 게릴라전에 의존했다. 이 부족들의 다수는 노예로 살기보다는[1] 죽음을 선택했기 때문에 굴복시키기가 매우 어려운 적들이었다. 아우구스투스 황제가 몸소 지휘하는 로마군은 대단히 무자비한 전술을 사용하지 않을 수 없었다. 로마 제국은 이 원정(29-19년 기원전)으로, 현재의 스페인 북서부 레온주에 위치하는 당대 유럽 최대 규모의 광산 단지(라스 메둘라스)를 장악할 수 있게 되었다. 이 원정은 제국을 도약하게 만든 묘수였던 셈이다.

이 지역은 충적토 황금이 풍부했고, 로마 기술자들은 이 광맥의 중요성을 곧 알아차렸다. 그래서 이 지역은 황제의 재정에 직결되는 황제 직속 관할 속주로 선포되었다. 그 반면에 다른 많은 광산 지역들은 원로원 관할 속주였다. 이 지역의 행정 책임자는 처음에는 속주 총독이었다가, 베스파시아누스 황제(재위 69-79년)의 개혁에 의해서 아스투리아스와 갈리시아 속주의 프로쿠라토르 임페리알리스*로 교체되었다. 프

---

* procurator imperialis : 황제 직속의 재산을 관리하고 황제 직영지에서 세금을 거두는 고위 관리/역주

로쿠라토르 임페리알리스의 권한은 아주 광범위했다. 그는 자기 책임하에 광산 프로쿠라토르를 두고, 광산 관리와 개발을 담당하게 했다.[2]

라스 메둘라스 광산과 로마인들의 작업

기술자들은 지하 광산에서 사용되는 작은 터널 공법에 의존하지 말고, 산을 완전히 부수어버리자고 제안했다. 그러기 위해서는 엄청난 양의 물이 필요했다. 노예들을 동원하여 수도교를 건설하여 100로마마일(147킬로미터)에 이르는 길을 따라서 물을 운반했다. 광산 작업을 위해서 노예, 전쟁포로, 강제노역형을 받은 범죄자들[3]을 사용하는 로마의 전통과는 달리, 광부들은 모두 급여가 좋은 자유민들이었다. 이 사실에서 우리는 라스 메둘라스 광산이 제국의 재정에서 담당하는 중대하고 전술적인 역할을 로마인들이 인식하고 있었다는 것을 알 수 있다.

제7군단 '게미나'가 기후는 나쁘고 남자 주민이 압도적인[4] 이 산악 지역의 로마 관리들을 보호하는 임무를 담당했다. 군대는 치안과 감독 기능만 한 것이 아니었다. 침략의 위협으로부터 이 지역을 지켰다. 이 광산 단지[5]는 약 250년 동안 운영되어 1년에 최대 2만 로마 파운드(1로마 파운드는 324그램/역주)의 금을 로마에 공급했다고 대(大) 플리니우스(23-79년)가 이야기했다. 매년 생산량은 일정하지 않았지만, 총 1,365톤의 금을 생산했다. 대 플리니우스는 "라스 메둘라스 광산은 거인족들의 작업보다 더 중요했다"고 썼다. 산은 램프를 켜고 뚫은 갱도와 터널로 구멍들이 났다. 이 터널에는 여러 달 동안 햇빛이 들지 않아서 광부들이 산속에서 죽기도 했다. 이런 유형의 광산은 '산의 폐허'라고 불렸다.[6] 수도교로 운반한 엄청난 양의 물을 터널 속으로 투입했다. 물은 돌들을 덮쳐서 산자락을 통째로 무너뜨렸다. 대 플리니우스는 베스파시아누스 황제 시대에 갈리아 나르보넨시스의 프로쿠라토르였고 히스파니아에서

(73년)[7] 광산 행정관을 역임함으로써 광산을 속속들이 알고 있었다.

금을 정련하는 기술은 아나톨리아에서 유래했다. 회취법(灰吹法)이라고 불리는 이 기술은 상당히 복잡하다. 정련할 금속에 납과 소금을 섞은 혼합물을 점토 골회 도가니에 넣고 목탄 불로 가열한다. 납과 다른 불순물은 통풍으로 일어나는 산화에 의해서 제거된다. 금은 도가니 바닥에 남는다. 금 속에 여전히 은이 섞여 있으면, 소금과 유황을 사용하여 두 금속을 분리시킨다.

로마는 광산 지역의 정복에 나섰다

로마는 전략적으로 광산 지역을 정복하기로 결정하고 군단을 파견했다. 로마의 지리학자들 그리고 공화국 나중에는 제국의 정보요원들은 정복할 지역의 생산량에 대한 모든 정보를 수집하려고 많은 노력을 기울였다. 갈리아와 스페인은 비금속(卑金屬)*과 귀금속 광산이 많았다(스페인 남부의 레오 틴토와 알마덴의 수은). 브르타뉴의 코르누아유는 주석 생산 중심지였다. 티롤과 남부 독일에는 비금속 광산들이 있었다. 사르데냐(은과 납)와 키프로스(구리)는 로마의 경제 구조에서 중요한 섬이었다. 로마는 아나톨리아를 점령함으로써 토로스 산맥의 광산을 장악했고, 이집트를 침공함으로써 시나이 반도의 금광과 누비아 금광의 일부를 차지했다. 트라야누스 황제(재위 98-117년)는 라스 메둘라스의 금 생산이 급감하자 다키아 원정을 서둘렀다. 로마 정보요원들이 카르파티아 산맥(현재의 루마니아)에 금맥이 있다고 보고했기 때문이다. 이 지역을 정복한 후에 로마 기술자와 광부들이 로시아 몬타나[8](다키아의 로마 도시 알부르누스 마요르) 광산 지대를 개발하게 된다.

---

* 비금속(base metal) : 귀금속(noble metal)의 반대 용어로, 일반적인 실용 금속은 거의 포함된다. 예를 들면 철, 알루미늄, 니켈, 텅스텐, 몰리브덴, 납, 아연, 주석 등이다/역주

금, 은, 향신료가 역사를 만들었다. 오늘날에는 에너지와 기술이 역사를 쓴다. 금은 인류의 역사 전체를 좌우했다고 할 수 있다. 세계대전 기간에도 마찬가지였다. 금을 보유한 자는 무기를 구입할 수 있었다. 금의 숙명은 참으로 야릇한 것이다. 깊은 땅속에서 채굴된 다음 은행 지하창고 속으로 들어가니 말이다.

7

콜로세움 건설의 일부 재원은
예루살렘 신전의 전리품으로 충당되었다

로마의 역사에서 68년 6월에서 69년 12월까지의 4황제 시대는 매우 혼란스러운 기간이었다.[1] 제국은 아우구스투스 치세 이래 최초의 내란으로 뒤흔들렸다. 네로(재위 54-68년)에 대한 반란이 갈리아의 리옹 지방과 아프리카를 중심으로 일어나기 직전이었다. 아프리카 지역에서 반란이 일어나면 이집트 밀의 로마 반입이 가로막힐 위험이 있었다. 원로원이 네로를 퇴위시켰고 (근위대가 배반하자/역주) 네로는 자살했고 황제들의 교체가 시작되었다. 유명 장군이 지휘하는 군단의 병사들이 그 장군을 황제로 추대하는 식이었다. 갈바는 7개월 7일, 오토는 3개월 2일, 비텔리우스는 약 8개월을 통치했다. 반란이 일어난 유대에서 급거 귀국한 베스파시아누스가 최종 승자가 되었다. 그는 로마에 공급되는 알렉산드리아 밀을 장악하고 있었다. 원로원은 69년 12월 22일 베스파시아누스 황제를 인준하고, 플라비우스 왕조가 124년 동안 군림하게 된다.

베스파시아누스는 제국 재정이 파탄 났다는 것을 알게 되었다. 수에토니우스(69-122년경)에 따르면, 새 황제는 제국이 존속하려면 4,000만 세스테르티우스 은화를 신속하게 확보해야 한다고 판단했다.[2] 베스파시아누스는 행정 능력이 탁월한 장군답게 알렉산드리아인 세, 아시아인 세, 유대인 인 세, 이렇게 3가지 조세를 신설했다.[3] 황제는 갈바 시대에는 징수하지 않았던 세금[4]을 걷기 시작하고, 오줌세를 비롯한 새로운 세금을 도입했다. 오줌세는 이 냄새가 고약한 물질을 사용하여 제품을 처리하는 직물 제조업자와 모로코 가죽 제조업자들에게 물렸다.

황제는 훨씬 더 무거운 다른 세금들도 만들었다. 그 가운데 하나가 유대인들에게 부과한 유대인 세였다.[5] 이 세금은 팔레스타인의 유대인 봉기(66–73년) 와중인 70년부터 유대인들에게 부과되었다. 제국에 거주하는 모든 유대인은 카피톨의 주피터 신전을 위해서 로마에 세금 2데나리우스를 내야 했다.[6] 황제는 속주의 조세를 강화하고 대규모 토목공사를 추진했다. 그는 로마에서 시작되는 주요 도로들(아피아, 살라리아, 플라미니아)을 보수하고, 카피톨을 다시 짓고, 새로운 포럼(카이사르와 아우구스투스 이후 세 번째)을 건설했다. 또 네로 치하에서 거의 파괴된 클라우디우스 신전 공사를 완료하고, 콜로세움 공사를 시작했다.

플라비우스 원형경기장*을 건설하기 위한 대역사

칼리우스, 에스킬리안, 팔라티누스 사이에 운하로 만든 강이 하나 있었다. 네로는 이것을 자신의 별장(Domus Aurea : 황금의 집이라는 뜻)과 정원들을 위한 호수를 만드는 데에 사용했다. 이 이야기는 시인 마르티알리스(40–104년경)가 자세히 했다. 콜로세움 공사는 70년에 시작되었다. 셀레루스일 것으로 짐작되는 건축가는 강을 다른 곳으로 흐르게 하고 부지를 정비한 다음 타원형 구조의 원형경기장을 건설했다. 이것은 로마 역사를 통틀어 가장 큰 원형경기장(187.5미터에 156.5미터, 약 9,000평)이었고 5만에서 7만5,000에 이르는 관객을 수용할 수 있었다. 이 장엄한 건축물 공사에는 노예들만이 아니라 수많은 전문 석공과 장인들이 동원되었다. 착공 후 9년이 지난 79년에 사망한 베스파시아누스는 2층까지 올라간 건물을 감탄하며 구경할 수 있었다. 베스파시아누스를

---

* 콜로세움의 원래 이름/역주

계승한 아들 티투스는 3층과 4층을 추가시켰다. 80년 티투스는 이 엄청난 건물의 낙성식을 거행했다. 시합과 축제가 100일간 계속되었고, 수에토니우스와 디오 카시우스(155-235년경)에 따르면, 9,000마리의 맹수들이 희생되었다고 한다.[7] 전통적인 검투사 시합 외에도 맹수 사냥, 공개 처형, 유명한 해전 재현(모의 해전), 로마 신화에 기초한 연극 등의 다른 많은 구경거리들이 선을 보였다. 81년 티투스가 말라리아로 사망하자 동생인 도미티아누스(재위 81-96년)가 황제가 되었다. 도미티아누스는 건물을 아름답게 치장하고 경기장 지하의 구조를 바꾸었다. 원래 지하는 모의 해전을 위해서 물을 채우는 공간이었다. 이제 검투사, 사형수, 맹수들을 위한 대기실과 기계 장치가 지하에 들어섰다.

콜로세움의 재원과 예루살렘 신전의 전리품

로마의 토목공사는 로마 세금으로 충당했다. 그러나 콜로세움의 경우는 건물 내부에서 발견된 비석에 명백한 증거가 있다. "티투스가 이 건물을 전리품에서 나온 돈으로 지었다." 이것은 하이델베르크 대학교의 알필디 교수(1935-2011년)가 그의 유명한 연구에서 밝혀낸 것이다.[8] 이 기록에 따르면, 로마 군인들은 예루살렘 신전을 약탈할 때 엄청난 노획품을 모았다. 이 약탈에 대해서는 티투스의 동생인 도미티아누스 황제와 로마 원로원이 건립한 티투스 개선문의 얕은 돋을새김에 묘사되어 있다. 얕은 돋을새김은 로마 군인들에게 둘러싸인 유대인 포로들이 예루살렘 신전의 메노라*와 나팔들을 운반하고 있는 것을 보여준다.[9]

유대 지역의 유대인 반란은 네로 시대인 66년에 시작되었다. 네로는 베스파시아누스 장군에게 3개 군단을 주고 반란을 진압하라고 명령했

---

* 메노라: 히브리어로 '촛대'를 뜻한다. 유대교의 제식에서 쓰이는 일곱 갈래의 촛대로, 중요한 상징적 의미를 가지고 있다. 그렇기 때문에 이스라엘 문장에는 메노라가 그려져 있다/역주

다. 베스파시아누스는 예루살렘, 헤로디온, 마케론테, 마사다를 제외한 유대 땅의 대부분을 평정하는 데에 성공했다.[10] 베스파시아누스의 아들인 티투스의 군대[11]는 4개 군단, 약 2만4,000명의 군사로 구성되어 있었다. 여기에 티투스가 직접 모집한 2만4,000명 그리고 알렉산드리아 군대와 유프라테스 주둔군 5,000명이 추가되었다. 따라서 5만이 넘는 대군이었는데, 하인리히 그레츠(1817-1891년)는 8만이라고 주장하기도 했다.[12]

예루살렘 포위전은, 베스파시아누스가 황제로 즉위하기 위해서 로마로 떠난 후, 티투스가 시작했다. 내분과 기근으로 약화된 예루살렘은 함락되고 약탈되었다. 신전은 불탔다. 신전 방화에 대해서는 서로 다른 두 가지 주장이 있다. 플라비우스 요세푸스(37-100년경)는 티투스가 신전 방화에 반대했다고 단언했다.[13] 수비대가 필사적으로 탈출하는 와중에 로마 병사가 불을 지르는 바람에 신전이 순식간에 타버렸다는 것이다. 그러나 술피키우스 세베루스(363-425년경)는 티투스가 신전 파괴에 동의했다고 썼다.[14] 장군이며 수력학 전문가이고 로마 역사가인 프론티누스(40-103년경)에 따르면, 마지막 전투는 안식일에 벌어졌다.[15] 로마군은 수많은 포로를 잡았고(플라비우스 요세푸스의 이야기로는 9만7,000명), 이들 가운데 일부는 노예시장에서 팔려나갔다. 신전에서 약탈한 보물은 엄청났다. 종교예식에 사용되는 보물 외에도 개인들이 신전에 감추어두었던 귀중품들이 산더미 같았다. 플라비우스 요세푸스의 이야기[16]에 따르면, 노획품 가운데는 여러 탈란트가 나가는 황금 탁자, 저 유명한 황금 일곱 갈래 촛대(메노라), 금과 은으로 만든 접시와 컵과 파테라, 보석들, 주홍색 직물, 종교예식용 향수들(계피, 장뇌, 카시아, 향), 화폐들이 있었다. 티투스는 군사들에게 선물을 듬뿍 주고 가장 용감한 병사들에게는 포상금으로 금을 주었다.

플라비우스 요세푸스는 이렇게 썼다.[17] "티투스는 병사들 머리에 황금관을 씌어주고 금목걸이, 작은 금 투창, 은 깃발(훈장?)을 주었다. 또 그들 모두를 승진시켰다. 전리품에서 나온 금은과 옷가지와 다른 물건들을 아낌없이 나누어주었다." 티투스는 로마로 개선하면서 예루살렘 신전의 많은 보물들을 가져갔다. 노획품의 일부는 전시되기도 했으나, 대부분은 녹여서 로마에 세금으로 냈다. 이 자금이 10년이나 계속된 콜로세움 공사에 박차를 가하기 위해서 투입된 것이다. 71년에 유대 케사리아의 조폐소는 유대 반란 진압을 기념하기 위해서 세스테르티우스 은화와 유데아 카프타(Judaea Capta : 유대 함락) 금화를 주조하기도 했다.[18]

콜로세움은 건설에 10년밖에 소요되지 않았는데, 1,900년이 흘러도 여전히 당당하게 서 있다. 당시의 기술자들은 그야말로 전문가였기 때문에 로마인들의 건축물이 지금도 찬탄의 대상이 되는 것이다.

8

콘스탄티누스는 개종하고
이교도 신전의 금을 압수하여 경제를 되살렸다

3세기 말에 야만족의 침입, 제국의 구조적 위기, 항구적인 내란에 대처하기 위해서 디오클레티아누스(재위 284-305년)가 도입한 4두 정치(tetrarchy, 293-310년)가 와해된 후, 로마 권력은 야릇한 7두 정치(heptarchy) 시대를 겪게 된다.[1] 7인의 황제가 권력을 지리적으로 나누어 가졌고 그 구역은 가변적이 되었다. 그러나 곧 일련의 사망과 살해에 의해서 상황이 정리되는 동시에 복잡해졌다. 막시밀리아누스는 마르세유에서 콘스탄티누스 1세에게 포위를 당하자 310년 자살했다. 도미티우스 알렉산데르는 아프리카에서 막센티우스에게 패배를 당하고 311년 암살되었다. 갈레리우스는 311년 병사했다.

이제 막시미누스 다이아, 콘스탄티누스 1세, 리키니우스, 막센티우스이 네 명의 황제가 남았다. 콘스탄티누스는 312년 10월 28일 밀비우스 다리 전투에서 막센티우스를 제거했다. 그는 이 승리 덕에 이탈리아를 장악하고 서로마 제국의 주인이 되었다. 리키니우스는 트지랄룸(Tzirallum, 오늘날 터키의 초를루) 전투(313년)에서 막시미누스 다이아를 물리치고 동로마 제국의 지배자가 되었다. 이렇게 시작된 콘스탄티누스와 리키니우스의 새로운 2두 정치는, 리키니우스와 콘스탄티누스의 이복여동생 콘스탄티아와의 결혼에 의해서 정착되었다. 두 명의 황제는 313년 밀라노 칙령에 의해서 종교의 자유를 선포하고 기독교를 공인했다.

그러나 두 황제 사이의 관계가 악화되었다. 324년 리키니우스는 아드리아노플과 크리소폴리스에서 연달아 패배하고 니코메디아에서 항복했다.[2] 그는 곧 아들과 함께 처형되었다.

로마 권력은 40년 동안 분할되어 있었다. 이 혼돈의 시대를 종식시키고 단일한 황제가 된 콘스탄티누스(재위 306-337년)는 아들들을 카이사르로 임명하고 자신을 보좌하게 했다. 324년에 황제는 기독교를 로마 제국의 유일한 공식 종교로 선포했다.

이교도 신전들의 파괴와 약탈이 아나톨리아에서 시작되었다. 기둥과 자재들은 기독교 교회 건설에 사용되고 귀금속과 청동은 제국에 기탁되었다. 기독교가 금지하는 '신성한 매춘'[3]이 자행되던 이교도 신전들을 모조리 파괴하라는 특명이 내려졌다. 매춘부였던 황제의 어머니 성녀 헬레나를 숭배하라는 엄명도 떨어졌다. 이교도 신전들의 보물은 몰수되었다. 에우세비우스(263-339년)는 『트리아콘테리쿠스(*Triacontericus*)』에서 황제의 명령을 자세히 기술했다.[4] 모든 신전에서 금과 은으로 된 물건, 상, 보석을 찾아내서(필요하다면 불을 질러) 접수하고 모든 청동상을 약탈하라는 명령이었다.[5] 이 보물의 일부는 동로마 제국에 하나의 도시를 로마를 본떠서 건설하는 데에 필요한 재원으로 사용되었다. 천연의 방어적 지형 덕에 함락이 거의 불가능한 전략적 장소에 위치한 비잔티움이라는 작은 도시가 선택되었다. 비잔티움은 게르만족의 위협에 무방비로 노출되어 있는 로마와는 전혀 달랐다. 공사는 12년 동안 진행되었다. 7개의 언덕, 14개의 시가지 지역, 카피톨, 포럼, 원로원, 신성한 지혜 교회(하기아 소피아), 거대한 경마장, 궁전이 로마와 다를 바가 없었다. 도시는 콘스탄티누스의 이름을 따르게 되었다(콘스탄티노플). 몰수한 보물의 상당 부분은 솔리두스 금화를 주조하고, 콘스탄티누스의 화폐 개혁을 위해서 사용되었다.

솔리두스와 개혁

로마 제국은 격심한 경제 위기와 화폐 위기를 겪고 있었다.[6] 마르쿠스 아우렐리우스 황제(재위 161-180년) 시대부터 정금(正金)이 부족하기 시작했으며[7] 제국의 지출은 급등했다. 군단은 아우구스투스 시대의 25개에서 235년 34개로, 305년 66개로 크게 늘어났다. 그러나 군단은 예전에 비해 약화된 것이 분명했다. 로마 출신이 아니었기 때문에 조국 수호보다는 개인적 이익을 위해서 입대한 병사들이 많았다. 군인들의 봉급이 오르고 전쟁도 점점 더 늘어났다. 고위 공무원들은 안토니누스 피우스(재위 138-161년) 시대의 109명에서 필리푸스 아라브스(재위 244-249년) 시대에는 182명으로 증가했다. 금 1로마 파운드는 네로 시대의 1,125데나리우스에서 300년 6만 데나리우스가 되었다! 인플레이션이 로마 경제를 갉아먹기 시작하다가 급기야는 완전히 집어삼키게 되었다. 설상가상으로 로마 경제는 정치적 불확실성과 혼란, 국경 지역 야만인들의 점증하는 압력(그들의 호의를 '매수하기' 위해서 금을 공물로 바쳤다)에 직면해 있었을 뿐만 아니라 실물경제의 구조적 위기가 악화되고 있었다. 더구나 세계 여러 지역에서 급격한 기후변화로 가뭄과 혹한이 빈번하게 발생하여 파르티아, 쿠샨, 한(漢)나라 같은 제국들이 이미 무너진 바 있었다.[8]

이제 로마가 치르는 전쟁들은 대개 방어를 위한 것이어서, 로마 군단이 승리하더라도 적들에게서 전리품이나 공물을 얻을 수 없게 되었다.[9] 스페인 북부(라스 메둘라스) 광산 단지의 금 생산이 매우 심각할 정도로 감소하다가 3세기 초반에 중지되고 말았다.[10] 로시아 몬타나(다키아) 광산의 금은 로마가 271년 이 지역을 포기했기 때문에 더 이상 구할 수가 없었다. 로마는 콘스탄티누스의 원정에 의해서 다키아의 남부 지역을 다시 점령했지만, 광산은 차지하지 못했다.

제국은 항상 공공재정 예산과 무역수지가 적자였으므로 금 확보가 필수적이었다. 국가 예산 부족(대규모 군사원정들 때문이었다)에 직면한 디오클레티아누스 황제는 민간행정과 군사행정을 분리하고 대대적인 세제 개혁을 실시하고 인플레이션을 막기 위해서 최고가격제 칙령에 서명했다. 그러나 그의 개혁은 곧 포기되었다. 그는 또 1로마 파운드(324그램)에 6만 데나리우스 가격으로 금의 의무적인 매각(금을 보유한 사람들은 반드시 행정부에 양도해야 했다)을 명령했다. 콘스탄티누스 황제는 새로운 화폐를 만들어냄으로써 금화를 평가 절하했다. 새로운 화폐 솔리두스는 309년 또는 310년경 트리어의 조폐소에서 최초로 주조되었다. 금화의 무게가 줄어든 것은 처음이었다. 312년 콘스탄티누스가 막센티우스에게 승리를 거둔 후, 금화는 이탈리아의 조폐소들에서 주조되었다. 이번에도 무게가 줄어서 1/72로마 파운드, 약 4.55그램이 되었고, 로마 숫자 LXXII(72)가 이 무게를 표시했다. 동시에 5.4그램의 아우레우스(금화)는 313년 주조가 중단되었다. '건실한', '안정된'이라는 의미의 솔리두스는 이전 시대의 반복된 화폐 평가절하에 대처하는 진정한 정치적인 계획이었던 것이다.[11]

다른 한편으로 콘스탄티누스 황제는 대부분 금으로 납부하는 세금들을 신설했다. 4년마다 상인과 장인에게 부과하는 크리사르지론(그리스어로 '금과 은'), 도시 쿠리아회(오늘날의 시의회)가 납부하는 아우룸 코로나리움(aurum coronarium, '금관'이라는 의미), 원로원 위원들에게 부과한 아우룸 오블라티키움(aurum oblaticium)이 새로운 세금들이었다.[12]*

---

* 이 세금들은 로마 제국 전체를 다시 통합한 콘스탄티누스가 정복자의 자격으로 피정복자인 도시와 원로원에 부과한 공납금의 성격이 강했다. 아우룸 오블라티키움은 예전에 노블레스 오블리주 차원에서 원로원이 자발적으로 공공재정에 기여한 헌금이었다/역주

솔리두스의 안정성

콘스탄티누스는 이교도 신전에서 수세기 동안 축적해놓은 막대한 금을 몰수한 덕분에, 새 금화의 안정성을 유지하고 상당한 양을 주조할 수 있었다. 이교도 신전의 금 몰수는 331년부터 아주 광범위하게 진행되었다.[13] 더구나 콘스탄티누스는 막센티우스가 로마 궁전의 지하창고에 숨겨놓은 보물 중에서 찾아낸 금도 활용할 수 있었고, 324년에는 리키니우스가 숨겨놓은 황금도 회수했다. 그 결과 로마 제국에서 유통되는 금이 310년 60톤에서 370년 약 200톤으로 급증했다고 추정된다.[14]

솔리두스는 동로마 제국의 확립과 유스티니아누스 황제(재위 527–565년)의 치세 덕에 지중해 전역과 아나톨리아에서 통용되고, 금 함유량이 변하지 않는 '건실한' 화폐가 되었다. 이 금화는 부침을 겪으면서도 거의 천 년 동안 기준통화로 남아 있게 된다. 이따금 우마이야와 아바스 칼리프국[15]*의 금화 디나르와 경쟁을 하기도 했지만 말이다. 솔리두스는 그러나 13세기부터 제노바, 피렌체, 베네치아가 주조하기 시작한 금화와의 경쟁은 이겨내지 못한다. 이런 이탈리아 도시들과 해양 공화국들[16]의 금화는 역동적인 무역 그리고 콘스탄티노플의 쇠퇴 덕분에 득세하게 된다. 콘스탄티노플은 아랍의 칼리프국, 십자군 그리고 베네치아와의 끊임없는 전쟁으로 기울어갔다.

---

* 이슬람 역사에서 칼리프(Caliph, '뒤따르다'라는 의미의 아랍어)는 예언자 무함마드(570–632년경)를 계승한다고 인정되는 사람만이 보유할 수 있는 칭호로 이슬람 국가의 수장 겸 최고 종교 지도자이다. 그러나 이슬람이 크게 수니파(Sunni)와 시아파(Shia)로 양분되는 바람에 칼리프와 그 국가의 정통성에 대한 논란이 계속되고 있다. 일반적으로 인정되는 칼리프국은 우마이야 칼리프국(Umayyad Caliphate, 우마이야 왕조, 661–750년), 아바스 칼리프국(Abbasid Caliphate, 아바스 왕조, 750–1258년), 파티마 칼리프국(Fatimid Caliphate, 파티마 왕조, 909–1171년), 코르도바 칼리프국(Caliphate of Córdoba, 코르도바 우마이야 왕조, 929–1031년), 그리고 오스만 제국(Empire ottoman, 1299–1923년)이다/역주

무수한 나라들이 새로운 부의 도래에 의해서 운명이 바뀌었다. 한니발의 군대를 좀먹어간 '카푸아의 환락'*과 마찬가지로 진취성을 파괴하고 나태를 조장하는 원자재의 저주인 '네덜란드 병'(p. 190 참조)은 어느 시대에나 있는 법이다.

---

* 기원전 217년 한니발의 군대가 이탈리아 캄파니아 지방의 카푸아 사람들로부터 극진한 대접을 받고 환락에 빠져 전의를 상실해버렸다는 이야기이다. 그러나 한니발이 카푸아 공격을 의도적으로 늦추었다는 주장도 있다/역주

9

무슬림 세계는 7-12세기 동안
금의 진정한 주인이었다

절정기의 로마 제국은 많은 금을 보유하고 있었다. 황금은 정복전의 전리품, 몸값, 조공(朝貢) 그리고 250개에 육박하는 제국의 광산¹(스페인의 라스 메둘라스²와 다키아의 로시아 몬타나³가 대표적인 광산 단지였다)에서 나왔다. 그 반면 로마의 무역수지는 거의 항상 적자였다. 비단, 향신료, 호박, 보석, 상아, 결투용 맹수, 식료품, 비금속, 직물, 목재의 수입 때문에 귀금속은 계속 유출되었다. 대 플리니우스는 연간 무역적자가 1억 세스테르티우스에 달한다고 보았다.⁴

로마의 몰락과 함께 제국의 중심이 콘스탄티노플로 이동하자 '야만의' 서로마에서는 금이 고갈되게 되었다. 이 지역에서는 진귀해진 금화를 은화가 대신하게 되었다. 비잔틴 제국은 여전히 금 비축량이 상당했다. 이런 금은 특히 이집트, 시리아, 동부 속주들에 집중되어 있는 종교와 행정 중심지에 비축되어 있었다. 비잔틴 제국의 노미스마 금화는 지중해와 중동 일대에서 기준통화인 동시에 교환통화였다. 같은 시기에 사산 왕조의 오리엔트는 이란의 대형 광산의 은을 보유하고, 세금이 잘 걷히는 향신료 무역 덕에 엄청난 양의 금을 비축하고 있었다.⁵

금 유통의 중심이 서쪽에서 동쪽으로 바뀌었다

황금은 '야만의' 서로마 제국에서 비잔틴 제국으로 대거 유출되고, 다시 사산 왕조(224-651년)의 오리엔트로 옮겨간다. 이제 오리엔트에 황금이 쌓이게 된다.[6] 그러나 무슬림의 전광석화와 같은 정복과 사산 왕조의 몰락으로 오리엔트의 균형은 크게 바뀐다. 사산 왕조의 야즈데게르드 3세는 642년의 나하반드 전투[7]에서 참패한 후 도주했다가 651년 암살되었다. 무슬림 세계는 많은 금을 보유하게 되었다. 사산 왕조의 궁전과 그리스 수도원들에 쌓여 있던 보물들에서 엄청난 양의 황금이 나왔다. 무슬림 권력이 통제하는 지역 전체에서 이 새로운 금 공급의 여파로 귀금속 가격이 떨어지고 급속도로 인플레이션이 촉발되고 교역이 폭발적으로 늘어났다. 인도양의 향신료, 탈라스 강 유역과 인도 북부에서 출발하는 대상(隊商) 그리고 몇몇 유럽산 사치품들이 무슬림 세력권으로 몰려들었다.

우마이야 왕조의 칼리프 압드 알-말리크 이븐 마르완(재위 685-705년)은 대대적인 화폐개혁에 의해서 이란과 비잔틴 화폐의 유통을 종식시켰다.[8] 칼리프는 은화(693-694년의 디르함)와 금화 디나르(696년)를 주조하도록 했는데, 특히 디나르 금화는 무슬림 세계 전역과 인접국들에서 새로운 기준통화가 되었다. 금화는 다마스쿠스, 스페인, 이집트, 아라비아의 서부 지역인 헤자즈의 조폐소들에서 주조되었다.[9] 칼리프는 매년 성직자들에게 세금 1디나르를 징수하고, 시리아와 이집트 교회들 소유 재산에 아주 무거운 세금을 부과했다. 비잔틴 제국 시대에 매우 부유했던 이 교회들은 점차 부동산을 처분하고 귀금속 제품이 포함된 보물을 매각하지 않을 수 없게 되었다. 그 결과 대량의 금이 다시 유통되었다.

그러나 화폐개혁은 귀금속을 충분히 보유하지 못했더라면, 성공하지 못했을 것이다. 금은 누비아와 빌라드 아스-수단*의 광산, 은은 이란 그리고 아르메니아와 호라산의 광산에서 나왔다.[10] 칼리프국은 광산 지역 정복 그리고 광산 개발 진흥을 통해서 대대적인 귀금속 확보에 나섰다. 코카서스, 아르메니아, 우랄, 알타이, 인더스 강 계곡의 광산들 그리고 티베트와 데칸 고원의 금이 도착하는 인도 서남부 말라바르 해안이 중심지였다. 아랍 선박들이 850년경에 정복한 누비아(고대 이집트어로 '누브트'는 금이라는 의미였다), 에티오피아(동골라의 대형 금창고), 더 남쪽에 소팔라 지역(현재의 모잠비크)의 금을 선적하기 위해서 아프리카 동해안으로 몰려갔다. 누비아는 고대 이집트 18-19왕조 시대의 뒤를 이어 다시 황금 열풍이 불었다. 무슬림 행정관과 고위 공무원들이 광산에서 일하는 수천 노예들의 작업을 감독했다.

무슬림의 교역은 사하라 남부로 확장되어 대상들이 빌라드 아스-수단의 금을 소금과 노예를 주고 구입하여 운반해왔다. 무슬림 정복군이 751년 당나라 군대를 격파한(탈라스 전투/역주) 이후에는 탈라스 강 유역과 마와라알-나흐르*에서 귀금속과 비금속의 생산이 크게 증가했다.[11] 그리고 850년경 힌두쿠시 산맥(현재의 아프가니스탄/역주)의 바자히르 은광 단지(7세기 뒤의 스페인 제국의 포토시 은광과 비견된다[12])가 발견되었다. 툴룬 왕조 시대(868-905년)부터 무덤 발굴을 담당하는 공무원 조직을 만들어 이집트 파라오와 누비아의 흑인 파라오들의 무덤을 대대적으로 약탈하기 시작했다. 무슬림 칼리프국은 옛날 광산들의 재가동, 새로운 광산 발견, 징세를 통한 금의 유통 덕에 7-12세기에 황금의 지배자가 되어 경제발전과 동시에 정치적이고 문화적인 번영을 구가하게 된다.

바그다드, 푸스탓-카이로(푸스탓이 나중에 카이로로 발전한다/역주), 다마스쿠스, 팔레르모, 코르도바와 같은 중심 도시들의 힘은 페르시아

---

* Bilad as-Soudan : '흑인들의 땅'이라는 의미의 아랍어로, 사하라 사막 바로 남쪽의 서아프리카와 중부 아프리카의 북쪽 지역을 가리킨다. 지금의 세네갈에서 말리를 거쳐 부르키나파소로 이어지는 곳이다/역주
* Mawara'an-nahr : 트란스옥시아나, 현재의 우즈베키스탄을 중심으로 하는 지역이다/역주

만으로부터의 아바스 금, 홍해로부터의 파티마 금, 통북투(아프리카 말리 니제르 강변의 도시/역주)를 거쳐서 들어오는 코르도바의 아프리카 금에 의해서 더욱 강화되었다. 이에 비해 비잔틴 제국은 726-842년 성화상파괴운동의 덕만을 볼 수 있었다. 성화상파괴운동으로 그리스 정교 교회들에 축적된 재산과 금이 유통되었기 때문이다.[13]

무역수지의 악화

무슬림 지역의 넘쳐나는 금은 사칼리바(키에프, 프라하, 베르됭 시장에서 구할 수 있는 슬라브 노예들), 러시아 모피, 프랑크족이 제작하는 무기, 코르누아유(프랑스의 브르타뉴 서부 지역/역주)의 주석, (상선과 군함을 건조하고 야금용 목탄을 만드는 데에 필수적인) 목재, 중국 비단, 인도 향신료 수입을 가능하게 만들었다.[14] 무슬림의 정금(正金) 덕에 서유럽 이탈리아 해양 공화국들,[15] 한자 동맹 시장,[16] 키에프 공국(1132-1471년)[17]의 발전이 가능했다. 비잔틴 문명 역시 이웃인 무슬림 세계 덕에 제2의 황금시대를 구가하게 된다. 무슬림 세계가 세금이 무거운 상품들을 요구하고, 비잔틴 제국의 뛰어난 장인과 예술가들이 제작하는 값비싼 제품과 직물을 주문했기 때문이다.[18]

그러나 상황이 급변한다. 이미 9세기에 시작된 기후 온난화로 중동과 북아프리카가 타격을 받았다. 대상들의 통행로가 오아시스를 찾기 위해서 남쪽으로 100킬로미터 정도 이동하지 않을 수 없게 되었다.[19] 더구나 마와라알-나흐르 은광 단지의 체계가 붕괴되는 바람에 은이 크게 부족하게 되어 950-1080년에 무슬림 세계가 타격을 받았다.[20] 수니파로 개종한 셀주크 튀르크의 성장(10-11세기)은 아바스 칼리프국의 위기를 가중시켰다. 바로 이 시기에 경쟁 관계의 두 칼리프국(코르도바의 우마이야 왕조와 카이로의 파티마 왕조)은 절정기를 구가하고 있었다. 막강한 상인 집단 카리미는 파티마 왕조를 지지했다.[21] 차츰 금의 유통이 막히고 금과 은의 시세가 변하고 마침내 십자군이 결정타를 가하게 된다.

서유럽 기사들과 군대는 무기로 정복하고 파괴했을 뿐만 아니라, 막대한 유럽 은을 보유한 상인과 순례자들을 대동했다. 유럽의 은 생산은 12세기 중에 두 배로 늘어났다.[22] 십자군들 역시 약탈을 자행하고 그 목표는 첫 번째는 금, 두 번째는 은이었다. 압드 알-말리크의 화폐개혁에 의해서 확립된 균형이 깨지고 비잔틴의 노미스마 금화와 무슬림의 디나르 금화가 위기에 봉착했다. 노미스마는 1,000년, 디나르는 500년 지속된 통화였다. 이제 금은 서쪽으로 흘러갔다. 피렌체, 제노바, 베네치아가 플로린(1252년),[23] 제노비노(1252년),[24] 베네치아의 두카트(1284년)[25]를 주조했고 이 화폐들이 지중해와 아랍 무역의 새로운 기준통화가 되어 유럽 국가들의 통화체계 속으로 점진적으로 도입되었다.

무슬림 칼리프국들은 500년 동안 금 시장을 장악했다. 무슬림 왕조들은 군사 정복을 계속하고 그 도시와 궁전들은 번창하고 찬란한 문화를 구가했다. 이 상황은 오늘날의 에너지 시장과 흡사하다. 그러나 경제와 문화의 동반 발전이라는 역사는 반복되지 않는다.

10

비단의 비밀은 테오도라 황후의
첩자 수도승들 덕에 서양으로 전파되었다

중국 전설에 따르면, 비단은 기원전 2460년부터 생산되기 시작했다고 한다. 이 시기에 젊은(14살) 황후 누조가 궁궐 뽕나무에서 누에고치를 하나 땄는데 그것이 우연히 찻잔 속으로 떨어졌다. 황후는 누에고치가 풀려서 아주 질긴 실이 나온다는 것을 발견했다.[1] 많은 특성을 지닌 비단은 황실만 사용할 수 있는 직물이 되었다. 그러나 이 직물이 워낙 우수하여 황제들이 생산을 장려하기 시작했다. 홍콩 미술관 학예사 제라드 창은 비단이 이미 기원전 4900년에 사용되었다고 주장한다. 항저우 지방 박물관은 기원전 15세기의 것이라고 추정되는 비단 직물 유물들을 전시하기도 했다. 청동 항아리 안에 담긴 비단 조각들이 기원전 1330년경의 것이라는 점은 확실하다.[2]

비단은 화폐로서 사용되고 무역의 중요한 요소가 되었다

황제들은 비단 수출을 허용했다. 비단은 극도로 비싼 가격에 매매되었고, 대개는 금, 상아, 산호, 호박과 교환되었다. 모든 황제들은 비단 제조 비법을 보호하고 이 비법을 외국으로 반출하려고 시도하는 사람들은 고문과 사형으로 처벌했다. 비단은 중국의 무역수지에서 무시할 수 없는 비중을 차지하게 되었다. 또 인간의 상상력에서도 아주 중요한 요소가 되었다. 한나라 황제들은 북쪽 유목민들의 침략이 임박하자, 수출을 증대하여 전쟁 자금을 마련하기로 결정했다. 뛰어난 기병들인 이 침략자들에게 대항하기 위해서는 다른 무엇보다 말 구입이 시급했다.[3] 수출이 크게 늘어나고 서쪽으로 가는 두 가지 길이 개발되었다. 육로는 고비 사막을 우회하여 지중해와 흑해로 향했다. 해로는 인도를 거쳐서 페르시아 만과 홍해로 갔다. 이 두 가지 길을 독일 지리학자 페르디난트 폰 리히트호펜(1833-1905년)이 비단길(Seidenstraße, silk road)이라고 명명했다.[4] 비단길을 따라서 다른 많은 상품들, 남자와 여자(상인, 군인, 외교관, 종교인, 곡예사, 노예, 매춘부 등), 사상, 종교 그리고 질병도 오고가게 된다.[5]

페르시아 상인들은 비단에 관심이 아주 많았다. 그들은 '무언(無言)의 거래'라는 관행을 만들어냈다. 판매자들이 정해진 장소에 상품을 놓고 간다. 구매자들이 도착해서 교환하려는 물건이나 귀금속을 놓고 간다. 판매자들이 돌아와 가격이 타당하다고 생각하면, 구매자들의 물건을 인수하고 아니면 그냥 가버린다. 더 높은 가격의 교환품을 기다리는 것이다. 페르시아 상인들의 활동 덕에 로마 제국은 비단 수입 대국이 되었다.

로마의 권력자들은 황궁의 포주와 고급 매춘부들에게 비단을 선물하기 위해서 출혈을 마다하지 않았다. 비단 1온스가 금 1온스 값이었다. 세네카는 "몸의 곡선이 벌거벗은 것처럼 드러나는" 비단옷을 입고 싶어하는 여자들의 변덕을 신랄하게 비꼬았다.[6] 대 플리니우스는 『박물지』에서 많은 비단이 '세레스'*의 제국으로부터 수입되고 이 물질은 몇몇 식물의 껍질에서 나온다고 지적했다.[7] 지리학자 파우사니아스(2세기 무렵)는 대 플리니우스의 오류를 조금 수정했다. 그는 대 플리니우스의 추측을 비판하면서 비단은 그리스인들이 '세르(ser)'라고 부르는, 거미와

---

* 라틴어 Sēres는 '(비단으로 유명한) 중국인'이라는 의미이고 여기에서 프랑스어 séciculture (양잠업)가 유래했다/역주

비슷한 벌레에 의해서 생산된다고 썼다.[8]

중국에서 비단은 결제수단이 되어 몇몇 경우에서는 화폐를 대신하기도 했다. 기원전 48년 한나라에서는 많은 위조 화폐(그 가운데 청동 화폐-칼도 있었다)가 유통되었고, 이것들이 부분적으로는 곡물, 비단, 비단옷, 대마, 조가비와 같은 물건들에 의해서 대체되었다. 기원 후 24년에는 비단, 대마, 곡물이 결제수단으로 공인되었다.[9] 황제는 비단을 생산하는 지역은 세금을 비단으로 낼 것을 요구했다. 옛날 중국어 '푸(福)'는 '화폐'와 '옷'이라는 의미였다는 주장도 있다.

산업 스파이

중국의 모든 인접 국가들은 비단 생산 비법을 알아내려고 했다. 기원전 2세기부터 현재의 한국에서 뽕나무를 재배해서 비단을 만들기 시작했다. 인도로 불교 경전을 구하러 떠난 현장(玄奘)의 이야기에 따르면, 어떻게 해서든지 비단 제작 비법을 알아내려고 했던 코탄(우전국[于闐國] : 인도 쿠샨 제국 국경의 타림 분지에 위치한 작은 왕국)의 국왕이 중국 공주에게 청혼을 했다고 한다. 공주는 미래의 남편의 사신들의 지시에 따라서 믿기지 않는 위험을 무릅써야 했다. 그녀는 모자 속에 누에벌레의 알을 숨겨서 국경을 무사히 통과했다. 그녀는 엄청난 결혼 지참금을 가져온 것이었다.[10] 코탄 왕국은 갖은 정성을 다해 비단을 생산했고, 이웃 나라 인도가 그 덕을 보게 된다. 2세기경 누에벌레 알은 인도를 통해서 일본으로 전파되었다.

독설로 유명한 역사가 프로코피우스(500-565년)[11]는 비잔틴 황제 유스티니아누스(재위 527-565년)가 지시한 스파이 행위를 아주 자세히 기술했다. 531년 황제는 페르시아인들 몰래 누에벌레 알을 들여오려고 했지만, 성공하지 못했다. 황제는 에티오피아 왕에게 사신들을 보내 도움을 청했다. 그러나 페르시아 상인들이 모든 인도산 제품을 가로채고 사버리는 바람에 에티오피아 왕도 별 방도가 없었다. 수도승들이 황제와 황후 테오도라에게 자기들이 누에벌레 알을 구해오겠다고 제안했다. 그들은 비단을 생산하는 인도 도시들을 잘 알고 있었다. 그들이 가져온 알들이 중국산인지 인도산인지는 분명하지 않았다. 어쨌든 수도승들이 돌아오자마자 비잔틴 제국은 비단을 만들기 시작했다. 아나톨리아의 부르사, 아테네, 테베, 코린토, 아르고스가 생산 중심지가 되었다.

그후에는 무슬림 제국의 확장에 의해서 비단 생산이 레반트와 지중해로 전파된다. 그러나 유럽으로는 전파되지 않았다. 유럽의 비단 생산은 바이킹 출신의 시칠리아 왕 루지에로 2세(재위 1130-1154년)가 시칠리아에 양잠업을 도입한 후에야 시작되었고, 십자군 전쟁 덕에 칼라브리아(이탈리아 남단 지방),[12] 토스카나 지방의 루카[13] 그리고 밀라노 지역으로 전파되었다. 그런 연유로 밀라노 지역의 코모는 오늘날에도 유럽 비단 산업의 중심지로 남아 있다.[14]

비단은 중국을 부유하게 만들었고 산업 스파이전이 본격적으로 시작되는 계기가 되었다. 이 경우에는 "옷이 수도승을 만드는 것은 아니다(옷차림으로 사람을 판단해서는 안 된다)"는 격언이 틀린 셈이다.

11

중앙아시아는 서로마 제국 멸망과 중세 유럽 건설 사이에 주요 광산 지역이 되었다

금과 은은 경제 및 재정에서 중심이 되는 금속이다. 구리, 주석, 철은 제1차 산업혁명 이전에는 3대 공업용 금속이었다. 광산의 변천 과정을 연구하면, 주요 문명들의 발전에 관한 정보를 얻을 수 있다. 이집트 제국이 누비아와 시나이 반도의 금광들 덕에 웅비한 후에 라우리온(아티케 남부에 위치/역주) 은광들이 아테네의 영광에 기여했고, 키프로스의 구리는 페르시아 제국에 도움이 되었다. 스페인 광산 단지에 코르누아유의 주석 광산 그리고 다키아의 금광이 추가된 덕에 로마는 제국 확장에 성공했다. 로마 제국의 쇠퇴와 붕괴는 많은 유럽 광산의 생산량 감소와 포기에 의해서 가속화되었다. 이제 광산 개발의 주도권은 비잔틴 제국-사산 왕조-아바스 왕조 문명권과 당나라로 넘어간다.

그후에 광산 개발의 중심은 다시 이란 분지와 유럽 중부의 알프스 지역(대형 은광들)으로 이동하고 유럽 문명이 다시 발전하기 시작한다. 같은 시기에 아프리카 기니의 금이 통북투로 들어와서 사하라 남부 지역의 발전(말리 제국의 도약)에 기여한다. 동아시아에서는 윈난 성의 광산 단지와 베이징 북쪽의 광산들 덕분에 송나라, 원나라, 명나라의 중국 문명이 발전하게 된다. 식민지 아메리카에서 금과 은의 폭발적인 생산은 문명의 균형을 다시 극적으로 바꾸고 유럽과 그 팽창에 크게 기여한다. 당시 인도양 연안과 중국에 접한 바다들(일본의 은광)에서 이베리아 반도-네덜란드-영국의 교역, 아카풀코-마닐라 항로의 갤리언 선, 대서양의 화물 수송 급증에 의해서 최초의 세계화가 실현되었다고 볼 수 있다. 금과 은은 캐럭 선과 갤리언 선으로 여행하는 '귀하신 관광객'이 되었다.

코카서스, 아르메니아, 마와라알-나흐르 광산 단지의 발전

서로마 제국 붕괴와 아랍 무슬림의 정복 이후, 중앙아시아 금은광의 발전은 극히 분명한 4단계로 구분할 수 있다.[1] 100여 년(560-670년) 동안은 (우즈베키스탄 타시켄트 부근의 '터키옥 광산'과 함께) 차치[2] (Chach, 타시켄트 지역의 옛 이름/역주) 광산 (특히 은광) 단지와 판즈(아프가니스탄 북동부 타지키스탄과의 국경 지대) 광산의 전성기였다. 금과 은 생산량이 연 15톤에 달할 정도였다. 판즈 광맥이 고갈된 후에는 차치에서 710-780년에 연 25톤 이상을 생산하기까지 했다. 이 광산들 전체 생산량의 53퍼센트가 은, 25퍼센트가 금이고 나머지는 비금속들이었다.

850-960년에는 차치의 생산이 계속되고 파미르 고원(타지키스탄)에서 채광이 시작되었다. 이 두 지역이 합해서 연 23톤 정도를 생산하기에 이르렀고, 여기에 탈라스 지역과 892년 채광이 시작된[3] 아프가니스탄 바자히르 은광의 생산량을 추가해야 한다. 마지막으로 1020-1120년에 탈라스 광산들(광부가 1만 명에 이른다)이 광맥이 완전히 채굴된 차치와 파미르 고원의 광산들[4]을 대체하게 된다. 여기에서는 많은 농산품을 재배하여 사마르칸트, 바그다드, 볼가 강의 부유한 도시들(특히 카잔)로 보냈다. 주로 은괴 형태로 수출된 은 덕택에 비단, 자기, 발트 해의 호박, 인도양의 향신료, 인도와 유럽산 도검류(높은 평가를 받았다)를 수입할 수 있었다. 많은 양의 은이 중국(항상 은이 부족하여 윈난 광산의 금과 교환하기를 원했다), 인도(향신료 공급), 페르시아 세계(양탄자와 생사

수출), 유럽(호박, 산호, 노예, 사치품 외에는 내놓을 상품이 거의 없었다)으로 흘러갔다. 마와라알-나흐르의 대표적인 은광 단지인 파미르와 차치의 위기는 너무나 심각하여 매우 부유한 이 지역의 경제 전체가 무너지고 말았다. 교역체계가 통째로 망가진 것이다.

과중한 세금 부담과 끔찍한 해 1011년

이 지역을 장악한 칼리프국들의 중과세 정책 그리고 1011년 무렵의 혹한은 주민들에게 엄청난 고통을 주었다. 니샤푸르 시(이란 북동부에 위치/역주)에서는 10만이 넘는 주민이 굶어죽었고, 나머지 사람들은 개와 고양이 고기로 연명했다.[5] 더 동쪽에 위치한 탈라스 광산들에서는 은 채광이 계속되었지만, 생산량을 극대화하는 바람에 광맥이 급속하게 고갈되었다. 1125년경 생산량이 급감하여 아시아, 아프리카, 유럽 대륙에서 심각한 '은 기근'을 촉발시켰다.

유럽에서는 기존 광산들의 생산량을 늘리고 옛날 '로마' 광산들을 되살리려고 노력하면서 대대적인 탐광에 나섰다. 작센, 람멜스베르크(니더작센의 고슬라 지역), 리오 틴토(스페인 남부)의 광산들이 동원되었다. 1200년부터 프라이베르크(작센의 에르츠 산맥)에서 광맥이 발견되었다. 데본(영국 남부), 스코틀랜드, 사르데냐의 이글레시아스 광산들[6](곧 피사 해양-상인 공화국이 장악한다), 제노바 지방[7](제노바의 상인들이 재정 지원을 한다), 토스카나 몬티에리[8]의 광산들이 생산을 시작한다. 아프리카에서는 모로코 지역에 작은 광산들이 좀 있었지만, 은 생산에는 거의 기여하지 못했다. 그 대신 아프리카는 서해안의 충적토 금 덕에 유럽을 위한 최대 공급처가 되었다. 통북투를 거쳐서 운반되는 이 금은 말리 제국의 번영의 기초가 되었다. 그후에 아프리카 금은 세우타(지브롤터 해협 연안의 모로코 북단에 위치한 도시/역주)를 거쳐 스페인으로, 튀니스를 거쳐 팔레르모와 제노바로 수출되어 이 두 이탈리아 도시의 발전에 기여한다. 중동에서는 이란의 호라산(이란 북동부)과 시라즈(이란 남서부의 파르스 지역) 광산들의 생산이 활발했다. 고급 양탄자 생산 중심지는 광산 지역과 '일치하는' 것이다.

예멘 사나 지역의 자발리 광산들[9]도 중요한 역할을 담당했다. 이에 대해서는 예멘의 지리학자 알-함다니(893-945년, 아바스 칼리프국의 대표적인 지식인 가운데 한 사람/역주)가 10세기에 금은론을 저술하여 무슬림 세계의 귀금속 광맥을 설명했다. 그에 따르면, 예멘은 특히 알-라드라드(현재의 자발리 지역) 광산 덕에 중요한 위치를 차지하고 있었다. 그의 계산으로는 이 광산의 생산량은 2백만 디르함(1디르함은 3-4그램/역주)에 달했고, 매주일 2만 디르함이 낙타 등에 실려 광산에서 반출되었다고 한다.[10]

중앙아시아의 패권은 은 생산에서는 유럽과 중동으로, 금 생산에서는 아프리카로 급속하게 넘어갔다. 일본의 이와미(石見: 지금의 시네마 현의 오다 시 일대/역주) 은광 단지(1533년),[11] 아메리카의 거대한 사카테카스(멕시코 중부/역주) 단지(1548년)[12]와 포토시(볼리비아 남부/역주) 단지(1556년)[13]가 채광을 시작하기 전까지는 말이다.

중앙아시아는 원래 천연자원이 풍부한 지역이다. 그러나 광산들이 외딴 곳에 위치하여 도로망에 연결되기가 쉽지 않을 뿐만 아니라 기후까지 혹독하다. 오늘날 이 지역은 광석과 에너지 자원으로 다시 떠오르고 있다.

12

바이킹이 향신료를 구하러 바그다드로 진출했다

　고트족의 역사를 기술한 요르다네스(동고트족 출신으로 로마로 귀화하여 활동한 6세기 역사가/역주)의 글에 따르면, 6세기부터 아름다운 모피로 유명한 북쪽 민족인 '스베아족(현재의 스웨덴인)'이 멀리 여행해서 이 모피를 로마인(비잔틴인)이 내놓는 다른 상품들과 교환했다고 한다.[1] 737년 무슬림 군대가 하자르족 지역(코카서스와 카스피 해의 북동쪽)을 침략하고 749년 아바스 왕조가 우마이야 왕조를 대체했다. 아바스 왕조는 볼가 강을 거쳐서 북진하는 침략을 중단한 뒤에 수도를 다마스쿠스에서 바그다드로 이전했다(762년).[2]

　바그다드는 교역의 요충지가 되었고, 디르함[3] 은화를 대량으로 주조했다. 은은 이란 남부와 북부 그리고 우랄 산맥의 광산에서 나왔다. 하자르족과의 교역이 시작되어 카스피 해 서안의 데르벤트 항구는 아랍 세계와 하자르족-발트 해 지역을 연결하는 중계소가 되었다.[4] 데르벤트는 알렉산드로스 대왕이 북방 민족들을 저지하기 위해서 건립한 '철문'이 있었다는 신화가 전해지는 도시이다.[5] 또다른 교역 중심지는 중요한 경제권인 라도가 호수(상트페테르부르크 북동쪽에 위치/역주) 지역이었다. 도시 비르카(스톡홀름 서쪽에 있었던 옛 도시/역주)는 라도가와 노브고로트[6]를 거쳐 발트 해, 비잔틴 제국, 아바스 칼리프국을 이어주는 고리였다. 비르카는 아랍, 이집트, 유럽 상인들이 붐비는 진정한 중심지였다. 거래는 주로 은을 호박, 모피, 사슴 뿔, 스칸디나비아 반도(오늘날의 스웨덴) 광산에서 나오는 철, 철제 검, 동방의 향신료, 비단, 노예와 교환하는 방식으로 이루어졌다. 노예라는 상품, 특히 장정과 미인들은 아랍 도매상과 유럽 노예상인들에게 인기가 높았다. 이 상인들은 노예들을 주로 프라하 시장에 공급하고 베르됭 시장[7]까지 가서 되파는 경우도 있었다. 당시에 유럽 전체 주민의 10퍼센트에서 20퍼센트가 노예들이었다.[8]

바이킹족과 바그다드의 교역

진격을 계속하던 바이킹족은 재물, 향신료, 비단에 이끌려 사르클란드라는 남쪽 지역으로 향했다. 사르클란드(Sarkland)라는 이름은 세 가지의 기원이 있는 것 같다. 사라센인들의 땅(오늘날의 아제르바이잔과 이란 북부). 돈 강이 흑해로 들어가는 하구에 위치한 사르켈의 하자르족 요새. 비단을 가리키는 바이킹족의 단어 세르크(serk).[9] 우편행정과 칼리프 알-무타미드의 정보 부서 책임자인 호라산의 낙천가 이븐 쿠라다드비는 9세기 중반 방대한 『길과 왕국들의 책(Kitab al-Masalik wa'l Mamalik)』에서 '사갈리바하'라고 불리는 이 북쪽의 상인들이 용맹스러운 뱃사람들이라고 기술했다.

그들은 카스피 해 남동쪽의 고르간에서 출발하여 낙타를 이용해서 물품을 바그다드까지 운반했다. 그들은 화려한 바그다드와 그 도시의 다양한 상품에 매료되었고 바그다드 역시 그들의 물품에 대한 수요가 많았다.[10] 그들은 이곳 말을 할 줄 아는 하인이나 노예를 통역으로 삼아 거래를 했다. 그들은 최고급 모피, 쇳덩어리, 칼, 호박, 꿀을 팔았고, 사치품(비단, 향신료, 제조품)을 구입했다. 그들은 물품 대금을 아랍 세계의 은화인 디르함으로 받고 싶어했다. 디르함은 베네치아가 은화 그로소를 주조하기 전(1193년/역주)까지는 유럽에서도 매우 널리 통용되었다. 바이킹 지역에는 은이 아주 귀했기 때문에 바이킹족은 은화를 받으려고 했던 것이다.

바이킹족은 상인인 동시에 난폭한 정복자였다

스칸디나비아인들은 땅보다는 전리품을 얻고 거래를 하기 위해서 폭력에도 의존했다. 852년 그들은 200척의 배로 노브고로트에 도착해서 도시를 공격하고 주민들에게 몸값으로 거액을 요구했다. 858년 그들은 키에프에 자리를 잡고 여기에서 드네프르 강과 흑해를 거쳐 2년 후에는 콘스탄티노플을 공격했다.[11] 콘스탄티노플 총대주교 포티오스(820–891년경)는 공방전의 와중에 베푼 설교에서 바이킹족의 무자비한 공세를 하늘에서 떨어지는 벼락에 비유하기도 했다.[12] 스칸디나비아 출신인 이들을 '루시(Rus)' 또는 '로시(Rhos)'라고 불렀는데, 여기서 러시아(Russia)라는 단어가 유래했다.

그러나 바이킹족의 공격은 실패했고,[13] 그 이후의 시도들도 성공하지 못했다. 방어자들은 화염방사기의 선조인 그리스 화약을 사용했는데, 이것이 침략자들에게 공포의 대상이 되었다. 나중에 루시 대공 바랑기아인 올레그(바랑기아인은 동유럽에서 교역과 해적질을 하던 덴마크인과 스웨덴인이다)는 수도를 노브고로트에서 키예프로 옮기고 러시아의 진정한 창건자가 된다. 올레그 대공(재위 879–912년)은 8만 명의 군사와 배를 동원하여 바다로 콘스탄티노플을 공격했다. 비이킹족은 콘스탄티노플 주민들의 요청에 따라서 학살과 약탈을 끝내는 대신 보상을 받고 통상조약을 체결했다. 911년의 이 조약은 드네프르 강 통상로에 대한 바이킹족의 패권을 인정하는 내용이었다.

10세기 페르시아의 탐험가이며 지리학자인 이븐 루스타는 『귀중한 일들의 책(*Kitāb al-A'lāk an-Nafīsa*)』에서 루시인을 자세히 설명했다.

"루시인은 덤불과 무성한 숲으로 덮인 섬에서 사는데, 사흘을 걸어야 그 섬을 일주할 수 있다. 그들은 포로를 잡아 노예로 판다. 그들은 밭이 전혀 없어서 슬라브인들의 땅에서 빼앗은 것으로 먹고 산다."[14]

루시인은 아랍 세계와의 교역이 발전하기 시작하자 신속하게 아랍의 화폐제도와 도량형을 도입했다. 그들은 아프가니스탄 바자히르 광산 단지[15]에서 나오는 은을 구하려고 했다. 이 광산 지역 덕에 페르시아의 사만 왕조(819-999년)는 번영을 누렸다.[16] 이 시점부터 루시인이 아랍 시장에서 구입하는 은의 양이 크게 늘어났고 은이 넘쳐서 가격이 떨어졌다.[17] 그러나 아랍 지역은 차츰 쇠퇴하기 시작하고(정복지 감소와 온난화로 인한 기후변화), 루시인은 바그다드와의 교역을 줄여나간다. 이에 관해서, 921년 볼가 강의 불가리아족 왕에게 파견된 바그다드 칼리프의 사절단 일원인 아흐마드 이븐 파드란은 아주 나중에 저술한 지리서[18]에서, 루시인들이 바그다드 행 여행을 크게 줄이고 볼가 강과 다른 러시아 강들의 항해에 주력했다고 썼다. 아랍 세계는 지속적인 경기침체로 루시인들의 값비싼 상품에 대한 수요가 감소했다.[19] 이 여행가는 결제수단 이야기를 하면서 루시인들이 자주 사용하던 '금이 간 은'을 강조했다. 루시인들은 전리품을 수집한 다음 약탈한 은제품을 망치로 두드려 판으로 만들었다. 이 은판을 잘라서 결제를 했던 것이다. 러시아어 '루블(rubl)'은 동사 '루비트(roubit : 잘게 자르다)'에서 파생했다.[20] 10세기 말경 키예프의 블라디미르 1세는 비잔틴 제국과의 교역을 위해서 금화를 주조하기 시작한다.

바이킹족의 도약은 기후온난화와 이 위대한 항해자들의 용기 덕에 이루어졌다. 그들은 유럽 북부, 남부, 동부의 역사에 커다란 영향을 미쳤다. 그들은 고향에서 머나먼 지역에 정착했지만, 제국을 수립하지는 않았다.

13

아바스 칼리프국에 대한
흑인 노예들 잔즈의 격렬한 반란

잔즈 반란은 아프리카 노예들의 최대 반란으로 15년 동안이나 계속되었다. 그러나 이 반란은 로마 권력을 위협한 스파르타쿠스 반란(73-71년 기원전)이 로마를 흔들어놓았던 것처럼 아바스 칼리프국의 권력을 흔들어놓지는 못했다. 잔즈는 동아프리카(대호수들 유역과 이 지역의 남쪽)의 흑인 노예들을 가리키는 말이었다. 그들은 포로가 되거나 매매된(대개는 구리와 교환했다)[1] 경우가 많았다. 때로는 우발적인 보상 또는 무슬림 권력에 종속된 국가들이 바치는 연례 조공의 산물이기도 했다. 잔즈(Zanj)라는 단어는, 무슬림 세계와 교역하는 동아프리카 지역 잔지바르(Zanzibar)에서 유래한 것 같다.

유프라테스 강과 티그리스 강 유역의 메소포타미아 평야는 농업과 광업 생산의 중심지였다. 칼리프는 늪이 많은 그 삼각주 일부 지역의 경작을 조건으로 이 지역 토지를 부유한 지주들에게 하사했다. 이 지역은 농업 생산성을 높이는 요소들이 모두 모여 있었다. 물, 바그다드-바스라 축을 따라서 흐르는 강들, 운하, 비옥한 땅, 따뜻한 기후. 이 지역에서 가장 널리 보급되어 있는 농산품으로는 남부의 사탕수수와 쌀, 북쪽(바그다드)의 과일, 향신료, 아마, 면화, 밀, 보리, 수수가 있었다.[2] 메소포타미아 평야에는 비금속 광산이 몇 개 있었다(지발 산맥의 구리와 주석). 더구나 이곳에서는 소금이 대량으로 생산되고(남부 지역의 염수 표층에서 나왔다) 건축자재들도 생산되었다. 야금업은 물이 풍부한 덕에 대단히 활발했다(수력). 이 모든 일에는 나쁜 기후를 극복할 수 있는 건장한 일꾼들이 많이 필요했다. 대지주들은 대개는 노예들을 썼고, 노예들의 생활조건은 매우 비인간적이었다.

200년 동안 3번의 노예 반란

첫 번째 반란은 칼리드 이븐 압둘라 정부 시대에 일어났다. 이 반란은 강도가 약했지만, 1년 넘게(689-690년) 지속되었다. 반란을 일으킨 소수의 노예 무리들이 약탈을 자행했지만, 제대로 무장을 하지 못했던 그들의 반란은 정규군에 의해서 신속하게 진압되었다. 주동자들을 참수하고 그 시신을 형장에 매달아놓았다.[3] 694년 두 번째 반란이 일어났다. 잔즈의 사자라고 불린 라바가 주도한 이 반란은 규모가 더 크고 복합적이었으나, 역시 엉성했다. 군대가 두 번 개입하여 반란을 진압했다.[4] 그러나 세 번째 반란은 비교적 조직이 탄탄하여 10년 넘게(869-883년) 지속되어 수천 명의 사망자가 나왔다(수십만이라는 주장도 있다).

이 세 번째 반란의 지도자는 이름이 알리 이븐 무함마드였다. 그는 자신이 이슬람 예언자 무함마드의 삼촌인 아부 탈리브의 아들 알리 이븐 아부 탈리브 칼리프의 자손이라고 주장했다. 잔즈들의 주인이라는 별칭을 가진 알리 이븐 무함마드는 지적이고 뛰어난 전략가였으며 아마도 정권에 줄을 대고 있었을 것이다. 그는 자기 행동에 이념적 내용을 부여할 능력이 있었다. 그는 농업생산용 경작지를 조성하는 노동에 종사하는 노예들과 지역 주민들을 선동하는 데에 성공했다. 작열하는 태양 아래서 아주 고되고 단조로운 노동을 하는 이 노예들에게 음식도 제대로 주지 않았고 숙소도 형편없었다. 836년 아바스 왕조는 수도를 바그다드에서 사마라로 이전했다. 티그리스 강가의 사마라는 바그다드에서 북쪽으로 125킬로미터 떨어져 있다. 이 도시가 836-892년 아바스 칼리프국의 수도였다. 당시 아바스 왕조는 외지 총독들의 독자적인 움직임 때문에 심각한 위기를 겪고 있었다. 중앙권력은 이런 지방들을 제대로 통제하지 못했다.

반란의 두 단계

세 번째 반란은 두 단계로 나눌 수 있는데, 그 첫 번째 단계인 869-879년에 반도들은 승승장구했다. 노예들은 무기를 구하고 다른 노예들을 해방시켜 자기들 편으로 만드는 데에 성공했다. 또 빈농들, 베두인들, 용병들의 지원을 받았다. 수입품에 대한 높은 세금 때문에 고전하던 남부의 상인들은 재정적으로 반군을 지원했다.[5] 반군은 칼리프 군대에게 정면으로 도전했다. 방어하기가 좋고 요새화된 지역에 자리 잡은 반군을 칼리프 군대는 몰아낼 수가 없었다. 872년 아바스 왕조의 신임 칼리프 알-무타미드는 동생 알-무와파크에게 새로운 부대를 맡겼지만, 그들은 곧 패배하고 말았다. 이 반란의 연대기를 작성한 역사가 무함마드 이븐 자리르 알-타바리(838-923년)가 기술했듯이,[6] 당시 칼리프 군대는 이란을 지배한 사파르 왕조(867-1003년)의 확장주의적 공세에 맞서고 있었기 때문에 반란을 진압하기 위해서 충분한 군대를 동원할 수 없었다. 반군은 세력을 계속 증강하여 메소포타미아 하류의 도시들(아바단, 주바, 아바즈와 같은 주요 도시들이 포함된다)을 장악하고 급기야는 바스라까지 함락했다. 페르시아 만 가장 안쪽의 삼각주에 위치한 바스라는 전략적으로 중요할 뿐만 아니라 많은 상품이 통과하는 항구였다. 상품들은 인도 지역에서 왔다. 배들이 이 상품들을 바그다드로 운반한 다음, 이번에는 페르시아 지방들, 아나톨리아, 흑해 지역에서 나오는 상품들을 실었다. 반란 중에는 일부 운송이 페르시아 만이 아니라 홍해를 통해서 이루어졌다.

잔즈들이 점령한 도시는 무기를 내주고 특히 노예들을 모두 해방시켜야 했다. 이 노예들이 반군을 보강하게 되었다.[7] 사마라의 아바스 왕조는 반란을 진압하지 못했다. 왕조는 내부의 권력투쟁에 몸살을 앓고 있었다. 잔즈의 반란은 국가발전과 교역을 저해했지만, 중앙권력이 보기에는 부차적인 문제였다. 반도들은 바그다드에서 남쪽으로 130킬로미터 떨어진 운하 지대에 새로운 도시('선택된 도시' 알-무흐타라[Al-Mukhtarah])를 건설하고 다른 곳에도 도시 5개를 신설했다. 그들은 화폐를 주조하고 이집트 총독처럼 사마라 정권에 저항하는 집단들과 동맹을 맺었다. 이집트 총독 이븐 툴룬은 반란 덕택에 사마라 중앙정부에 지방세 수입을 일부만 보내게 되었기 때문에[8] 더 많은 자주권을 누릴 수 있었다.

반란의 유혈 진압

두 번째 단계의 반란은 4년 동안 지속되다가 883년에 유혈 진압되었다. 사마라의 정치적 긴장이 진정되자, '제국의 섭정' 알-무와파크와 그의 아들 아부 알-아바스(미래의 칼리프 알-무타디드)는 반군을 포위하고 격전을 벌였다.[9] 879년 칼리프 군대는 새로운 공세에 돌입하여 반군을 도시들에서 몰아내는 데에 성공했다. 반군은 도시들을 약탈한 다음 포기해버렸다. 칼리프는 반도들을 사로잡기 위해서 부대를 최대한 동원했다.[10] 반군 지휘자들을 사로잡으면, 공개적으로 고문하고 처형했다. 이 잔인한 방식이 반군의 사기를 저하시켰고 저항하던 반군은 결국 항복하게 되었다. 반군의 수도 알-무흐타라는 883년 함락되었다.[11] 칼리프는 반군들에게 끔찍한 복수를 했다. 많은 반군들을 처형하고 일부는 사지를 잘라버렸다. 다수의 반군들은 노예가 되어 평생을 쇠사슬에 묶인 채 광산에서 일해야 했다. 이제 대농장주들은 러시아 남부 지역 출신의 백인 노예들을 훨씬 더 많이 사용하게 되었다.

　스파르타쿠스의 반란은 3년도 가지 않았지만, 잔즈 반란은 거의 15년이나 지속되었다. 그러나 두 반란은 공통점이 적지 않았다. 두 반란 모두 권력의 핵심을 직접 위협했고, 권력은 단 한 가지 해결책에 의존하는 수밖에 없었다. 어떤 대가를 치르더라도 반란을 진압하고, 패자들에게 가해진 극형을 공개하는 것이었다.

14

송나라의 지폐 발행은
끔찍한 실패작이 되었다

지폐를 발명한 것은 중국이다. 한가운데에 구멍이 뚫린 둥근 중국 소형 화폐인 엽전(葉錢) 제작에 필요한 구리 부족 때문에 지폐를 개발한 것이다. 그 결과 가족들이 망자의 시신 옆에 저세상 여행을 위해서 지폐를 두는 관습이 생겼다.[1] '노잣돈'이라고 하는 이 제물은 악귀들을 매수하기 위한 것이라고 한다. 중국 최초의 어음은 당나라 시대인 806년에 나왔다.[2] 상인들의 이러한 관행은 상호 신뢰의 토대 위에서 멀리 떨어져 있는 두 상인이 돈을 주고받을 수 있게 만들었다. 정부가 이 관행을 따라서 하기 시작함으로써, 수도와 군대 주둔 지역들 사이에 송금이 가능해졌다. 이런 어음은 '비전(飛錢)'이라고 불렸다. 그러나 당나라가 점차 위기에 빠지게 되어 이런 송금 방식은 중단되고 말았다.

송나라의 지폐

진정한 은행권을 만든 나라는 송(宋)나라이다.[3] 쓰촨의 부유한 상인들이 은행과 지역 상인들이 발행하는 지폐를 사용하기 시작했다. 이 지폐에는 금액이 적혀 있고 양도가 가능하며 일람불로 금속 화폐와 교환이 가능했다. 1023년 황제는 이런 관행을 불법화하기로 결정함으로써, 오직 정부만이 검붉은 잉크로 지폐를 인쇄하는 권한을 가지게 되었다. 정부는 지폐를 풍경, 상품, 사람들 그림으로 장식했다. 지폐는 주로 지방에서 보급되었고 유통량도 제한적이었다. 남송(南宋) 황제는 1135년 금나라와의 전쟁* 비용을 마련하기 위해서 지폐를 대량으로 발행했다. 1141년 금나라와 화평함으로써 제국의 재정은 급속도로 안정되었지만, 중국 북부를 장악한[4] 금나라와의 계속된 전쟁으로 남송의 황제는 지폐를 대량으로 발행하지 않을 수 없게 되었다. 중국 전체에서 제일 중요한 구리 광산들은 윈난과 쓰촨을 비롯한 남송 지역에 있었다.

'회자(會子)'라고 불린 이 지폐는 제국의 몇몇 지역에서만 통용되었다. 그러나 회자는 주민들의 신뢰를 얻어서 1190년대 초까지 액면가와 비슷한 가치로 교환되었다. 1190년대부터 3대 사건이 중국을 뒤흔들게 된다. 첫 번째는 '풍요의 땅'이라고 간주되는 쓰촨의 지방관들이 남송 조정에 반역하여 일으킨 끔찍한 내란이었다. 두 번째는 금나라와의 새로운 전쟁이었고, 세 번째는 금나라가 장악한 지역들을 몽골이 침략한 것이었다. 이 전쟁들 때문에 황제는 지폐를 대량으로 발행하지 않을 수 없게 되었다. 1206-1208년 회자의 유통 금액이 1억3,900만 관(1貫은 엽전 1,000개)이었는데 1233년에는 3억2,900만 관으로 폭증했다.[5] 지폐 가치가 폭락하여 1230년대에는 액면가의 반밖에 되지 않았다.

금나라가 점령한 강북의 상황은 훨씬 더 나빴다. 금나라는 북송의 수도였던 카이펑을 장악한 덕에 엄청난 보물을 보유할 수 있었다. 더구나 남송은 1141년 사오싱 화평조약(紹興和議)에 의해서 매년 은 25만 냥(1냥은 약 37.5그램)과 비단 25만 필을 바쳐야 했으므로, 금나라는 막대한 부를 보유하게 되었다. 그러나 남송과의 전쟁 그리고 서쪽에서 불도저처럼 쳐들어오는 몽골 때문에 금나라는 막대한 군사력을 동원해야 했고

---

* 만주 지방의 여진족이 건국한 금(金)나라에 의해서 화이허(淮河) 남쪽으로 쫓겨난 송나라는 1127년에 임안(臨安, 지금의 항저우)을 수도로 정함으로써 남송(南宋)이 된다. 남송은 화이허 이북을 지배하게 된 금과 다시 전쟁을 하게 되었다/역주

그 자금은 대개는 지폐 발행으로 충당했다. 송나라와 금나라는 전쟁으로 서로 국고를 탕진했고 지폐는 급속도로 가치가 떨어졌다. 은화, 엽전 그리고 비단이 모든 사람이 원하는 진정한 '화폐' 역할을 되찾게 되었다.

몽골의 지배와 오르타크의 은행제도

몽골은 금나라를 멸망시킨 후 자신들이 장악한 북중국 전역에서 은을 화폐제도의 기본으로 삼았다. 북중국 주민들에게 부과하는 세금은 은으로 징수했다. 몽골은 백성들에게 은을 위구르족(알타이 산맥의 몽골인)의 동업조합 역할을 한 오르타크와 무슬림 상인들에게서 빌리도록 만들었다. 몽골 귀족의 개인적인 거래 대리인[6]으로 일하는 이들은 은행가·환전상 역할을 수행하며 높은 이자를 받았다. 1260년 원(元)나라의 쿠빌라이(世祖)의 개혁에 의해서 세금의 일부를 지폐로 낼 수 있게 되었지만, 재무장관 아흐마드 파나카티가 은으로만 낼 수 있는 세금들을 신설했다.[7] 아흐마드 파나카티는 암살되기(1282년) 전까지 20년 동안 재정적 공포정치를 시행한 강직한 무슬림 고관이었다. '중통차오(中統寶鈔)'라고 불리던 지폐는 정부의 환전사무소에서 전액 은으로 교환할 수 있었다. 이 지폐는 중국 국경 밖에서도 통용되어 아시아의 국제통화가 되었다.

마르코 폴로(1254-1324년)는 이 지폐에 감탄하여 열정적으로 묘사했다.[8] "대칸(大汗)의 조폐소는 수도인 대도(大都), 곧 베이징에 있었다.[9] 조폐소에서는 뽕나무 백목질로 지폐를 만들었다. 뽕나무 잎은 누에벌레가 먹는다. 나무껍질과 핵 사이의 백목질을 추출하여 갈아서 풀과 섞은 다음 압축하여, 면(綿)종잇장과 비슷하지만 완전히 시커먼 지폐를 만들었다. 고관이 붉은색 인장을 지폐에 찍으면 법정통화가 되고, 위조자들은 사형으로 다스렸다. 대칸은 세상의 모든 보물을 살 수 있을 정도로 많은 양의 지폐를 만들게 했다. 지폐를 만드는 비용은 거의 안 들면서도 말이다."

80퍼센트 평가절하

남송과의 전쟁을 위한 원나라의 군비지출 그리고 원난의 금[10]을 보유한 남송의 저항을 분쇄하기 위한 10만 원나라 해군의 창설은 엄청난 인플레이션을 유발시켰다. 1287년 중통차오는 무려 80퍼센트나 평가절하되었다. 지폐가 아무런 가치가 없었기 때문에 경제는 주로 물물교환에 의지하게 되었다. 주민들은 대안 화폐를 사용하기 시작했다. 지역적으로 식품과 교환할 수 있는 전표(錢票) 그리고 소금이 대안 화폐로 사용되었다. 원나라 조정은 계속 지폐를 발행했지만, 주민들은 받아들이지 않았다. 경제는 날로 악화되고 귀금속이 다시 기준 통화가 되었고 이윽고 홍건적(紅巾賊)의 난이 일어나서 명(明)나라가 들어서게 된다. 그러나 명나라 역시 인플레이션을 잡지 못했다. 명나라는 무슬림 환관 제독 정화(鄭和, 1371-1434년)[11]의 남해 원정 그리고 1420년 난징에서 베이징으로의 천도 때문에 예산 적자가 막대했다. 1425년 영락제 사망 때에 정부가 발행한 지폐(바오차오[寶鈔])는 액면가의 2퍼센트로 폭락했다. 1433년 영락제를 계승한 선덕제가 지폐를 포기함으로써 은이 명나라 화폐제도의 기본이 된다.

지폐는 기발한 아이디어였지만, 전쟁 비용을 조달하기 위해서 무분별한 발권을 해서는 안 되었다. 오직 신용에만 의지하는 상징인 지폐의 의미론적 힘을 다시 한번 확인할 수 있었다.

15

청금석, 대청, 인디고 :
물감들의 전쟁

조토(1266-1337년경)는 파도바의 스크로베니 가문의 예배당에서 청금석(靑金石, lapis lazuli)으로 제조한 청색을 폭넓게 사용하여 하늘에 깊이를 부여하고 주요 인물들(예수, 성모 마리아와 제자들)의 옷을 돋보이게 만들었다. 은행가 가문 스크로베니는 회화를 위한 재료비는 조금도 아끼지 않았다고 한다. 그 가문의 은행은 단테가 레지날도 스크로베니(13세기/역주)를 지옥에 떨어진 고리대금업자들 무리에 포함시켰을 정도로 막대한 이윤을 남겼다.

청금석으로 만든 청색 안료의 가격은 금값과 맞먹었고, 아시아에서 전쟁이 일어나 청금석 공급이 어려워질 때에는 금값보다 더 비쌌던 것이다. 청금석을 빻아서 만드는 청색 안료를 조토만이 사용한 것은 아니었다.

미켈란젤로(1475-1564년)는 교황청의 넉넉한 재정 덕에 시스티나 예배당 프레스코 화의 하늘을 그리는 데에 청색 안료를 사용할 수 있었다. 그는 3만 두카트 금화를 받았다.[1] 두초(1255-1318년경)나 로렌제티(1290-1348년)[2]와 같은 화가들도 이 안료를 사용한 예술가들이었고, 다수의 중세 채색삽화가 청금석으로 제작되기도 했다.[3]

세상에서 유일한 생산지 아프가니스탄

칠레의 안데스 산맥 지역의 주민들은 청금석을 거의 8,000년 전부터 사용했다. 안데스 산맥에서는 단 하나의 광산에서만 청금석이 난다. '안데스의 꽃'이라고 불리는 이 광산은 칠레 중북부 고도 3,600미터에 위치해 있다.[4] 콜럼버스 발견 이전의 중남미에서 숭배하는 몇몇 신들의 피부는 청금석으로 만든 청색이었다. 청금석을 라리마르(larimar)와 혼돈해서는 안 된다. 라리마르는 아주 진귀한 청색 돌로 도미니카 공화국의 바라오나 화산 지역에서만 산출된다.[5]

유럽, 아시아, 아프리카(이 세 대륙은 서로 교류를 했다) 사람들은 약 7,000년 전부터 청금석을 사용했다. 이 세 대륙에는 청금석 광산이 단 하나밖에 없다. 1271년 마르코 폴로는 이 광산 이야기를 했다. 바다흐샨의 고도 3,000미터에 위치한 사리-상 광산이 그것이다. 이곳에 가려면 아프가니스탄 동부 판지시르 계곡의 힌두쿠시 산맥 끝자락에서 6,000미터가 넘는 언덕들을 넘어야 한다. 그곳까지의 여정은 조건이 매우 열악하여 좁디좁은 협곡들을 살을 에는 추위와 싸우며 통과해야 한다.[6]

청금석은 화강암 암석과 변성된 대리석 속에 몇 미터에 달하는 덩어리로 숨겨져 있고, 그 광맥은 길이가 수백 미터에 이른다.[7] 메소포타미아에서 청금석을 사용한 지역들은 분명하게 밝혀져 있다. 청금석은 '왕의 돌'이라는 이름으로 우르 시에서 거래되었다. 이집트에서는 청금석으로 예술가들은 파라오를 위한 물건들을 만들었고, 장인들은 파라오 의복을 물들였고, 궁정 여인들은 눈 화장을 했다. 이집트의 청금석 가격은 금값보다 더 비쌌다. 청금석은 누비아 금광을 보유했던 18대 왕조 시대에 특히 널리 사용되었다. 파라오 무덤들에서 많은 청금석 소상(小像)들이 발견되었다.[8]

로마 귀족들은 이 귀석(貴石)을 얻기 위해서 아우레우스 금화를 아끼지 않았다. 대 플리니우스는 시아누스 또는 '아주 진한 청색 돌'이라고 불리는 돌 이야기를 했다. 그는 이것을 라피스 아르메니우스라고 불렀다. 아르메니아 인근 지역에서 소량으로 산출되었기 때문이다. 그는 청금석을 사파이어의 한 종류로 분류했다. 당시 사파이어(sapphirus)라는 단어는 오늘날처럼 보석이라는 의미가 아니라 아주 진한 청색 돌을 가리켰다.[9] 서로마 제국 멸망 후에는 1,000년이 넘는 동안 유럽에 청금석이 거의 들어오지 않았다. 왕과 세도가들만이 그 가격을 지불할 능력이 있었다. 그 반면 당나라 왕조 그리고 무슬림 세계의 우마이야, 아바스, 파티마 칼리프국들은 청금석에 열광했다.

유럽의 성장과 청금석 수요

남부 유럽에서 시작되어 12세기부터 서서히 북부 유럽으로 확산되기 시작한 경제성장 그리고 레반트와의 긴밀한 접촉(십자군과 이탈리아 해양 공화국들을 통해서 접촉했다)으로 청금석 수요가 크게 증가했다. 청금석(lapis lazuli)이라는 단어는 라틴어 lapis(돌)와 lazuli('청색'을 의미하는 아랍어 lâzaward를 이탈리아어식으로 발음한 것)를 합친 것이다. 이 돌은 아프가니스탄에서 중국으로도 수출되었고, 시안을 거쳐 몽골 제국의 수도 카라코룸에 도착했다. 원나라 왕실은 청금석을 매우 좋아했다.

레반트와 유럽으로의 운송은 전혀 다른 두 개의 길을 따라서 이루어졌다. 해상으로는 인도 구자라트(인도의 서해안 지방)의 항구들에서 선적되어 홍해와 알렉산드리아 또는 바스라-바그다드-안티오크-다마스쿠스와 레반트 항구들로 운송되었다. 이 두 경우 모두 최종 목적지는 베네치아였다. 베네치아가 유럽 전역에 청금석을 배급했다.

육상으로는 비단길을 따라갔다. 당시 비단길은 교역과 수송을 아주 안전하게 만든 '몽골의 평화(Pax Mongolica)'[10] 덕에 번창했다. 유럽에서는 이 돌을 그 원산지를 표시하려고 '바다 건너온 돌(ultramarinum)'이라고 불렀다. 청금석은 오랫동안 화가들이 애용했고 유리와 도자기 생산에도 사용되었다. 포르투갈(알가르브), 이탈리아(로마 남동쪽 알바노 호수 부근의 작은 화산들), 코카서스, 바이칼 호, 시베리아(이르쿠츠크 남쪽), 중국, 수마트라에서도 소량이 산출되었다. 이런 지역들에서는 생산량이 워낙 적어서 대개 그 지역에서만 사용되었다. 화가들은 청금석이 너무 비싸서 남동석(藍銅石) 안료를 사용하기도 했다. 영국인들은 남동석을 독일 청색(German blue), 독일인들은 베르크블라우(Bergblau, 산의 청색)라고 불렀다. 화가 뒤러(1471-1528년)는 항상 남동석 안료를 사용했다. 그림에 미치는 효과는 청금석 안료와 거의 똑같았지만, 시간이 지나면 청색 층이 먼지로 변하고 백회색 색깔이 남게 된다. 예술가들은 대청(大靑) 안료와 인디고도 사용했다. 대청은 유럽 플랑드르, 랑그도크, 토스카나의 모래가 많은 토양에서 재배되었고, 인디고는 인도에서 바그다드를 거쳐 들어왔다. 그러나 대청과 인디고로 만든 안료는 질이 크게 떨어져서 시간이 지나면 퇴색되었다.

인디고, 인디고블루

대 플리니우스가 기록했듯이 로마에서는 인디고를 사용했다. 그는 인디고가 인도산이고 이 착색제는 식물에서 추출된다고 썼다. 인디고는 많은 사람들이 믿는 것처럼 바닷가 암석에서 따지 않는다.[11] 인디고는 사치품이었기 때문에 1로마 파운드에 20데나리우스나 했다. 하얀 후추는 같은 무게에 9데나리우스였는데 말이다. 19세기 말까지는 세계에서 인도가 인디고페라 틴크토리아(Indigofera tinctoria)의 주산지였다. 이것은 주로 옷감 염색용[12]으로 아주 강렬하고 아름다운 청색을 내는 데에 사용되는 인디고의 일종이다. 메소포타미아, 이집트, 이란, 중앙 아메리카, 아프리카 문명권이 이 제품을 사용했다. 기원전 7세기의 설형문자 판에 인디고로 옷감에 물들이는 기법이 자세히 설명되어 있다.

유럽에서는 오랫동안 청색에 대한 사회적 이미지가 부정적이었다. 청색을 유행시킨 것은 십자군이었다. 당시 청색은 몇몇 군주들의 궁정, 특히 교회의 지지를 받았다. 화가들이 언제나 청색 옷을 입고 있는 성모 마리아를 그린 덕이다.[13] 인디고는 매우 비싸서 경쟁자인 대청(북유럽에서는 '염색업자들의 파스텔*'이라고 불렀다)의 생산이 크게 늘었다. 대청은 수요가 매우 많아서 툴루즈 지역과 같은 몇몇 지방을 부유하게 만들었다. 그래서 '보물의 나라(pays de cocagne)'**라는 표현이 나왔다. 대청 재배자들이 잎들을 빻고 압축해서 만든 작은 빵 모양의 덩어리를 코카뉴라고 불렀다. 대청 생산자들은 지역 성당들의 청색 색유리창 제작 비용을 지원할 정도로 부유했다. 12세기에 파리 근교의 생 드니에는 대청 시장이 있었다. 그 자리는 아직도 대청 시장이라고 불린다.

그러나 무역의 발전으로 인디고 수입이 증가하기 시작했다. 인디고는 대청보다 훨씬 더 강하고 매염제 없이도 옷감에 착색을 가능하게 한다. 유럽에서는 베네치아에서 인디고를 정기적으로 거래하기 시작했다. 그러나 인디고 거래의 중심지는 바그다드였다. 대상들이 인도에서 인디고를 싣고 바그다드에 집결했기 때문에, 이탈리아 무역 언어에서 '바카데오(바그다드) 청색'이라는 단어가 생겼다.

---

* 프랑스어에는 미술의 파스텔을 의미하는 단어 pastel과는 별도로 대청을 의미하는 단어 pastel이 있다. 대청을 가리키는 다른 단어들도 있지만 일반적으로는 pastel을 사용한다/역주
** 유럽의 몇몇 지역에는, 기근과 전쟁 걱정 없이 아무런 일도 안 하면서 잘 먹고사는 기적의 나라에 대한 신화가 있다. 이 나라를 프랑스어로는 pays de cocagne라고 한다. 그런데 프랑스어 cocagne는 대청 덩어리를 가리키기도 한다. 대청 재배자들이 그 정도로 부유했다는 의미이다/역주

바스코 다 가마의 인도 여행 이후의 인디고 쟁탈전

1498년 리스본-케이프타운-캘리컷(지금 지명은 코지코드 : 인도 서남부 해안의 도시) 항로 개설 덕에 인디고는 유럽 대륙의 직물 시장으로 밀물처럼 밀려들어 대청을 쫓아냈다. 대청 생산자들은 '악마의 염료' 수입에 대한 자구책으로 왕령과 법령을 요구하게 되었다. 낭트 칙령의 프랑스는 인디고 사용을 금지했고 위반자는 사형으로 다스렸다. 독일의 몇몇 지역도 마찬가지였다.[14]

포르투갈인들은 인디고 거래를 거의 독점했고 리스본에서 플랑드르의 직물산업 중심지로 수출했다. 포르투갈인들의 전성시대 이후 네덜란드와 영국의 동인도회사들이 더 큰 선박과 더 빈번한 항해를 통해서, 비아나*(아그라) 지역과 벵골산 인디고 공급을 늘렸다. 그 결과 유럽에서 인디고에 대한 군사적 수요(병사들의 군복 염색)가 바로크 시대의 전쟁들 때문에 폭증했지만, 가격은 떨어지게 되었다. 벵골에서 인디고 재배는 쌀농사와 경쟁할 정도로 번창하여 식량 부족 현상이 나타나기도 했다.

1609년 영국 동인도회사는 인디고를 그 질에 따라서 3가지 유형으로 구분했다. 비아나 인디고, 사르케 인디고, 잠부사르(인도 서부 구자라트 지방의 도시/역주) 인디고가 그것이었다. 동인도회사 경매인 조지프 샐뱅크에 따르면,[15] 인디고 가격은 비아나 시장에서 대량 거래 기간(10월에서 11월 사이)에 결정되었다고 한다. 1630년 인도 전역을 강타한 큰 가뭄에 의해서 인디고 산업이 흔들리기도 했다. 인도 정부에 인디고 산업은 주요한 조세수입원이었다. 타지마할을 건립한[16] 샤 자한**은 1633년,

---

* 비아나 : 뉴델리 남쪽에 위치하고 타지마할로 유명한 아그라 인근의 작은 도시이다/역주
** 샤 자한(재위 1628-1658년) : 인도 대륙을 다스린 무굴 제국 황제이다. '샤 자한'이란 페르시아어로 '세계의 왕'이라는 의미이다/역주

페르시아의 샤가 비단 산업을 독점했던 것처럼,[17] 인디고 산업을 국가가 독점한다고 선포했다. 이 독점권은 힌두 상인 마노하르-다스 단다에게 대여되었다. 네덜란드와 영국 동인도회사는 즉각 반발했다. 그들은 구매 중단을 선언하고 자기들 선박의 인디고 선적을 거부했다. 결국 그들이 승리하여 1635년 마노하르-다스 단다와 미르주미아(벵골 총독) 사이의 협약은 해지되었다. 네덜란드 동인도회사는 최상품을 확보하려고 더 비싼 가격을 제시했다.[18] 영국 동인도회사의 장부를 보면, 인디고 1파운드를 인도에서 14펜스에 구입하여 런던에서 4실링 6펜스에 팔았다!

카리브 제도와 루이지애나(당시 이 지역은 미국 영토의 22퍼센트를 차지했다)의 인디고 재배로 인도의 독점적 지위가 흔들리기 시작했다. 그 대신 인도는 염색직물 생산을 늘릴 수 있었다. 특히 캘리코(이 이름은 선적 항구 캘리컷에서 유래했다)는 영국 동인도회사가 구매했다. 그러나 영국 동인도회사는 유럽에서 진행 중인 전쟁들 때문에 수요가 급등한 벵골 초석 수입을 더 중요시했다.[19]

인디고의 반란

인도의 인디고 산업 노동자들과 카리브 제도 노예들의 생활조건은 열악하기 짝이 없었다. 인도에서는 세포이(영국 동인도회사의 인도인 용병)[20]의 봉기와 함께 시작된 1857년 항쟁 후에, 소작농들이 농번기(1859년 2-3월)에 인디고 파종을 거부함으로써 다시 반란이 일어났다. 반도들은 무기가 없었지만, 인디고 상점에 불을 질렀다. 영국 총독이 지원하는 인도 경찰이 반란을 매우 난폭하게 진압했다.

그사이에 인공안료 개발을 위한 연구가 영국과 독일에서 시작되었다. 1869년 영국인 윌리엄 퍼킨은 '알리자린'이라는 제품에 대한 특허를 얻었다. 독일인 화학자 하인리히 카로, 카를 그레베, 카를 리베르만이 특허를 등록하기 꼭 하루 전이었다. 두 특허가 효력을 발생하는 지역에 대한 합의가 이루어졌다. 퍼킨의 회사는 영국 시장, 3명의 독일인 화학자가 설립한 바스프(BASF)가 유럽 대륙과 미국을 차지하기로 했다.[21] 인공안료 산업은 무지개 색깔들의 시장을 가차 없이 독점하게 된다.

물감을 만드는 기술은 언제나 보호해야 할 중요한 비밀로 간주되었다. 물감의 원료들(광물과 식물)을 장악하면 큰돈을 벌 수 있었고 망하기도 했다. '브라질(Brazil)'이라는 이름이 동남아시아에서 자라는 염료 나무인 브라질(소방[蘇芳] : 열대 지방에서 나는 수목의 한 종류)에서 유래했다는 것을 기억하자. 브라질이라는 나라가 발견되기 이전에 말이다.

16

교황의 은이 롬바르디아와
토스카나의 재정을 발전시켰다

교황청은 로마에 헌금(베드로 성금[1])을 바치는 영국 국교회로부터 막대한 금액을 받았다. 초기에 이 돈의 전달은 템플 기사단과 구호 기사단의 중개를 통해서 이루어졌다. 그러나 사람들이 직접 주고받는 이 방식은 문제가 많았기 때문에, 주로 토스카나와 이탈리아 북서부에 자리 잡은 은행가들인 롬바르디아인들이 담당하게 되었다. 롬바르디아인들은 기사단들보다는 훨씬 더 정교한 기술을 보유하고 있었다. 롬바르디아인들은 영국 시장에서 현금을 직접 사용하여 지역 상품들을 구입한 다음 이탈리아에서 팔아 현금을 확보하여 교황의 금고인 교황 궁무처*에 납부하는 방식을 도입했다.[2]

유럽 최고의 품질을 자랑하는 영국 양털

영국 수도원들은 양털을 대량으로 생산했다. 잉글랜드는 물론이고 스코틀랜드 수도원들도 마찬가지였다. 양 사육은 로마인들이 이 섬에 들여왔을 것이다. 로마인들이 영국 남부를 점령하고 10년이 지나자 윈체스터에서 양털 가공 산업이 발달하기 시작했다. 이 지역의 기후 조건이

---

* 교황 궁무처(Camera Apostolica) : 로마 교황청의 한 부서로 세속 재산과 권리를 관리한다/역주

적합했기 때문이었다. 로마인들은 사육업자들에게 양에 외투 같은 것을 '입혀서' 양털의 오염을 방지하고 부드러움을 유지할 수 있도록 하는 기술도 가르쳐주었다. 로마 시대의 종말과 바이킹족의 침략으로 섬이 쇠퇴하는 바람에 양털 생산이 급감했다가 11세기 초의 기후 온난화와 함께 다시 늘어나기 시작했다. 영국 양털은 스페인 시에라 산맥의 메리노 양들 그리고 부르고뉴에서 사육되는 양들의 털과 강력한 경쟁 관계를 형성했다. 그러나 품질은 영국 양털이 더 좋았다.[3] 양털은 섬의 가장 중요한 산업의 하나가 되었고, 상원 의장은 '울색(woolsack : 양털 자루)'[4]이라고 불리는 특별한 좌석에 앉는 특권을 누리게 되었다.

영국의 많은 수도원들, 특히 시토(citeaux) 수도원들은 많은 양을 길렀고, 왕이 하사한 수출권을 보유했다. 수도원들은 양털 운송을 위하여 강가에 위치한 도시들에서 판매점들까지 운영했다. 런던의 17개 수도원은 창고를 건설했고 몇몇 수도원은 직접 대륙에 양털을 배로 운송하기도 했다. 거래 단위는 자루였다. 양털 한 자루는 말 한 마리가 나를 수 있는 양(363파운드)이었고, 이것은 200마리의 양털이었다. 예컨대 사자심왕 리처드 1세(재위 1189-1199년)를 석방시키는 대가는 양털 5만 자루였다!

양털의 장기 계약과 백반 교역

북유럽(브루게, 겐트, 이프레) 모직산업에 양털을 공급하는 플랑드르 상인들 그리고 카오르인들이 영국 양털의 주요 구입자들이었다. 카오르인들은 자기 지역의 양들을 영국 수도원에 맡겨 최고 품질의 양털[5]을 얻으려고 했다. 카오르(프랑스 남부의 도시/역주) 상인들의 영국 출입은 헨리 2세(재위 1154-1189년)와 알리에노르 다키텐의 결혼 이후부터 빈번해졌다.[6] 그러나 영국 양털의 구입은 점차 롬바르디아인들이 장악하게 되었다. 그들은 교황청으로 보내는 현금을 보유한 덕에 거의 전적으로 전매권을 행사했다. 예컨대 루카(이탈리아 토스카나 지방의 도시)의 리치아르디 가문과 피렌체의 프레스코발디 가문은 시토 수도원들의 양털 생산량의 50퍼센트인 2만 파운드를 수입했고, 1294년 이탈리아 상인들은 74개 수도원 중에서 49개의 생산량을 매점했다. 이 모든 양털은 배편으로 제노바로 운송되어, 일류 섬유산업을 자랑하는 토스카나의 도시들에 주로 공급되었다. 양털 제품은 이탈리아, 알프스 산맥 북쪽의 모든 지역들, 지중해의 모든 항구들에서 판매되었다.

여기서 모든 직물 생산에 필수적인 매염제인 백반에 관한 이야기를 해야겠다. 아나톨리아 광산(포카이아[아나톨리아 서쪽 해안의 고대 도시/역주])에서 생산되는 백반의 거래는 제노바의 상인-은행가들이 장악하게 된다. 제노바인들은 플랑드르에서 트라브존(터키 북동부 흑해 연안의 도시/역주)[7]에 이르는 전 유럽에 이 진귀한 상품을 공급했다. 롬바르디아인들은 수도원들에 양털 장기(20년까지) 구매계약을 제안했다. 수도원들은 매년 판매 대금의 대부분을 즉시 수령하는 조건이었다. 미불금은 양털 인도 시에 다음 해를 위한 선금과 함께 지불되었다. 그런데 실질적으로 수도원들은 융자를 받지 않을 수 없었다. 협상된 가격이 제때 양털을 넘기는 데에 드는 비용보다 훨씬 낮았기 때문이다. 그러나 수도원들은 가격을 확정한 덕에 시장에서의 가격 변동을 피할 수 있었다. 양털을 일부라도 넘기지 못하면 벌금이 부과되었다.[8]

영국 왕, 교황 궁무처, 롬바르디아의 삼각형

교황 궁무처[9]가 관리하는 교황의 재산은 실질적으로는 우골리니, 갈레아니, 부온시뇨리, 리치아르디, 프레스코발디, 스칼리, 베닌카사, 페리니, 알마니, 스코티, 키아렌티[10] 그리고 피렌체의 바르디, 페루치, 아치아이

우올리 같은 은행가들이 관리했다. 이 은행가들은 언제나 현금화할 수 있는 은의 유통에 의지했다. 더구나 은행가들은 교황 궁무처의 일시적인 현금 수요와 예외적인 지출을 위해서 돈을 빌려주었다. 예외적인 지출은 교회를 보호하고 그 적들과 싸워주는 왕과 제후들을 위한 것이었다.

이 은행가들은 양털 거래와 수출 관련 특권을 대가로 영국 왕에게 돈을 빌려주었다. 이 모든 은행가들은 많은 이윤을 남겼지만, 영국 왕들에 대한 대출은 점점 더 위험해졌다. 영국 왕들이 끔찍하고 막대한 비용이 든 백년전쟁(1337-1453년에 간헐적으로 벌어진 영-불 전쟁/역주) 때문에 빈털터리가 되자 약속을 지키지 않기로 결정한 것이다. 모든 은행들이 50년도 채 안 되어 차례차례 도산했다. 은행 도산에는 1306년 9월 1일 피렌체의 3개 은행(체르키, 스파니, 바르디)의 구좌를 폐쇄시킨 클레멘스 5세(로마에서 아비뇽으로 교황청을 이전시킨 프랑스인 교황)의 결정도 상당한 역할을 했다. 이탈리아 은행들의 줄도산은 1294년 리치아르디에서 시작되어 1298년 부온시뇨리, 1301년 모치, 1307년 프란제시, 1312년 프레스코발디, 1326년 스칼라, 1343년 바르디와 아치아이우올리, 1346년 페루치로 이어졌다.[11] 마지막 파산들은 파장이 대단히 커서 당시 유럽의 금융계 전체가 뒤흔들렸다.[12] 그러나 은행들은 언제나 다시 일어선다. 이 요란한 줄도산 후에 프라토의 프란체스코 다티니, 베네치아의 코르네르와 소란조, 밀라노의 보로메오, 피렌체의 메디치, 제노바의 로메릴리니, 첸투리오네, 카발로와 같은 다른 은행들이 등장했다.

교황청은 중세와 르네상스 시대에 오늘날의 중앙은행처럼 유동자산의 중심이었다. 메디치 은행들 중에서 로마 지점이 가장 수익이 좋았다는 점을 기억하자.

17

세금과 전쟁이
샹파뉴 정기시장들을 몰락시켰다

'프랑스 길(Via Francigena)'*의 농업이 번창하는 지역에 위치한 도시들에서 열리는 샹파뉴의 여섯 차례 연례 정기시장**에는 프랑스, 플랑드르, 독일, 영국, 이탈리아 상인들 그리고 몇몇 경우에는 스페인과 중부 유럽 도매상들이 모여들었다.[1] 샹파뉴 정기시장(定期市場)들은 상인, 은행가, 성직자, 공증인, 어릿광대, 가수, 매춘부들이 집결하는 중세의 중요한 교통요지였다. 샹파뉴는 유럽 전체에서 가장 부유한 두 지역인 플랑드르와 북이탈리아 사이에 있었다. 11-12세기에 샹파뉴 백작들은 토지를 개간하고 상품 수송을 위해서 도로망을 구축하고 운하를 건설했다. 그들은 거래세를 징수하고 이 수입을 확보하기 위해서 모든 조치를 취했다. 샹파뉴 정기시장에 출입하는 상인들은 면책특권을 누렸고 여행 과정에서 특별한 보호를 받았다. 샹파뉴 정기시장마다 '시장 경비대'를 만들어 시장의 조직, 치안, 통제를 담당시켰다. 경비대는 법률적인 지원도 제공했다. 경비대에는 큰 계약을 등기해주는 공증인과 분쟁을 해결해주는 상업 판사들이 있었다. 도시들은 상인들을 위해서 창고, 장터, 숙소를 제공했다.[2]

---

* 비아 프란치제나 : '프랑스에서 오는 길'이라는 의미로 중세에 프랑스에서 로마로 가는 중요한 순례길이었다. 출발지는 영국 켄터베리였다/역주
** 샹파뉴 정기시장 : 12세기부터 프랑스 동부 샹파뉴 백작령의 도시들 라니-쉬르-마른(연 1회), 프로뱅(연 2회), 트루아(연 2회), 바르-쉬르-오브(연 1회)에서 열린 정기시장이다/역주

전성시대는 13세기 말, 귀금속의 무게 단위는 트로이 온스였다

1월 라니-쉬르-마른의 겨울 정기시장이 샹파뉴 정기시장들의 개막을 알렸고, 11월에서 성탄절 축제까지 계속되는 트루아의 겨울 정기시장이 마지막을 장식했다. 계절에 따라서 수많은 식품(곡물, 육류, 건어물, 포도주, 소금, 밀랍, 꿀), 가축, 제조품(기구, 직물), 게르만 지역의 공업용 금속, 로슈(시리아 알레포 옆)와 베자이아(알제에서 180킬로미터 떨어진 지역)의 백반이 나왔다. 귀금속과 고가상품(향신료, 설탕, 비단, 향수, 약사의 처방을 위한 제품들, 호박, 산호, 진주, 보석들)[3]의 거래도 이루어졌다. 트루아에서는 이 모든 고가상품들, 특히 금과 은은 트로이 온스(프랑스어 Troyes를 영어식으로 표기한 Troy에서 유래/역주)로 계산하여 무게를 달았다. 트로이 온스는 지금도 여전히 금은 가게, 향수 가게, 약국에서 사용되는 물건들의 거래의 기본 무게 단위이다.[4] 이 단위는 제노바 상인들의 주도로 통용되었다고 한다. 그들은 서아프리카에서 채취되어 통북투-튀니스-팔레르모-제노바 통로를 통해서 수출되는 충적토 황금의 주된 공급자였다. '트루아 마르크'*는 국제적으로 통용되는 화폐의 무게 단위였고, 샹파뉴 정기시장에서는 1147년부터 사용했다.[5] 프로뱅 드니에**도 폭넓게 통용되어 유럽 전역의 시장에서 유통되었다. 그 덕에 프로뱅은 프랑스에서 파리와 루앙 다음 가는 세 번째 도시가 되었다.

쇠퇴의 시작과 위기의 심화

1285-1297년에 샹파뉴 정기시장들은 유럽 대륙의 교역에서 선두 자

---

* '트루아 리브르(livre de Troyes)'는 프랑스 구체제의 무게 단위로 오늘날의 489그램 정도이다. '트루아 마르크(marc de Troyes)'는 0.5리브르로 244그램 정도이다/역주
** 프로뱅 드니에(denier de Provins) : 샹파뉴 백작령의 수도였던 프로뱅에서 12세기 후반부터 로마의 데나리우스 은화(3-4그램)를 본떠서 주조한 은화이다/역주

리를 차지하게 만들었던 장점을 잃기 시작했다. 샹파뉴 백작령이 잔 드 나바라*와 미남왕 필리프 4세(재위 1285-1314년)의 결혼에 의해서 프랑스 왕령이 된 것도 크게 작용했다.[6]

필리프 4세는 정기시장에 훨씬 더 무거운 세금을 물리는 정책을 취했다. 1297년 프랑스와 플랑드르 사이에 충돌이 일어났다. 파리는 플랑드르가 프랑스에 대항하여 영국과 동맹을 체결했다고 비난했다. 필리프 4세는 라니 정기시장의 개막일인 1297년 1월 2일 플랑드르 상인들은 모조리 체포하라고 명령했다. 그들의 상품을 몰수하여 팔아서 프랑스 국고에 귀속시켰다.[7] 플랑드르 상인들의 다른 남은 상품들은 샹파뉴 도시들의 창고에 압류되었다. 플랑드르인들이 다른 정기시장들에 넘기기 위해서 구입하기로 약속한 상품들도 압수되었다. 플랑드르인들이 소유한 여관과 여인숙은 프랑스 당국이 감시하게 되었다. 그리고 그들이 받을 어음들은 봉인되었다.[8] 플랑드르의 도시 이프레(오늘날 벨기에 서부 도시/역주)의 상인들이 그 해에 입은 손실은 2만6,000투르 리브르[9]**에 달한다고 한다. 프랑스군은 플랑드르의 서쪽 영토를 공격했다. 그러나 곧 휴전 협정이 체결되어 10월부터 발효했다. 교역이 다시 활성화될 것이라고 기대했지만, 거래는 직격탄을 맞았다.

1300년 1월 휴전이 종료되자 프랑스군은 다시 플랑드르 영토로 진군하여 점령에 성공했으나, 1302년 주민 반란이 일어났다. 1302-1305년에 프랑스와 플랑드르 사이에 격전이 벌어졌고, 이 격전은 교역, 상인들 이동, 상품 운송에 커다란 장애가 되었다. 그사이에 베네치아가 해상 직항로를 개설했다. 1315년부터 '시장의 갤리 선'이 상품을 싣고 브루게에

---

* 잔 드 나바라(1275-1305년): 부친으로부터 샹파뉴 백작령과 나바라를 상속받고 1284년 프랑스 왕세자 필리프(미남왕 필리프 4세)와 결혼했다/역주

** livre tournois : 투르 리브르는 처음에는 프랑스 중부 도시 투르(Tours)에서 주조되었다가 13세기에 프랑스 전역에서 유통된 은화이다. 프랑스 조폐청이 1580년부터 은화 에퀴(écu)를 주조하기 시작함으로써 투르 리브르는 명목화폐가 된다. 1에퀴가 3리브르였다. 투르 리브르는 보통 '리브르'라고 불렸다/역주

도착하기 시작했다. 이미 1277년부터 제노바 선박들이 지중해와 브루게 항구 사이를 정기적으로 운항하고 있었다.[10]

정기시장에 상인들보다 은행가들이 더 많이 몰려들었다

샹파뉴 정기시장들에서 거래되는 상품의 수량은 프랑스-플랑드르 전쟁으로 급감했다. 그 대신 정기시장은 어음, 신용장, 장기 채권, 외국 화폐, 귀금속을 거래하는 시장들 덕에 1320년까지 발전했다.[11]

이것은 상인-은행가들이 유럽의 주요 금융시장에 자리 잡은 대리인들을 이용하여 정착함으로써 일어난 금융혁명의 한 결과이기도 했다. 신발이 먼지투성이가 되는 세일즈맨의 시대가 끝난 것이다.[12] 롬바르디아인들은 샹파뉴 도시들보다 파리에 더 많은 대리인들을 두었다. 파리는 왕의 본거지였고 왕은 항상 돈이 필요했다. 궁정은 주로 중동에서 이탈리아 무역도시들을 통해서 들어오는 세련된 제품들을 원했다.

그러나 프랑스 왕은 롬바르디아 상인과 은행가들에 대해서는 상당히 공격적인 정책을 추진했다. 그들 가운데 몇몇은 1292년, 1295년, 1297년, 1303년, 1311년에 체포되기도 했다. 더구나 필리프 4세는 1303년 양털과 의복 수출 허가를 정지시켰다. 이 왕령은 1360년까지 시행되었다. 이탈리아 상인들[13]은 점차 샹파뉴 정기시장들을 떠났고 양털은 영국 수도원들에서 직접 구입했다(영국 양털의 절반 이상이 이탈리아로 수출되었다). 1314년 프랑스와 플랑드르 사이에 전쟁이 다시 터지고 필리프 4세는 한 번 더 플랑드르 상인들을 체포하고 상품을 몰수했다.

조세수입이 급감하게 되자 1315년 프랑스의 새 국왕 루이 10세는 정기시장 거래 상품들에 대한 세금을 두 배로 올렸다. 세금은 1리브르 거래에 1드니에에서 2드니에*로 올리고 판매자와 구매자가 각각 지불하

---

* 프랑스 구체제의 화폐제도에서 1리브르(livre)는 20수(sou), 1수는 12드니에(denier)였다/역주

도록 했다. 이 시점부터 샹파뉴 정기시장은 몰락했고, 남유럽 그리고 플랑드르와 영국 항구들 사이에 해상무역이 발달하기 시작했다. 이탈리아의 구엘프와 기벨린 전쟁(1313-1345년)*은 물론이고 플랑드르 내전(1323-1328년)과 백년전쟁 발발(1337년)[14]로 제노바와 샹파뉴 사이의 여행이 어렵게 되었다. 이제 리옹, 제네바, 프랑크푸르트 정기시장들이 약진하게 된다.

샹파뉴는 지리적 위치와 교통로 덕에 유럽 남부와 북부 상인들의 집결지가 되었다. 그러나 국제무역에 종사하는 지역 상인들이 너무 적었다는 것이 큰 약점이었다.

---

* 바르바로사(붉은 수염) 프리드리히 1세(재위 1155-1190년) 당시부터 이탈리아를 지배하려고 한 신성 로마 제국의 황제들을 지지하는 구엘프(Guelf)와 그 반대 세력의 정점인 교황을 지지하는 기벨린(Ghibelline)은 서로 한 도시 내에서는 물론 도시들 사이에서도 반목하고 권력 투쟁을 일삼았다/역주

18

베네치아가 리알토 시장에서 하루에 두 번
가격을 정함으로써 유럽의 금시장을 지배했다

중세 베네치아에서는 정오 직전과 저녁 기도 시간에 종을 쳐서 도시의 귀금속 상인들을 불러모았다. 상인들은 리알토(Rialto) 시장에 모여서 금괴와 금가루(은괴와 은가루도 함께)를 교환했다. 이처럼 이 두 귀금속의 가격은 하루에 두 번 정해졌다. 이것이 세계 최초로[1] 금값을 공식적으로 정한 경우이다. 이렇게 정해진 베네치아의 가격이 유럽 전체의 가격을 결정하게 되고 튀니스, 팔레르모, 샹파뉴 정기시장, 사라이와 같은 시장들을 위한 지침이 되었다. 정식 명칭이 사라이 바투*(Saraï Batu, 바투의 궁전)인 사라이는 몽골계의 킵차크 칸국이 중앙아시아의 최대 금시장[2]인 볼가 강 남쪽 유역에 건설한 도시이다.

은시장에 의해서 활성화된 금시장

베네치아 공화국(697-1797년)은 1194년부터 은화 그로소(grosso)를 주조하기 시작했다. 1204년에 베네치아는 제4차 십자군 부대 운송을 담당하는 협상을 체결했다. 베네치아는 선박 건조(아르세날레**에서 일하

---

* 바투(Batu, 1205-1255년) : 징키스칸의 손자로 킵차크 칸국의 1대 칸이다(재위 1242-1255년)/역주
** 아르세날레(Arsenale di Venezia) : 베네치아 공화국의 조선소이자 무기고였다/역주

는 아르세날로토들의 급여)와 군수품 공급에 대한 대가로 은광산[3]을 하나 받았다. 그 덕에 베네치아는 새로운 은화 그로소를 400만 개 만들 수 있었다.[4] 그로소는 곧 국제통화로 부상하여 이슬람의 디르함과 경쟁하게 되었다. 그로소는 유럽 북부의 상업도시들, 마그레브의 항구들, 흑해의 상관(商館)에서 사용되기 시작했다. 은은 주로 독일 프라이베르크 (독일 동부 작센 지방의 도시/역주), 보헤미아, 헝가리의 광산들 그리고 세르비아와 티롤에서 얼마 전 개발된 광산들에서 나왔다. 베네치아 조폐국 제카(Zecca)[5]는 924년부터 존재했는데, 주로 은화와 동전을 주조했었다. 제카는 1285년부터 제노바(제노비노 주조[6])와 피렌체(피오리노 주조[7])의 금화들에서 착상을 얻어 금화를 주조하기 시작했다. 피렌체에서는 양대 은행 페루치와 바르디가 금화 플로린으로 출납을 했다.[8] 이탈리아에서 유통되던 이 모든 금은 주로 아프리카 서부 연안(기니, 세네갈, 감비아)에서 생산되어 통북투를 거쳐 마그레브나 튀니스의 항구들에서 선적되어 제노바나 팔레르모로 보내진 것이다. 황금은 누비아 그리고 아프리카 동해안의 소팔라 항구 서쪽에 위치한 산악지대의 광산에서도 생산되었다.

또 하나의 유통로는 흑해였다. 흑해에서 몽골족의 원나라는 중국 원난의 광산에서 나는 금을, 자국에서 수요가 엄청난 은과 교환했다. 제노바 상인들은 이런 거래를 카파(오늘날 크림 반도의 페오도시아)에서 했고, 베네치아인들은 흑해의 다른 상관들에서 이런 거래를 하려고 시도했다.[9] 이탈리아는 북유럽 그리고 지중해 동부 연안과의 교역을 위해서 금이 대량으로 필요했기 때문에, 이탈리아 상인들은 중유럽 산악지대의 탐광권을 얻으려고 노력했다. 베네치아, 제노바, 롬바르디아 은행가들의 자본 그리고 독일 지역 광부들의 폭넓은 기술과 지식에 의존하는 토스카나 광부들의 축적된 경험 덕에 새로운 광맥과 광산이 개발되었다.[10] 티롤의 은광과 크렘니카(현재의 슬로바키아 중부의 도시)의 금광이 대

표적이다. 특히 크렘니카 금광은 1330년부터 진정한 황금광 열풍을 불러일으켰다.[11]

베네치아는 금화 주조에서 경쟁 도시들보다 상대적으로 늦었지만, 큰 장점을 보유하고 있었다. 1266년 대평의회(베네치아 최고의 권력기관/역주)는 도시에서 거래되는 귀금속 관련 규칙을 정했다. 모든 귀금속 수입은 리알토의 검사관실에 등록해야만 가능했다. 검사관실에서는 화폐, 주괴(鑄塊), 가루(베네치아어로 파골리올라)의 금속 함유량을 검사했다. 대평의회는 1345년부터 검사 작업의 수준을 높여서 귀금속의 무게를 1/1,000캐럿까지 정밀하게 측정하도록 했다.

두카트, 금값 결정, 은 '기근'

베네치아에서 주조된 금화 두카트는 품질이 뛰어난 덕에 장수했고, 공화국이 나폴레옹에게 점령당하면서 종말을 고할 때까지 금 함유량 감소로 인해서 평가 절하된 적이 단 한 번도 없었다. 1328년부터 제카(조폐국)에서 주조된 두카트의 양이 그로소의 양을 추월하기 시작했다. 조폐국 노동자들은 베네치아 갤리 선들이 흑해에서 실어오는 아르메니아와 중앙아시아의 금을 가공하느라 잔업을 하고 야간 노동을 하지 않을 수 없었다. 이런 금 외에도 슬로베니아와 헝가리 광산들에서 생산되는 금괴들이 대량으로 유입되었다. 질이 떨어지는 다량의 페르페리[12](비잔틴의 금화)와 이슬람의 디르함이 베네치아에서 다시 주조되었다. 베네치아가 금화를 다시 주조하는 가격을 낮추었기 때문에 제카로 더욱 더 많은 금속이 몰려들었다.

이제 베네치아는 샹파뉴 정기시장 퇴조 이후 유럽 전체에서 최대 금시장이 되었다. 샹파뉴 정기시장들은 1320-1330년 사이에 눈에 띄게 몰락하고 베네치아는 이 덕을 톡톡히 보게 된다.[13] 리알토에서 귀금속 시세

결정과 함께 거래를 알리는 종소리가 울리면, 롬바르디아, 독일, 지중해 동부 연안, 동유럽의 은행가와 상인들이 몰려들었다. 그들은 귀금속을 교환하고 금과 은의 가격 차이를 이용하려고 했다. 금이나 은의 공급이 크게 줄어들거나 늘어나는 경우는 물론, 생산지로부터의 대량 입하가 불규칙한 경우도 절호의 기회가 되었다. 또 중세의 정보 중심지로 부상한 리알토에서 떠도는 모든 소식과 소문들도 이용 가치가 있었다. 흑사병과 1350년대의 위기 때문에 거래량이 줄어들기도 했지만, 그 이후에 베네치아는 독일, 보헤미아, 헝가리 광산들의 생산량 폭락으로 인한 은의 '대기근' 덕을 톡톡히 보았다. 베네치아 시장이 발칸 반도에서 새롭게 개발된 광산들에서 생산된 은을 제공했기 때문이다. 1453년 오스만 튀르크의 포병대에 의한 콘스탄티노플 함락으로 지중해의 세력균형이 변했지만, 베네치아는 슈네베르크(작센)와 티롤의 새 광산들 발견 덕에 건재할 수 있었고 도제[14]* 피에트로 모체니고(1406–1476년) 치하에서 1474년부터 이라-모체니고 은화를 새롭게 주조하기 시작했다. 이 은화는 6.52그램이었다. 오스만 제국은 항상 은을 구하려고 했으므로 베네치아는 이 은화로 오스만 제국과 교역을 계속하고, 서아프리카의 금을 튀니스에서 사들일 수 있었다. 그러다가 아프리카 일주 항로 개통 그리고 지중해의 경제 중심이 유럽 북부와 대서양의 상관들로 이동하게 되는 시점에서야 비로소 베네치아가 기울기 시작한다. 베네치아는 1500년 도제에게 특별 지원을 요청하지 않을 수 없게 된 은행들의 대위기로 인해서 결정타를 맞는다.[15]

중요한 상품들을 거래하는 장소가 그 시대를 지배하는 상업 중심지가 되게 마련이다. 금의 경우, 베네치아는 생산지들로부터 아주 멀리 떨어져 있었지만, 통북투, 스페인, 이집트, 소팔라 그리고 아나톨리아의

---

* 도제(Doge) : 베네치아 공화국의 최고 지도자로 귀족들이 선출했다/역주

광산들에서 생산되는 금이 베네치아로 유입되어 리알토에서 거래된 것이다.

19

남유럽 상인들의 활동 덕택에
북유럽이 최악의 대기근을 모면했다

인류의 역사 내내 기근 또는 식량 부족에 대한 두려움은 사람들의 배와 상상력에서 떠난 적이 없었다. 몇몇 지역에서 이러한 두려움은 현실이었다. 유럽은 로마 제국 멸망 이후 심각한 식량 위기를 겪었다. 1257년 인도네시아의 롬복 섬 사말라스 화산의 무시무시한 폭발(최근 1만 년 동안 최악의 화산 폭발/역주)은 세가라 아낙 칼데라[1] 호수를 형성시켰고, 1258-1259년 또다른 폭발이 일어나 재앙을 초래했다. 그 직후인 13세기 후반에 유럽 대륙 전체에서 국지적인 기근이 여러 번 발생했다. 인도네시아의 화산 폭발로 거대한 화산재 구름이 대기 속에서 오랫동안 돌아다닌 탓에 기후가 일시적으로 변하게 되었다. 화산학자들은 멕시코 남부 엘치촌 화산[2]의 폭발까지 가세하여 엄청난 경제적, 사회적 결과를 초래함으로써 채찍질하기 고행이 다시 유행하게 되었다고 본다.[3]

유럽 역사 전체를 통틀어 최악의 기근은 1315-1318년에 대륙을 강타했는데, 특히 북서부에서 맹위를 떨쳤다. 이 인간적이고 경제적인 재앙에는 여러 가지 이유가 있었다. 다른 무엇보다 '화산의 겨울'이 한 번 더 왔다. 뉴질랜드 북섬 타라웨라 화산이 1314-1315년 폭발하여 대기 속에 카하로아 재(Kaharoa ashes : 카하로아는 타라웨어 화산의 서쪽에 위치한 지역/역주)[4]라고 불리는 화산재를 뿜어냈다. 타라웨라 화산은 한참 후인 1886년에 다시 폭발하여 뉴질랜드 역사상 최악의 재앙을 일으킨다.[5] 이 화산 폭발로 인한 기온 저하에 강우량 증가(북대서양 아조레스 제도의 허리케인)까지 겹쳐서 끔찍한 결과를 초래했다. 추위와 비 때문에 유럽 대부분의 지역에서 곡물 성장이 늦어지고 방해를 받았다. 곡물 생산이 3년 연속으로 불충분하여 농민들이 저장을 하지 못했다. 이 기후변화로 북유럽 지역들이 가장 큰 타격을 받았는데, 남유럽은 그나마 조금 나았다. 유럽 전역에서는 홍수가 일어났다. 특히 헝가리의 다뉴브 강 지역[6]과 이탈리아의 포 평원[7]의 홍수가 심각했다.

당시 유럽은 주민의 수가 크게 증가하고 평균 생활수준이 개선되고 기대 수명이 늘어나 비교적 탄탄한 성장을 구가하고 있었다. 그러나 식량, 특히 곡물 생산이 따라오지 못했다. 많은 농민들이 땅을 포기하고 도시로 몰려드는 바람에 토지의 재구성이 대대적으로 이루어졌다. 이러한 농촌사회의 불균형은 곡물과 식량 생산 전반에 걸쳐 결정적인 영향을 미쳤다. 식료품 가격이 오르기 시작했다. 인구증가로 인한 수요증대는 좋은 땅의 가격을 급등시켰다. 동시에 지대가 오르고 실수령 급여가 줄어드는 결과를 가져왔다.[8]

무시무시한 대기근으로 주민의 10-15퍼센트가 사망했다

많은 연대기 작가들이 서서히 죽어가는 주민들의 이야기를 했다. 기근은 위를 망가뜨려 모든 연령대 남녀들의 건강을 악화시켰다. 기근으로 사람들의 신앙심도 흔들렸다. 도시와 시골에서 기도를 올리고 헌납을 하고 종교행렬이 이어져도, 하나님은 아무런 대답도 없이 침묵으로 일관했기 때문이다. 일할 능력이 있는 성인들을 먹여 살리기 위해서 더 이상 식량을 주지 않는 유아와 어린이들 그리고 죽어가는 노인들의 수를 기록했다. 가축도 일부는 죽이지 않을 수 없었다. 가축은 사람들이 먹을 수 있는 곡물을 소비할 뿐만 아니라, 사람들은 가축의 고기로 죽음을 피할 수 있었다. 굶주린 사람들은 먹을 수 있는 것은 닥치는 대로 먹기 시작했다. 뿌리와 식물들은 삶아먹고 개와 고양이를 잡아먹는 것은 물론이고 새와 설치류를 사냥해서 잡아먹고 모든 종류의 생선을 가리지 않고 먹어치웠다. 몇몇 지역에서는 시체를 먹은 흔적이 남아 있다 (리보니아[발트 해 동부 연안의 역사적 지역/역주], 슐레지엔, 폴란드, 영국, 아일랜드).[9]

기근이라는 재앙이 덮친 지역들 주민의 10-15퍼센트가 고통 속에서 죽어갔다.[10] 1316년에는 300만 이상이 기근과 영양실조에 기인한 병들로 죽었다고 추정된다.[11] 더구나 농촌사회의 이동은 아직 아주 제한적이었다. 고향의 정겨운 교회 종소리 때문에, 생계수단을 찾아서 다른 지역으로 옮겨가거나 일시적으로 이동하는 것이 쉽지 않았다.[12] 대학생, 군인, 고위 성직자, 상인들만이 이동을 했다. 보통 사람들은 몇몇 혼인의 경우 그리고 귀족을 따라서 여행을 가는 하인들을 제외하고는, 출생지에 얽매여 있었다. 위기가 닥치면 마지못해 이동하는 사람들이 없지는 않았으나, 아주 제한된 수에 불과했다.[13]

남유럽은 상인들의 활동 덕에 최악을 면했다

유럽의 지중해 연안도 아주 심각한 기근을 겪었지만, 기후 조건이 조금 덜 혹독하고 특히 상인들의 활동 덕분으로 주민들의 고통이 경감될 수 있었다. 실제로 유럽 남부의 시장과 교역은 북부 지역에 비해 훨씬 더 정교하고 앞서 있었다. 중세의 무역혁명[14]은 지중해 연안에서 먼저 일어나 발트 해로 옮겨갔다.[15]

상인들, 특히 곡물 거래를 전문으로 하는 이탈리아인들과 유대인들은 곡물 재고와 앞으로의 수확량을 추산하기 위해서 모든 뉴스를 수집했다. 곧 그들은 기후 때문에 유럽 북부 나라들의 생산량이 급감하리라는 것을 알고 재고를 축적하고 곡물을 적극 매입하기 시작했다. 이런 시장들에 특유한 계약을 통해서 곡물을 비싸게 팔아넘기기 위해서였다.[16] 그 것은 이익을 내기 위한 냉정한 투기 그 자체였다. 수요보다 공급이 적으면 가격은 오르고, 상인들은 비싼 값에 상품을 팔아 큰 이익을 남기게 마련이다.

1315년부터 수요 초과 현상이 지중해 유럽의 시장에서 나타나기 시작했다. 곡물이 부족해지자 수입에 의존하게 되었다. 예컨대 제노바는 시칠리아와 흑해의 밀을 매점하고, 베네치아는 풀리아(이탈리아 남동부 지역/역주)와 이집트의 밀을 구입하고, 피렌체는 시칠리아의 밀을 소비했다.[17] 남유럽 상인들의 거래망에 진입한 최초의 북유럽 도시의 하나인 브루게는 지중해 곡물을 수입했다.[18]

상인들은 큰돈을 벌었고, 그 대신에 사람들은 곡물을 구할 수가 있었다. 정치권력의 책임자, 성직자, 부유한 부르주아들이 곡물 구입을 원하면 비싼 값이어도 살 수는 있었다. 따라서 도시의 식량 담당 부서 관리들이 곡물 수요를 충족시키고 빵장수들에게 밀과 밀가루를 공급하여 소비자 가격의 상승을 제한할 수 있었다. 또 농민들은 도시에 가서, 비록 돈을 더 많이 내야 했지만, 곡물을 구입할 수 있었다. 더구나 남유럽 주민들은 북유럽 주민들보다 식품이 더 다양했다. 남유럽 주민들의 식품에는 밤, 올리브유, 호두, 개암열매 같은 것들이 포함되어 있었다. 전통적으로 농민은 자신의 작은 채소밭이 있어서 파, 양배추, 순무, 흰색과 흑색의 완두콩 같은 보조식품을 재배했다. 이런 채소밭을 이베리아 반도에서는 우에르타(huerta), 이탈리아에서는 오르토(orto)라고 부른다.[19]

특히 이탈리아 도시들은 비교적 효율적이고 노련한 식량 정책을 집행했다. 시정부는 공공상점에 곡물 재고를 가지고 있다가, 필요한 경우에는 시장가격보다 싸게 빵장수나 소비자들에게 직접 파는 것을 철칙으로 삼았다. 종종 식량 담당 부서는 상인, 중개인, 생산자들이 보유한 재고를 낮은 가격에 시장에 내놓도록 만드는 행정조치를 취하기도 했다. 그러나 이런 조치는 단속과 몰수에 의존하지 않을 수 없어서 시당국은 매우 신중하게 시행해야만 했다.[20] 단속과 몰수가 시작되기도 전에 식량이 시장에서 사라져버리기 때문이었다. 시정부는 소금 상점도 운영하여 때때로 특별가격에 소금을 팔기도 했다. 1315-1318년의 위기 기간에 기온 저하로 염전에서는 물 증발이 더디고 어려워져서 소금 생산량이 급감하기도 했다.

세계의 모든 주민들은 언제나 기근 때문에 혹독한 시련을 겪어왔다. 인류의 역사는 기후, 전쟁, 식물의 질병, 정치적 혼란으로 점철되어 있다. 또한 오늘날에도 사람들은 국지적인 기근에서 완전히 자유롭지 못하다.

20

한자 동맹의 밀 시장이
유럽의 곡물가격을 결정했다

1250-1350년에 포메라니아(발트 해 남쪽 연안 지방으로 독일과 폴란드에 나누어져 있다)는 곡물 생산의 중심지였다. 그러나 흑사병이라는 대재앙이 주민들을 덮치자 많은 농민들이 이곳을 떠나서 프로이센과 폴란드에 정착했다. 프로이센과 폴란드는 곡물 생산을 전담하는 지역이 되었고 사유농지 체제에 의존했다. 이 체제를 장악하게 된 대지주들은 수확한 곡물을 중간상과 상인들에게 양도했다. 이 중간상과 상인들은 대개는 외지인이었다.[1]

곡물 거래는 1410년의 타넨베르크 전투* 후에 크게 활성화되었다. 이 전투에서 수천의 병사들이 먼지 속에서 7시간 동안 백병전을 벌였다.[2] 전투의 결과로 프로이센 도시들이 튜턴 기사단**의 지배에서 벗어났고 특히 그단스크(단치히) 시가 부상하게 되었다. 그단스크 상인들은 나사우-바일부르크 백작령***에서 곡물, 브롬베르크에서 곡물과 맥주와 직물제품, 포즈난에서 곡물과 가축, 바르샤바에서 임산물, 크라쿠프에서 목재와 구리와 납을 매입했다. 그단스크는 비스와 강****이 크라쿠프에

---

* 타넨베르크 전투 : 1410년 폴란드 타넨베르크에서 폴란드-리투아니아 연합군이 튜턴 기사단을 격파한 전투이다. 그룬발트 전투라고도 한다/역주
** 튜턴 기사단 : 십자군 기간에 템플 기사단, 요한 기사단과 함께 성지 방위를 담당하는 기사단으로 인정되었고 13세기부터 발트 해 지역으로 진출하여 선교와 정복 활동을 벌였다/역주
*** 나사우-바일부르크 백작령 : 나사우 가문의 일파로 독일 라인란트팔츠 나사우 백작령의 일부를 통치하던 나사우-바일부르크 가문의 영지이다/역주

서 바르샤바 그리고 발트 해로 가는 무거운 상품 운송을 가능하게 만드는 덕에 가장 입지가 좋았다. 1464년부터는 비스와 강의 관세장벽이 없어졌고, 교역은 폭발적으로 증가했다. 곡물 거래는 15세기 말경 1년에 1만 톤에서 17세기 중에는 20만 톤 이상으로 늘어났다. 비스와 강 유역의 도시들은 엄청난 부를 축적하게 되었고, 이 지역은 유럽 내 전쟁들에 거의 영향을 받지 않고 발전을 거듭했다. 이런 최상의 선순환은 30년 전쟁(1618-1648년)에 의해서 극적으로 종말을 고하게 된다.

비스와 강 유역과 프로이센 평야에서 생산되는 한자 동맹의 밀

그단스크와 뤼베크를 비롯한 도시들이 한자 동맹(Hanseatic League)의 주축이 되었다. 한자 동맹은 런던-베르겐-노브고로트-쾰른-크라쿠프가 형성하는 오각형 안에 위치한 170개가 넘는 도시들이 상품을 거래하는 경제-무역 조직체였다. 다른 무엇보다 세금이 아주 낮고 '발트 해의 평화(Pax Baltica)'라는 분위기에서 상인과 선박들을 위한 장점이 아주 많았다. 교역품들은 주로 무거운 화물이었다. 곡물, 목재, 금속, 건어물, 소금, 모피, 타르, 대마, 밀랍, 포도주, 향신료였다. 서부 지역 도시들은 가공품을, 동부 지역 도시들은 주로 원자재들을 수출했다. 뤼베크와 그단스크는 선박 건조의 중심지로 부상하여 암스테르담과 경쟁하게 되었다. 그러나 뤼베크와 그단스크는 값싼 목재를 쉽게 구할 수 있다는 장점이 있었다. 플랑드르 지역은 언제나 큰 항구 덕을 보았다. 처음에는 부르게였고 그다음에는 안트베르펜의 전성기 그리고 암스테르담의 시대가 열렸다. 극히 부유하고 정치적으로 막강한 상인들이 안트베르펜에서 암스테르담으로 몰려들었다.[3]

**** 폴란드에서 가장 긴 강으로 남부의 크라쿠프, 바르샤바, 그단스크를 거쳐 발트 해로 들어간다/역주

독일 지역의 수많은 도시들로 인하여 한자 동맹의 중심이 이동하고 무역수지를 변화시켰다. 남부 지역 도시들은, 훨씬 더 세련되고 비싼 제품을 수출하는 지중해 상인들과 많은 거래를 하게 되었기 때문이다. 더구나 이탈리아 상인-은행가들과의 관계 덕에 근대적인 금융 기법이 도입되어 한자 동맹은 현금과 귀금속 결제에서 어음 거래로 신속하게 전환하게 되었다.

플랑드르, 이베리아 반도, 지중해로 수출되는 잉여 곡물

비스와 강 유역, 독일 대평야, 리투아니아 지대는 곡물 생산 중심지로 항구적이고 안정적인 잉여 생산이 가능하여 수출을 할 수 있었다. 이 잉여 생산물은 우선 플랑드르와 안트베르펜으로 운송되었다. 그다음으로는 암스테르담이 곡물 저장과 재분배의 중심지가 되었다. 한자 동맹 곡물의 가격은 기후변화, 전쟁 그리고 특히 플랑드르의 수요에 의해서 큰 영향을 받았다. 플랑드르의 수요는 한계비용을 결정하는 변수였고, 동부(프로이센-폴란드)의 생산 그리고 프랑스 피카르디와 노르망디 평야의 생산 사이에서 축 역할을 담당했다. 곡물 시장(생산, 공급, 수요, 잉여, 재고, 거래 흐름)을 둘러싸고 스파이 행위가 조직적으로 이루어졌다. 모든 나라들이 기근과 반란(독일 지역 농민들의 동요) 그리고 정치적 불균형을 촉발할 수 있는 매우 민감한 식량 문제에 관한 모든 정보를 수집하려고 노력했다.

곡물 운송과 비포장 상품

발트 해와 북해 항해용으로 특별히 건조된 배들인 코그 선(cog)은 화물을 포장하지 않은 채로 운송했다. 이 배들은 운송 능력이 뛰어났고 선원들의 수는 아주 제한되어 있었다. 생산지와 항구 사이의 곡물 운송은 북해로 흘러들어가는 강들을 이용했다. 따라서 운송비용이 상대적으로 저렴하여 상품 가격에 큰 부담을 주지 않았다. 지중해에서는 배들이 주로 고가품들을 운송했기 때문에 운송비용은 최종 상품 가격의 미미한 부분에 지나지 않았다. 이 점에 대해서 베네치아 행정당국이 지중해를 통해서 운송되는 한자 동맹 곡물의 최종 구입가격을 계산했다. 최종 목적지의 곡물가격은 최초 가격의 4배가 되었다.

유럽 곡물시장의 통합 : 발트 해 시장의 가격 결정

15세기 말경 유럽에서는 곡물 시장의 점진적인 통합이 이루어졌다. 여러 생산지역(폴란드-프로이센 평원, 네덜란드와 노르망디 평야, 카탈루냐-안달루시아 지역, 포 평원, 시칠리아)이 기후변화와 정치적, 군사적 변동에 영향을 받았다. 그 결과 가격, 생산, 수요, 재고가 불안정해졌다. 균형 회복은 가격 조정에 의해서 그리고 한 지역에서 다른 지역으로의 곡물 이동에 의해서 이루어졌다. 곡물 이동을 담당하는 상인들은 항상 폴란드-프로이센 평원의 잉여 생산량을 활용했다. 1500년부터 포르투갈은 한자 동맹의 밀 수입에 의존하게 되었고, 카탈루냐와 안달루시아의 생산량이 감소한 스페인도 마찬가지였다. 카탈루냐와 안달루시아의 감산에는 여러 가지 요인들이 작용했다. 우선 지역 경제의 재편에 의해서 위기가 심화된 동시에 레콩키스타의 영향으로 무어인(북아프리카 출신으로 이베리아 반도를 점령했던 무슬림들/역주) 농부들이 쫓겨났다. 또 카탈루냐와 안달루시아 지역은 국가적 수요(아메리카 은의 유입에 의해서 촉발되었다)와 세비야(아메리카 행 제품들의 집결지가 되었다)의 수요를 충족시키기 위해서 차츰 고부가 가치 상품생산을 전문으로 하게 되었다. 더구나 오스만 제국은 나일 강이 두 번이나 혹독한 가뭄을 겪자(수량이 크게 부족해졌다) 밀 수출을 금지했다. 이집트 곡물은 기후변화와 나일 강의 불규칙적인 수량 때문에, 북유럽 밀은 물론이고 남유럽 밀에 비해서도 훨씬 더 가격 변동이 컸다.[4]

이탈리아와 지중해 국가들은 여러 가지 이유로 한자 동맹의 밀에 의존하지 않을 수 없었다. 우선 이탈리아 지역들은 밀-귀리 생산을 줄이고 옥수수 재배를 전문으로 하게 되었다. 또 남유럽 전역, 특히 발칸 반도에서 오스만 제국과 전쟁을 하는 군대들의 항구적인 밀 수요가 있었다. 이런 요인들이 수확에 불리한 몇몇 기후변화와 맞물렸다. 이 시기에 한자 동맹은 1475-1550년의 퇴조를 겪은 후 16세기 중반부터 시작된 대발전 덕에 마지막 전성기를 구가하고 있었다.

서유럽과 지중해 지역으로의 곡물 수출은 16세기 말 기후조건이 악화된 후에 크게 증가했다. 서유럽과 지중해 지역의 수확은 폭우와 추위 때문에 큰 타격을 받았는데, 특히 이탈리아가 심각했다. 당대의 증언에 따르면, 주민들은 상황이 너무 절망적이어서 개와 고양이는 물론이고 뱀까지 잡아먹기 시작했다.[5] 모든 이탈리아 도시국가들의 정부는 정치적으로 관리하기 어려운 기근이 발생하지 않도록 신속하게 대처해야 했다.

기근과 식량난을 두려워했던 베네치아의 대응이 자주 이야기된다. 1592년 10인 위원회는 공화국의 국무장관 마르코 오토보니를 폴란드산 밀 구입을 위해서 긴급 파견했다. 이 고관은 곡물을 확보하기 위해서 가격에 구애되지 않고 전권을 행사했다. 그는 엄청나게 높은 가격을 지불하지 않을 수 없었다. 밀을 큰 수레들에 싣고 폴란드 남부에서 베네치아까지 형편없는 도로로 운반해야 했기 때문에 가격이 4배가 되었다.[6] 해상운송이 훨씬 더 저렴했을 테지만, 배 한 척이 난파하는 바람에 베네치아 시장에 제때 밀을 댈 수 없게 되었던 것이다. 그러나 대서양 무역의 혁명이, 30년 전쟁의 우여곡절이, 그리고 특히 프랑스 남부와 이탈리아 북부의 옥수수 재배가 한자 동맹의 무역에 지대한 타격을 가하게 된다. 그 결과 한자 동맹은 급격하게 쇠퇴했다. 북유럽 경제의 중심은 덴마크 동부에서 윌란(유틀란트) 반도의 서부로 이전되었다.

독일, 폴란드, 벨라루스의 대평야들은 언제나 해당 지역 주민 수에 비해서 밀을 초과 생산했다. 그래서 이 비옥한 땅으로 정복자와 군대들이 몰려들었던 것이다. 진정한 곡물 시장은 중세부터 존재했다.

21

흑사병이 경제혁명을 일으키고 속어들을 장려하고 세속화를 촉진했다. 베네치아는 검역기를 고안해내고 격리 제도를 실시했다

유럽은 11세기와 14세기 초 사이에 뚜렷한 기후온난화의 영향으로 크게 발전할 수 있었다.[1] 그러나 1290년을 기점으로 기후가 변하기 시작했고('소빙하기'라고 한다),[2] 1315-1317년의 기후 악화는 유럽 곡물 생산에 심대한 타격을 주어서 식량 부족과 기근이 만연하게 되었다. 프랑스 역사가 자크 르 고프는 이것을 '굶주림의 회귀'라고 불렀다.[3] 이러한 위기에 의해서 유발된 곡물가격의 폭등을 부분적으로 억제한 것은 시칠리아, 풀리아, 흑해 그리고 발트 해로부터의 밀 수입이었다. 발트 해의 밀은 주로 북유럽 나라들에 공급되었다. 곡물가격 폭등의 부분적인 제동에는 2차 곡물(호밀, 스펠트 밀, 보리)의 대량 사용도 기여했다.

이번 기근은 사회적으로 중대한 결과를 낳았지만, 아주 특별한 경우들을 제외하고는 사람들이 많이 죽지는 않았다. 그 대신 주민들의 생물학적 상태가 악화되고 노동 계층의 건강이 전반적으로 나빠졌다.[4] 당시 점진적인 도시화가 진행되던 유럽은 인구 과잉으로 주민들의 영양 상태가 좋지 못했다. 이런 상황에서 내습한 흑사병으로 약 8,000만 인구 중에서 2,500만 정도가 사망하게 된다.[5] 흑사병은 1330년경 중국에서 출현한 이래 3개 대륙(아시아, 유럽, 아프리카)을 강타하여 세계에서 7,500만의 목숨을 앗아갔다.[6] 1347-1353년 유럽에서 흑사병의 경제적, 사회적, 정

치적, 정신적 참화는 엄청나고 비극적이었다. 유럽 대륙의 역사에서 일대 혼란기였다.[7]

식량 가격의 폭등과 폭락

많은 농부들이 사망했고 농촌에서 엄청난 인구가 빠져나갔다. 파종, 수확, 동물 사육, 포도주와 맥주와 기름 생산, 소금에 절인 고기와 치즈 저장 등을 하기가 어려워졌다. 주요 식품 가격이 급상승하고 무역이 붕괴하여 수입에 의해서 공급부족을 채울 수 없게 되었다. 상인들은 여행을 두려워했고, 어떤 지역이나 도시에 사람과 상품을 들이는 것이 금지되는 경우가 잦았다. 예컨대 밀라노는 아주 엄격하고 통과가 불가능한 교통차단선이 도시를 보호한 덕에 사망자가 거의 없었다. 그후에는 농산품 수요가 급감하여 가격이 떨어졌고, 생산력이 떨어지는 많은 토지들이 방치되었다. 흑사병이 발생하고 10여 년이 지나서야 비로소 공급과 수요 사이의 균형이 회복되었다. 무역 재개 그리고 특히 수요를 되살아나게 만든 임금 인상 덕이었다.[8]

임금 인상 그리고 임금과 물가를 고정시키기 위한 당국의 조치

일상생활에 필수적인 식품과 상품 가격 그리고 임금 사이의 경쟁은 사회적으로 막대한 손실을 초래했다. 농촌의 생산 그리고 생활 제품의 제조가 급감했다. 많은 장인들이 사망했고 그들을 대체한 사람들은 사망한 선배들만큼 기술이 뛰어나고 능력이 있지 못했다. 농사는 1년 단위로 진행되지만, 장인이 되는 데에 걸리는 시간은 그보다 훨씬 더 길었고, 살아남은 사람들은 보수가 더 높은 도시와 지역들로 이주하는 것이 보통이었다. 건강하고 노동력이나 기술력을 팔 수 있는 사람에 대한 수요가 아주 많았기 때문에 그들은 아주 높은 임금을 요구할 수 있었다.

사회와 생산의 구조가 완전히 재편되어야 했다. 사회에는 빵 장수, 돼지고기 장수, 섬유산업 노동자, 대장장이, 여인숙 주인, 하위직 관리, 공증인, 의사(흑사병으로 많은 수가 희생되었다), 농부(땅을 경작하고 포도주와 맥주와 기름을 생산하고 동물을 길렀다)가 필요했다. 군인 그리고 남녀 성직자도 많이 필요했다. 임금은 부동산과 토지 가격과 마찬가지로 급등했다. 사람 수는 적어졌지만, 이전보다 더 부유해져서 전체적인 수요가 증가했다. 농촌의 지대는 크게 떨어졌다. 동업조합들은 전에는 거절했을 신규 회원들을 받아들였다. 인력 부족으로 몇몇 작업들의 기계화가 가속화되었다.[9]

정부들은 법적이고 강제적인 조치들에 의해서 물가상승, 특히 식량가격과 임금상승을 억제하려고 노력했다. 그러나 이런 조치들은 별로 성공하지 못했다. 몇몇 직업과 여러 종류의 물품에 대한 수요가 아주 컸기 때문이다. 예컨대 영국을 비롯한 몇몇 나라들에서는 당국이 몇몇 직업인들의 이민을 금지하기도 했지만, 이런 조치들의 효과는 아주 제한적이었다.[10]

조세수입이 만회하기 어려울 정도로 감소했지만, 지출은 별로 줄어들지 않았기 때문에 공공재정은 적자가 심화되었다. 예컨대 보르도에서는 포도주 수출이 절반 이상 감소했고, 영국과 스페인의 양털 수출은 2/3 이상 줄어들었다. 그 결과 조세수입(가정과 거래에 대한 세금)이 급감했다.

교회의 새로운 역할과 속어들의 발전

교회는 사람들이 죽기 전에 재산을 기증하는 덕에 치부했지만, 성직자들은 흑사병 때문에 아주 무거운 대가를 치렀다. 성직자들은 병원에서 환자들을 '의료적으로' 도와주고 종교적으로 격려하는 일을 담당해야 했기 때문에 흑사병에 아주 잘 걸렸다. 군중이 행렬을 지어 신비하다고 소문이 난 장소와 교회로 몰려갔다. 1350년 100만이 넘는 순례자들이 로마로 가려고 시도했으나, 그 '영원한 도시'에 도착한 사람들은 절반도 되지 않았다. 채찍질하기 고행자들의 움직임이 비정상적으로 확산되어 큰 혼란을 일으켰고 교회의 권위를 떨어뜨렸다. 그들 고행자들은 주로 오스트리아, 보헤미아, 헝가리, 폴란드 출신들이었다. 그들은 33일 반을 걸으면서 하루에 두 번 속죄하기 위해서 자기 몸에 채찍질을 했다. 그들은 인류가 이미 많은 고통을 겪었다는 것을 보여주려고 했던 것이다.

마녀와 이교도들은 흑사병을 전파한다는 이유로 박해를 받았다. 특히 유대인들이 표적이 되었다. 유대인들은 위생을 더 잘 지킨 덕에 사망률이 더 낮았는데, 이런 이유로 그들이 흑사병을 옮긴다고 믿게 되었다.[11] 게다가 모든 사회 계층이 방탕한 생활을 하게 되었다. 성직자들 역시 전염병 앞에서 무기력했다. 종말론을 설파하는 성직자들의 호소는 소귀에 경 읽기였고, 연대기 작가[12] 조반니 빌라니가 썼듯이, 사람들은 말세가 왔다고 생각하고 인생의 마지막 순간을 즐기려고 했다. 교회 권력이 실추하고 공교육에 대한 통제력을 상실했기 때문에(많은 학교, 신학교, 수도원이 폐쇄되었다) 사회의 세속화가 시작되었다. 라틴어 교사가 급감하고 라틴어를 일상적으로 사용하는 사람들이 사라지는 바람에 라틴어는 세계, 문화, 정치, 종교의 언어로서의 역할을 상실했다. 지역과 지방의 '속어들'이 교역 재개 그리고 '링구아 프랑카(lingua franca)'*와 함께 매우 빠르게 전파되었다.[13] 문학과 예술 창작은 죽음의 이미지 보급에

---

* 링구아 프랑카 : 서로 다른 모국어를 사용하는 화자들이 의사소통을 하기 위해서 공통어로 사용하는 제3의 언어를 가리킨다. 그러나 여기에서는 서로 모국어가 다른 지중해 무역 상인들끼리 쓰던 이탈리아어, 프랑스어, 그리스어, 아랍어, 레반트 지역의 언어 등의 혼합어를 지칭한다/역주

의해서 큰 충격을 겪었으며, '죽음의 무도' 스타일이 유행했다.[14] 그러나 르네상스의 씨앗들이 싹트기 시작하고 있었다.[15]

첫 번째 형태의 40일 격리

첫 번째 형태의 40일 격리는 기원전 1500년에 있었다고 알려져 있다. 성경에 따르면 신이 모세에게 그렇게 지시했다고 한다.[16] 나병이 의심되는 경우에 사제는 주 1회 방문을 연속적으로 3번 해야 한다. 21일이 지나서 병이 확인되면, 사제는 환자를 부족이나 도시로부터 격리시켜야 한다. 나환자는 자신의 옷을 찢고 머리 덮개를 쓰지 않음으로써 병을 알렸다. 환자는 사람들을 만나면 멀리서 "나는 더럽다!"고 소리질러야 했다. 사제만이 왕진과 물에 의한 정화 후에 환자를 공동체 안으로 다시 받아들이는 권한이 있었다.

로마인들은 환자들을 잘 '격리시켰지만', 안토니누스 피우스(재위 138-161년) 시대의 큰 전염병들, 2세기와 클라우디우스 고티쿠스(재위 268-270년, 로마 제국을 강타한 전염병으로 사망했다/역주) 시대의 전염병으로 위생제도의 약점이 드러났다. 로마의 위생제도는 당대 최고에 속했는데도 말이다.

코란 역시 나환자 격리를 명령했다. 643년 11월 22일 파비아에서 포고된 로타리(606-652년, 브레시아의 롬바르디아 공작에서 롬바르디아 왕으로 추대되었다) 칙령[17]에는 나환자들을 격리시키는 규칙이 포함되어 있었다. 유사한 법규들이 단신왕 피핀(재위 751-768년)과 샤를마뉴(카롤루스) 대제(재위 800-814년)에 의해서 적용되었다. 중국 당나라에서는 나병에 걸린 선원과 여행자들은 격리시켰다.[18]

라구사*의 30일 격리, 검역기를 고안해낸 베네치아의 40일 격리

1346-1353년의 대흑사병시대 초기에 베네치아는 대응에 나선 첫 번째 도시 가운데 하나였다.[19] 베네치아는 1347년 3인의 '공중위생 감독관'을 임명했다. 아직 베네치아의 통치를 받고 있던 라구사는 1348년부터 '30일 검역 정선(停船)'을 실시한 것 같다. 입항하려는 배들은 30일 동안 난바다에 머물러 있은 후에야 입항하여 사람과 상품을 내릴 수 있었다. 베네치아도 같은 규칙을 적용했다. 라구사 총독의 1377년 법령이 이 규칙을 명문화했다.[20] 1397년 베네치아는 기간을 40일로 늘렸다. 파도바 대학교의 의사들이 '과학적' 근거에서 이런 기간을 제안했을까 아니면 단순히 성경의 숫자학에 의지한 것일까? 또 베네치아는 검역 정선 중인 배는 노란 검역기(檢疫旗)를 달게 해서 정박을 막기로 결정했다. 이 관행은 아드리아 해 전역에 전파되었고 나중에는 지중해 전역에서도 정착하게 되었다.

검역소 설치

전염병에 걸린 환자 격리를 위한 병원을 최초로 설립한 것 역시 베네치아 정부였다. 1423년 8월 베네치아 원로원은 시에나의 성 베르나르디노(1380-1444년)의 조언에 따라서 산타 마리아 디 나자레트 섬의 성 아우구스투스 은자 수도원을 징발했다. 리도 섬에서 멀지 않은 이 섬은, 아르메니아 수도사들이 거주하는 산 라자로(데글리 아르메니) 섬 근처에 있었다. 단어 '라자레토(lazzaretto)'는 나환자였던 성 라자로를 가리키기도 하지만, 산타 마리아 디 나자레트라는 섬 이름이 음성학적으로 변한

---

* 라구사 : 크로아티아의 역사적 지역인 달마티아에 있었던 공화국(1358-1807년)으로 15-16세기에 해상무역으로 번영을 누렸다. 오늘날 두브로브니크에 해당한다/역주

것이라고 볼 수도 있다. 1468년 베네치아 원로원의 명령에 의해서 격리소가 하나 더 설치되었다. 석호(潟湖)의 세 입구 가운데 하나 옆에 있는 라자레토 누오보 섬에 위치한 베네딕토 회 수도원을 새로운 격리소로 만든 것이다. 1471년부터 가동되기 시작한 이 격리소는 전염병 감염이 의심되는 환자들을 수용하기 위한 것이었다.[21] 베네치아는 1486년 보건소를 설치했는데. 이것은 공화국의 보건위생을 담당하는 최초의 행정기구였다. 공화국 시민들, 베네치아와 그 소속 영토들의 수많은 방문객들의 보건과 위생을 감독할 수 있게 된 것이다. 모든 무역도시에 공통적인 일이지만, 전염병은 베네치아에 막대한 경제적 손실을 입혔다. 무역과 거래 그리고 선박 입항(상품과 선박에 대한 세금)이 급감하고 상품들을 폐기해야 했기 때문이다.

흑사병의 끔찍한 기억은 유럽인, 아시아인, 아프리카인들의 몸과 정신 속에 깊숙하게 남아 있다. 오늘날에도 여전히 전염병은 공포, 불안, 무기력한 반응을 유발한다. 과학이 아직 잘 알지 못하는 바이러스 앞에서는 더욱 그렇다.

22

오스만 제국의 대포가 성벽을 파괴하고
치열한 첩보전을 조장했다

오스만 제국의 끈질긴 집념 중의 하나는 근위보병과 기병을 지원하는 중포병(重砲兵)을 보유하는 것이었다. 정치와 군사 분야의 주요 책임자들은 포병에게 다수의 초대형 대포를 제공하기 위해서 모든 노력을 다했다. 술탄은 '칼레-콥'(kale-kob : 직역하면 '성을 박살내는')이라고 불린 거대한 대포에 의해서 상징되는 강력한 포병을 원했다. 이 대포들은 "몇몇 포위 공격에서 전투의 승패를 결정지을 수 있는 능력을 가졌다"고 1592년 스페인의 루이스 콜라도가 썼다.[1] 그 반면에 육군 원수 라이몬도 몬테쿠콜리([1609-1680년]오스트리아 합스부르크 왕가의 육군을 무적의 군대로 만든 장군/역주)는 『금언(金言)』[2]에서 이 대포들은 너무 무거워서 이동하기가 어렵다고 지적했다. 이 대포들은 100여 마리의 황소가 있어야 이동이 가능했기 때문에 실질적으로는 포병에 장애가 되었다.

이스탄불은 구리와 주석을 보유했으나……

이스탄불(1453년 오스만 정복 이후의 콘스탄티노플은 이스탄불로 표기한다/역주)은 헝가리와 아나톨리아의 구리 광산들을 장악함으로써 우수한 질의 청동을 보유하게 되었다. 주석은 토로스 산맥, 에르가니(아나톨리아), 스레브레니차(현재의 보스니아에 위치하는데, 1463년 헤르체

고비나와 함께 오스만 제국 치하가 되었다), 하카리(쿠르디스탄)에서 채굴되었다.[3] 솔노크 시를 가로지르는 트란실바니아 광산들 역시 주석 산지였다.[4] 그러나 제국은 금속을 더욱 필요로 했기 때문에 수입하지 않을 수 없었다. 주석은 영국(콘월 반도의 광산들)에서 들여왔다. 일부는 배로 직접 이스탄불로 들여왔고, 일부는 베네치아를 거쳤다. 베네치아의 비양심적인 상인들은 주석을 이스탄불의 갈라타 지역*의 상점들로 다시 보냈다. 갈라타 상점들은 제국의 대포 주조소 토파네('대포 집'이라는 의미/역주)에 필요한 모든 자재를 비축했다.

피렌체 상인들도 오스만 제국의 공급자로서 적극 활동했다. 교회가 이 거래를 단죄했지만 말이다. 1461년을 기점으로 베네치아의 구리(남부 독일에서 구입했다) 도매상들은 오스만 제국의 시장을 피렌체의 경쟁자들에게 빼앗기기 시작했다. 피렌체 상인들이 라구사(오늘날 크로아티아의 두브로브니크)를 거치는 직거래를 성사시켰기 때문이다.[5] 나중에 1570-1573년 베네치아와 오스만 제국의 전쟁 후에는 프랑스가 베네치아 상인들이 남기고 떠난 자리를 차지했다.

제국으로 향하는 상품의 절반 이상을 프랑스 선박들이 운송했다. 다수의 네덜란드와 영국 상인들이 이 지역에서 거래를 하기 위해서 프랑스 선박을 이용했다.[6] 영국 상인들은 이탈리아 리보르노를 통해서 깨진 종들을 수출했다. 그 종들은 헨리 8세가 교회 재산 국유화에 의해서 영국의 가톨릭 교회와 수도원들에서 빼앗은 것들이었다. 이 종들을 녹여서 아주 좋은 질의 청동을 얻었고, 그것을 대포 제조에 사용한 것이다. 영국 상인들은 지중해 동부와의 무역을 활성화하기 위해서 레반트 회사(1581년 9월 11일자 국왕 특허장)까지 만들었다. 한편 초석은 보스니아에서 니트로 광산들을 강제로 개발한 덕에 대량 생산되었다. 제국은 이집트와 모로코에서 초석을 구입하기도 했다.

---

* 이스탄불의 한 지역으로 금각만 북쪽에 위치한다. 터키어로는 카라코이/역주

기독교도 변절자들 덕에 이루어진 오스만 제국의 대포 제조

오스만 제국의 포병과 주조소 지휘자들은 기독교도 전문가들을 많이 고용했다. 이 기독교도들은 주조공, 포수, 탄도학에 능한 수학자들이었는데, 어마어마한 보수를 받았고 원정을 준비하는 기간에는 특별 수당까지 받았다.[7] 대포 주조 전문가 우르반(헝가리인 아니면 독일인)의 경우는 잘 알려져 있다. 그는 아주 강력한 70문의 대포 제조를 지휘했고, 이 대포들이 1453년 콘스탄티노플의 성벽 파괴에 사용되었다. 토파네 주조소는 주로 독일인, 프랑스인, 베네치아인, 제노바인, 스페인인, 시칠리아인들을 고용했다.[8] 많은 주조공들 가운데 상당수는 자기 기술을 제공하는 자원자들이었다. 그밖의 다른 주조공과 포병들은 전투에서 포로가 된 죄수들이었다. 포위 공격용 대포 제조는 오스만 군대가 헝가리에서 거둔 눈부신 승리 후에 절정에 달했다. 그 승리로 수많은 도시들이 차례차례 함락되었는데, 특히 1541년 술레이만 1세(재위 1520-1566년)가 지휘한 헝가리의 부다 함락이 대표적이었다.[9]

대포의 직접 구입

오스만 제국은 외국에서 대포를 다량으로 구입하기도 했다. 청동제 대포 제조 중심지는 플랑드르(메헬렌, 디낭, 나뮈르, 안트베르펜, 투르네, 몽스, 마스트리히트, 위트레흐트, 암스테르담, 로테르담, 헤이그), 독일(뉘른베르크, 아우크스부르크, 마리엔베르크, 프랑크푸르트), 이탈리아(베네치아, 베르가모, 브레시아, 제노바, 밀라노, 나폴리)에 있었다.[10] 루이스 콜라도가 단언했듯이, 가장 뛰어난 대포들은 뉘른베르크, 베네치아, 브레시아에서 제조되었다. 유럽 최대의 대포 시장은 암스테르담이었다. 이곳에서 구매자들은 윌드 숲(런던 동쪽)과 스웨덴에서 생산된 철제 대포도 구할 수 있었다. 평균적으로 청동제 대포는 철제 대포보다 서너 배 더 비쌌다.[11] 카를 아우구스트 에렌스베르트(1745-1800년, 스웨덴 해군장교, 화가/역주)의 판화가 입증하는 것처럼, 예술가들은 암스테르담 대포 상인들을 기리는 작품들을 남기고 있다. 베네치아가 지중해 전역에서 두 번째로 큰 시장이었다.

오스만 궁정의 대리인들은 시장에서 적극 활동하면서 최상의 야전 대포와 함포를 싹쓸이하려고 노력했다. 그들은 나중에 대포를 인도받기로 하고 미리 주문을 하기도 했고, 베네치아에서 대포를 구입하기도 했다. 베네치아 대사 니콜라 바일로즈는 오스만 군대의 포병 대장 아야스 아가에게 1문에 2만 아크체를 받고 대포를 팔았다.[12] 아크체 또는 아스프르는 2.9그램의 은화였다. 베네치아의 1두카트는 약 84아스프르였다. 베네치아는 1569년에 그랬던 것처럼, 오스만 제국에 전략 물자를 파는 것을 이따금 금지하기도 했다. 술탄은 베네치아에 단호한 편지를 보내 이러한 금수 조치에 항의했다. 베네치아 공화국은 수출 금지를 해제하지 않았을 뿐만 아니라 칼날 2,400개, 철사 140킬로그램, 강철 120칸타로(1칸타로는 약 90킬로그램/역주)의 주문 대금을 돌려주지 않았다.[13]

베네치아의 비밀 요원들과 대사들은 대포 시장에서의 거래에 대해서 각별한 신경을 썼다. 암호화된 메시지를 베네치아로 보내 오스만 제국이 대포를 적극 구입하는 시점을 알려주었다. 그 덕에 10인 위원회는 방어를 준비하고 아르세날레에 지시를 내리고 함대를 동원하고 오스만 해군의 움직임을 6-12개월 먼저 파악할 수 있었다. 다른 나라들의 첩자들도 이스탄불을 위해서 일하는 대리인들의 대포 구입에 관한 정보를 최대한 수집하려고 노력했다. 그렇게 함으로써 오스만 제국과 유럽 사이의 국경에 위치한 작은 나라들 역시 미래의 전쟁에 대비할 수 있었다. 스페인 그리고 몰타의 요한 기사단의 해군은 오스만 제국이 구입한 대포와 군수품을 운반하는 배들을 나포하려고 시도했다. 오스트리아 국경

에서는 대포를 압수하기 위한 단속이 강화되었다.[14]

전투에서의 대포 노획

모든 전투의 승자들은 대포를 노획하려고 시도했다. 노획을 막기 위해서 패배한 포병들은 시간이 남아 있으면 대포를 망가뜨려버렸다. 예컨대 베네치아 포병들은 '스틸레토'라는 단검을 소지하고 있었다. 이 단검을 총구에 집어넣고 망치로 고정시키면 대포를 더 이상 사용할 수 없게 되었다. 오스만 군대는 사용 가능한 대포를 노획하거나 경우에 따라서는 재활용하기 위해서 조직적으로 움직였다. 오스만 제국은 포위 공격을 위한 포병부대를 집중적으로 양성한 후에는 야전 포병부대의 강화에 나섰다. 야전 포병부대는 1453년 250개 대대에서 1567년 1,204개, 1598년 2,827개 대대로 늘어났다. 이밖에도 요새와 지방 포병부대에서 근무하는 포병들이 별도로 있었다.[15]

갈리오 드 주누이약(1465-1546년, 르네상스 시대 프랑스의 군인/역주)이 지휘한 프랑수아 1세의 프랑스 포병부대 이후에는 오스만 제국의 포병부대가 유럽에서 최고에 속했다. 비록 오스만 포병부대 육성에 기독교도 변절자들이 참여했지만 말이다. 베네치아 첩자들은 오스만 제국이 암스테르담에서 몇 문의 대포를 구입하는지 철저하게 감시했다.

23

골콘다, 3,500년 동안의 세계 다이아몬드 시장

1663년 장-바티스트 타베르니에[1](1605-1689년, 프랑스의 여행가. 인도와의 교역을 선도했다/역주)는 여섯 번째 오리엔트 여행을 시작했다. 위대한 탐험가이며 보석상인 그는 페르시아로 향해서 인도 데칸 고원에 있는 전설적인 성채 도시 골콘다에 도착했다. 그는 마르코 폴로가 이야기한 그 지역의 다이아몬드 생산에 대해서 아주 정확한 기록을 남겼다. 마르코 폴로는 골콘다를 방문한 적이 없었지만, 이 도시에 대한 이야기를 많이 들었다.[2] 골콘다에 대한 이야기는 아마도 기원전 1000년부터 나오기 시작했을 것이다. 확실한 것은, 기원전 4세기부터 골콘다 지역이 세계 최대의 다이아몬드 산지(콜루르와 파르티알의 광맥)였다는 점이다. 골콘다 시에서 다이아몬드를 자르고 윤을 낸 다음 거래를 했다.

그리스인들은 다이아몬드를 본 적이 없는 것이 분명하다. 다이아몬드라는 단어가 그리스어 '아다만타'(adamanta : 원래는 '아주 단단한 철'이라는 의미였다가 아리스토텔레스 이후에 경도[硬度]의 관점에서 '무적의'라는 뜻이 되었다)에서 파생했지만 말이다.[3] 대 플리니우스 역시 다이아몬드를 구경한 적이 없었지만, 그 이야기를 하면서 그 경도를 높이 평가했다. 그는 다이아몬드가 독과 병에 대한 부적 같은 것이라고 썼다. 또 다이아몬드는 사람들을 악몽과 악령으로부터 지켜주는 힘이 있을 것이라고 했다.[4] 다이아몬드는 아시아, 아프리카, 유럽 세 대륙의 세도가들이 구입했다. 로마 황제, 유럽 국가들의 왕, 교황, 중국 황제, 인도와 아프리카의 왕들은 많은 금은을 주고 이 보석을 구하려고 안달했다. 이 보석이 인간을 황홀하게 만들기 때문이다. 다이아몬드는 그 미적 가치 그리고 신비한 부적 기능 덕에 선망의 대상이 되었다. 타베르니에는 여행기에서, 두께 10미터에 길이가 8,300미터나 되는 벽이 골콘다 성채와 궁전을 둘러싸서 이 신화적인 보물 창고를 지키고 있다고 이야기했다. 골콘다의 군주들은 개인 보물로 가장 크고 가장 아름다운 다이아몬드를 보유하고 있었다. 이 위대한 여행가는 "보석 관리인이 내 손바닥에 장미 형태로 잘리고 한 쪽이 아주 높은 커다란 다이아몬드를 올려놓았다. 보석은 반쯤 잘린 달걀 형태였고 찬란할 정도로 투명했으며 280캐럿이었다"고 썼다.

다이아몬드는 문학에 양분을 주는 독이다

오랫동안 아시아는 보석들이 나오는 유일한 지역이었다. 특히 다이아몬드 산지는 보르네오, 골콘다, 인도 반도에 집중되어 있었다. 이 다이아몬드는 대개 충적토에서 나왔다. 그 반면에 브라질(1725년), 남아프리카(1866년), 시베리아와 캐나다에서 발견된 광산들은 노천이나 지하(킴벌라이트[5][남아프리카 킴벌리(Kimberley) 일대의 다이아몬드 암맥/역주])에 위치한 광산에서 채굴된 다이아몬드를 생산했다. 골콘다 시는 히말라야를 만들어낸 인도 판과 아시아 판의 충돌에서 태어난 화산 지대(데칸 고원)에 있었다. 몇몇 지역(로마 제국, 당나라와 송나라, 바그다드의 아바스 칼리프국, 크메르 왕국, 말리 왕국) 권력자들의 재산 불리기 때문에 골콘다 다이아몬드의 수요가 급증했다.

더구나 문학이 다이아몬드 신화를 창조했다. 「신드바드의 모험」, 「천일야화」는 8세기 페르시아의 책(『천 가지 이야기[Hazār Afsān]』)에서 유래했다. 바스라의 뱃사람인 신드바드는 두 번째 여행에서 거대한 새를 타고 다이아몬드로 뒤덮인 계곡에 내린다. 농부들이 새들을 고기로 유인하여 다이아몬드 밭에 가서 보석을 물고 둥지로 돌아오도록 만든다. 이 보석들을 농부들이 '수확하는' 것이다.[6] 중세에 다이아몬드는 특히 그 경제적 가치 때문에 중요시되었다. 광산주들은 이 보석이 독이라는 이야기를 전파시켰다. 광부들이 다이아몬드를 입이나 몸 안에 숨겨서 암시장에 팔려는 유혹을 예방하기 위해서였다.

베네치아, 브루게, 안트베르펜, 런던……골콘다의 흥망성쇠

많은 다이아몬드가 해상 비단길을 통해서 중국, 중동, 유럽으로 수출되었다. 유럽 행 다이아몬드는 베네치아에 도착했다. 베네치아는 16세기 초까지 유럽의 유일한 다이아몬드 시장이었다. 온갖 음모로 점철된 이탈리아 르네상스 시대에는 독살 기술이 정교하게 발달하여 베네치아의 비밀경찰은 다이아몬드 가루를 너무나 자주 사용했다. 다이아몬드 가루를 연회 중에 컵 속에 넣으면 희생자는 내출혈로 일주일 안에 사망했고, 의사들은 독살에 사용된 물질의 흔적을 밝히지 못했다. 베네치아는 다이아몬드 가공을 유럽 최대의 보석 가공 중심지인 브루게에 맡겼다. 가공된 다이아몬드는 베네치아로 돌아온 다음, 유럽과 지중해 전역으로 공급되었다. 조반니 델레 코르니올레(1470-1516년경), 피에르 마리아 세르발디 다 페샤(1455-1522년경), 제노바인 자코모 타글리아카르네[7]처럼 특출한 예술가들이 세공 기법을 개발하고 이탈리아 르네상스가 부활시킨 미학을 적용했다.

브루게에서는 1475년부터 세공사 로데비크 판 베르켐이 대가로 군림했다.[8] 포르투갈인들이 캘리컷(현재 이름은 코지코드)-리스본-브루게 항로를 개통시키고 유럽 권력자들(왕, 고위 귀족, 상인, 교황과 고위 성직자)의 구매력이 향상된 덕에 유럽으로 수출되는 다이아몬드 양은 크게 늘었다. 브루게는 다이아몬드 세공의 중심지가 되었다. 유대인 다이아몬드 세공사들이 일감을 독점하다시피 했는데, 이들은 마드리드와 리스본에서 종교적인 이유로 추방된 사람들이었다. 그러나 브루게 외항인 다머로 이어지는 내포가 차츰 모래로 메워지는 바람에 브루게가 쇠락하기 시작했다. 모든 세공 작업이 안트베르펜으로 이전되었다가 스페인 군대가 이 도시를 약탈한 다음에는, 다이아몬드 세공인들이 공방과 가게를 암스테르담으로 옮겼다.[9] 그러나 30년 전쟁으로 상인들이 런던으로 이주한 덕에 이 도시가 국제 보석 거래의 중심지가 되었다.

베네치아는 유럽의 다이아몬드 시장에서 주도권을 상실했지만, 오스만 제국과의 거래는 계속했고 미학적으로 아주 정교한 제품 생산에서는 주요한 역할을 담당했다. 베네치아인 빈첸조 페루치가 17세기 말 브릴리언트형 다이아몬드의 삼중 커트를 창안함으로써, 이 기법은 프랑스 마자랭 추기경의 세공인들이 1640년경에 선보인 이중 커트를 대체하게 되었다.[10] 1725년경 포르투갈인들이 제키치뇨냐 강 일대의 브라질 다이아몬드 광산을 발견한 후에는 미나스 제라이스 지역의 다이아몬드 원석이 런던에 도착하기 시작했다. 그러나 런던 상인들은 이 원석을 신용하지 않고 구입을 거절했다. 포르투갈 상인들은 브라질 다이아몬드를 인도로 보내 골콘다 다이아몬드와 뒤섞어서 다시 런던으로 보냈다. 차츰 골콘다 지역의 생산은 줄어들고 브라질 다이아몬드가 득세하게 되었다. 1868년 남아프리카 킴벌리 광산이 발견된 후부터 다이아몬드 공급이 크게 늘었다. 프랑스의 희망봉 다이아몬드 회사, 바니 바네이토(1851-1897년)의 회사와, 세실 로즈(1853-1902년) 회사의 전성시대가 열리게 된다. 1888년 세실 로즈가 프랑스 회사와 바니 바네이토의 회사를 흡수함으로써 드 비어스(De Beers)[12]가 태어난다. 나중에 마릴린 먼로는 "다이아몬드는 여자의 최고 친구"라는 노래를 부른다.

석탄이나 흑연과 같은 돌이지만, 비할 데 없이 순수한 다이아몬드는 언제나 남자들의 머리를 돌게 만들었다. 남자들은 여자들에게 다이아몬드를 선물하기 위해서 출혈을 마다하지 않는다. 그리고 정계, 종교계, 군부의 모든 실력자들이 다이아몬드를 소유하기를 원했다. 그러나 18세기 초까지는 이 세상에 단 하나의 다이아몬드 광산밖에 없었다. 또다른 보석들의 광산도 아주 오랫동안 인도 지역에 집중되어 있었다는 점을 명심해야 한다. 보석은 세상에서 가장 쓸모없는 물건이지만, 모든 남녀의 상상력을 사로잡는다.

24

베네치아가 16세기 유럽 도서의 절반을 인쇄했다

첫 번째 그리스어 책(1486년), 첫 번째 아르메니아어 책(1512년), 첫 번째 보스니아 키릴 문자* 책(1512년)이 인쇄된 곳은? 첫 번째 탈무드(1524년)가 인쇄된 곳은? 파가니노 파가니니가 첫 번째 아랍어 코란(1538년)을 인쇄한 곳은? 첫 번째 문고판과 최초의 베스트셀러가 인쇄된 곳은? 답은 항상 똑같다. 베네치아.¹ 또 이 도시에서는 가동(可動) 활자로 첫 번째 음악책(1501년)을 인쇄했다. 도판이 있는 첫 번째 건축론, 첫 번째 게임 책, 첫 번째 외설서적, 첫 번째 의학론, 지리학론, 요리론, 군사학론, 화장술론 역시 베네치아에서 인쇄되었다. 영어, 독일어, 체코어, 세르비아어, 그리스어, 히브리어 서적 인쇄 주문이 외국으로부터 쇄도했다.² 15세기 말에서 16세기 초 사이에 베네치아의 인쇄업자들은 유럽에서 제작되는 도서의 절반을 출판했다. 세상에서 가장 큰 인쇄소에서 말이다.³

첫 번째 인쇄업자 : 독일 이주민

인쇄산업은 독일에서 태어나서 발전했다.** 물과 광산이 풍부한 독일

---

* 키릴 문자 : 동유럽, 중앙아시아, 몽골 등 러시아의 영향을 받은 국가들에서 사용하는 문자이다/역주
** 요하네스 구텐베르크가 가동 인쇄기를 이용하여 주조 활자로 성경을 독일 남부의 마인츠 시에서 활판 인쇄한 것은 1450년이었다/역주

남부 지방이 중심이 되었다. 그러나 이 지역이 정치적으로 불안해지자 인쇄업자들은 이탈리아로 이주하게 되었다. 그들은 대개 도시에서 도시로 이동하면서 사업을 했다. 이탈리아는 로마 교황청, 작은 나라들의 수많은 궁정, 유명 대학들의 존재 덕에 잠재력이 큰 인쇄 시장이었다. 거대한 교회 조직이 있는 로마 그리고 유럽 전체에서 가장 부유한 도시국가 베네치아가 인쇄업의 중심지가 되었다.[4]

1469년 9월 베네치아 원로원은 인쇄 독점권을 5년 동안 독일인 요한 슈파이어(이탈리아어로 조반니 다 스피라)에게 부여했다. 그는 키케로의 『친구들에게 보내는 서한집(*Epistulae ad Familiares*)』을 100부 인쇄하고 수요가 늘자 4개월 후에 추가로 300부를 인쇄했다. 그다음에는 대 플리니우스의 『박물지』를 인쇄했다(초판은 100부 그리고 재쇄들을 계속 찍었다). 그러나 다 스피라가 사망하자 독점권도 없어졌다. 아주 신속하게 다른 인쇄업자들이 등장했다. 1473년 베네치아에서는 12개가 넘는 인쇄소가 성업 중이었다. 프랑스 인쇄업자 니콜라 장송(1420-1480년)이 크게 성공했다. 그의 인쇄소는 다 스피라 인쇄소와 함께 양강 체제를 구축하게 되었다. 다 스피라 인쇄소는 조반니의 동생 벤델린 다 스피라가 요하네스 다 콜로니아와 함께 경영했다. 이 양대 인쇄소는 1471-1472년에 베네치아 전체 출판의 절반 정도인 64판을 찍어냈다. 많은 인쇄업자들이 이 새로운 직업을 그들의 가업으로 전문화했다. 예컨대 파올라 다 메시나의 두 번째 남편이 조반니 다 스피라였다. 파올라는 조반니가 사망하자 인쇄업자 조반니 다 콜로니아와 재혼했다. 그녀는 콜로니아가 사망하자 인쇄업자 레이날두스 데 노비마지오와 세 번째 결혼을 했다. 남편은 다 스피라 회사에 투자했다.[5]

독일과 이탈리아의 인쇄업자들이 베네치아로 이주하여 시장에 정착하게 되었다. 인쇄 시장은 용감한 전문가들을 유인하고 격렬한 경쟁을 통해서 열등한 출판업자들을 도태시켰다. 1490년까지 100여 개의 인쇄

소가 생겼다. 10년 동안 32개만 살아남았고, 16세기 초에는 10개로 줄었다.[6]

알도 마누치오, 에라스뮈스를 고용한 출판업자

몇몇 출판업자들은 단순한 인쇄업자가 아니었다. 그들은 교양이 풍부하고 여러 개의 언어를 구사하는 지식인들이었다. 지운티, 지올리토, 스코토, 알도 마누치오가 그랬다. 특히 알도 마누치오(1449-1515년)는 피코 델라 미란돌라(이탈리아의 인문학자[1463-1494년])와 에라스뮈스(1466-1536년)의 친구였다. 에라스뮈스는 마누치오의 출판사에서 일하기도 했다. 마누치오는 고전들을 펴내고 구두법 규칙(그리스어에서 영감을 얻었다)을 확정하고 8절판(종이를 세 번 접어 인쇄하면 8페이지가 나온다)을 도입하고 책들의 카탈로그를 간행하고 고딕체 활자를 폐기하고 아주 섬세하고 우아한 이탤릭체를 선보였다. 이탤릭체를 디자인한 조수 프란체스코 그리피(1450-1518년)는 나중에 자신의 사위를 살해한 죄로 처형되었다고 한다.[7] 마누치오는 자신이 출판한 모든 책의 속표지에 로고(돌고래와 닻)를 찍었다. 닻은 정다운 항구로 피할 수 있다는 확신과 힘을 상징했다. 돌고래는 속도와 안전을 의미하는 그리스의 상징이었다. 그리스 전통에 따르면, 돌고래들은 언제나 사람들을 구해주었다고 한다.

절정 : 1540-1575년 그리고 완만한 퇴조

16세기 동안 출판된 서적은 아마도 1만7,000종이 넘을 것이다. 소규모 출판은 평균 400-500권, 중간은 1,000권, 대량은 3,000권 이상을 찍었다. 물론 수요에 따라서는 여러 번 찍기도 했다. 16세기에 인쇄된 책은 논자에 따라서 1,700만–3,500만 권이라고 추산한다. 유통은 인쇄업자들과 전문 상인들이 담당했다. 유통업자들은 유럽 전역을 상대로 거래했다. 그들의 사무실에는 책을 구하려는 상인, 종교인, 대학교수, 대학과 권력자(왕, 제후 등)의 대리인, 학자, 부유한 도매상이 드나들었다.[8] 그러나 책값이 매우 비싸서 학생은 거의 없었다. 예컨대, 1480년에 대 플리니우스의 『박물지』는 8두카트였는데, 말 한 필 또는 소 두 마리가 10두카트였다.[9]

책에는 상징적인 위상이 있었다. 책은 교양과 부의 표시였다. 신성 로마 제국 황제 카를 5세(재위 1519–1558년)처럼 교양 있는 사람은 3,000권에 달하는 개인 장서를 소유했는데, 이는 당대 최고 수준이었다. 리옹, 프랑크푸르트, 라이프치히, 스타워브리지(영국 중서부 지방의 도시), 케임브리지 그리고 소규모 중심지들에서 도서 시장이 열렸다. 인쇄업이 유럽 전역으로 보급된 결과, 1500년에는 236개 도시에 인쇄소가 있었다.

그 결과로 베네치아가 타격을 받게 되었다. 그러나 로마 종교재판소의 활동과 압력으로 입은 타격이 더욱 컸다. 베네치아 정부가 교황청과의 복잡한 관계를 비교적 잘 해결했지만 말이다. 베네치아에서는 책 인쇄가 절대적인 자유를 누렸다. 다만 1511년부터는 인문학자이며 시인인 안드레아 나바제로(1483–1529년)가 인쇄 산업을 감독하는 임무를 맡았다. 책의 내용을 검사하는 임무는 아니었다. 그러나 베네치아 공화국은 종교재판소를 재편하고 1550년경 금서 목록을 받아들이게 되었다. 다행히 서적상들의 영향력과 귀족층의 지원 덕에 금서 목록은 매우 관대했다. 1560년대에 베네치아는 사전 검열 제도를 도입했다. 1570–1590년에는 로마의 강력한 압력으로 종교재판소가 아주 엄격해지자, 서적상들은 북유럽에서 출판되어 베네치아에서 유통되는 책들의 비밀 유통망을 조직했다.[10] 16세기 말에는 베네치아–로마 교황청의 협력이 크게 위축되고 17세기 처음 10년 동안에는 양자의 관계가 매우 냉각되고 험악해지기까지 했다. 그 덕에 베네치아의 서적상들은 더 많은 자유를 누리게 되었지만, 이미 돌이킬 수 없게 되었다. 더 이상 베네치아는 유럽 최대의 도서 출판 중심지가 아니었다.[11]

베네치아는 독일 지역에서 벌어진 전쟁들 덕을 톡톡히 보았다. 인쇄업자들이 전쟁을 피해서 일감을 찾으러 이탈리아로 몰려들었기 때문이다. 이탈리아에는 유명 대학들과 교황청 외에도 수많은 공국과 제후국이 있었다. 알도 마누치오와 에라스뮈스의 협력은 베네치아 인쇄업의 전성기를 단적으로 입증하는 것이다.

25

편지 한 통을 보내는 비용이
살라망카 대학교 교수 연봉과 맞먹었다

로마 제국 당시에는 로마와 런던 사이의 편지는 4주일이 조금 덜 걸려서 도착했다. 이 시간은 중세에도 거의 똑같았다. 오랫동안 모든 소식들은 같은 속도로 전해졌다. 상인들의 서신과 외교 문서는 모두 배 또는 전문 배달부에 의해서 운반되었다. 며칠 더 빨리 전달하려는 발신인은 아주 많은 추가 요금을 지불해야 했다. 배달부가 동이 트기도 전에 떠나 전속력으로 밤늦게까지 달려야 했기 때문이다. 사람과 동물이 금방 녹초가 되기 때문에 말과 기수를 아주 자주 바꾸어주어야 했다.

스카르셀라, 최초의 사설 우편 서비스

정부, 상인, 교회, 로마와 아비뇽 교황청이 소식들의 주요 '소비자'였다. 최초의 우편 노선은 13세기 후반에 이탈리아 롬바르디아의 상인-은행가(주로 토스카나인)의 도시들과 샹파뉴 정기시장 도시들 사이에서 출현했다. 베네치아에서는 1305년 정부가 사설 우편 서비스를 도입하여 도제, 원로원, 상인들이 많이 이용하게 되었다. 피렌체에서는 스카르셀라(scarsella)라고 불리는 정규 우편 서비스가 시작되었다. 이것은 배달부들이 우송할 편지를 넣는 가방 이름에서 따온 단어이다.[1] 정규 우편 노선이 유럽의 주요 상업도시들 사이에 구축되어 교황청과 정치가들이 이용했다. 가장 유명한 노선은 '카탈루냐 노선'(바르셀로나-브루게, 바르셀로나-피사-피렌체), '피렌체 노선'(피렌체-바르셀로나, 파리와 밀라노-쾰른을 거치는 피렌체-브루게), 루카 노선(브루게 행), 제노바 노선(브루게 행과 바르셀로나 행)이었다. 로마는 피렌체 그리고 베네치아와 연결되었다. 베네치아는 독일과 콘스탄티노플로 가는 노선을 만들었다. 운송 시간은 프라토의 상인 프란체스코 다티니(1335-1410년)의 편지들에 의거하여 계산할 수 있다. 중세 토스카나의 중요 도시였던 프라토에는 약 12만5,000통의 편지가 고스란히 보관되어 있다.

편지가 가는 데에 걸리는 시간을 자크 프레베르(1900-1977년, 20세기 프랑스 시인/역주) 방식으로 간략하게 정리해보면 다음과 같다. 피렌체에서 아비뇽은 14일, 바르셀로나는 23일, 브루게는 27일, 런던은 30일. 브루게에서 파리는 4일, 런던은 6일, 아비뇽은 10일, 바르셀로나는 23일, 북부와 중부 이탈리아 도시들은 22-28일. 바르셀로나에서 아비뇽은 8일, 북부와 중부 이탈리아 도시들은 17-23일, 브루게는 23일, 런던은 27일. 브루게에서 타나(흑해 위의 아조프 해)까지는 72일이 걸렸다. 베네치아에서 알렉산드리아와 콘스탄티노플 주재 외교관들에게 보내는 편지는 38일이 걸렸다. 바르셀로나에서 알렉산드리아와 콘스탄티노플에 보내는 편지는 각각 35일, 41일이 걸렸다. 타시스 회사(나중 이름은 투른 운트 탁시스*)는 로마에서 마드리드로 가는 편지를 24일, 겨울에는 26일 만에 보낼 수 있다고 공언했다.[2] 이 회사는 티롤을 거치는 이탈리아-브뤼셀 노선에서 가장 빠른 회사 가운데 하나였다. 764킬로를 5일 반 만에 주파한 것이다.[3] 이것은 스페인 펠리페 2세(재위 1556-1598년) 시대에 마드리드에서 마닐라까지 가는 데에 걸리는 시간에 비하면 정말 빠른 것이었다. 마드리드를 출발한 갤리언 선에 실린 외교 서신이 카리브 제도, 아카풀코를 거쳐 태평양을 건너 마닐라에 도착하기까지는

---

* 롬바르디아 출신의 독일 가문으로 유럽의 우편사업을 선도했다/역주

평균 1년이 걸렸고, 그 답신 역시 거의 같은 시간이 걸려 에스코리알(스페인 마드리드 교외에 유치한 왕궁/역주)에 도착했다.

정보는 금이다. 그래서 우송 비용은 아끼지 않았다

정보는 언제나 귀하고 비싼 상품이었다. 상인 그리고 정치계와 교회는 제일 먼저 정보를 얻기 위해서 막대한 금액을 지불할 용의가 있었다. 1400년경 바르셀로나-제노바 사이의 스카르셀라 왕복 요금은 18플로린이었다. 이 금액으로 120-150통의 편지가 우송되었다. 피렌체-아비뇽(1350년경)은 약 10플로린이었다. 프란체스코 다티니 회사의 아비뇽 지사는 연 평균 30플로린 정도를 우편비로 썼다. 그 지사 하나가 말이다.

날이 갈수록 편지 발송은 급증했고 더불어 우편비용도, 단가는 줄어들었지만, 눈덩이처럼 불어났다. 15세기 전반기에 피렌체 상인-은행가들의 회사 한 곳이 연 50플로린 이상을 우편비로 사용했다고 추정된다. 그것은 이 은행들의 주요 외국 지점장의 연봉 수준이었다. 외국 지점장직은 은행의 전략에서 핵심이 되기 때문에 보수가 아주 좋았다. 더구나 우편물은 속도에 따라서 가격이 달랐다. 속달은 아주 비쌌다. 예컨대 베네치아에서 로마까지는 약 400킬로미터인데, 우편물이 40시간 걸리면 40-44두카트, 44시간은 30-40두카트, 48시간은 30-34두카트, 60시간은 20-24두카트, 90시간은 10-12두카트였다. 베네치아에서 뉘른베르크까지의 우송료는 4일 걸리면 78-80라인 플로린*이었지만, 6일 걸리면 25-33라인 플로린에 불과했다.[4]

속달이 필요한 발송인은 천문학적 금액을 지출하게 되었다. 1501년 베네치아는 희망봉을 경유하는 향신료 길을 선점한 포르투갈의 도전에

---

* Rhein florin : 14세기 중반 라인 강 일대의 쾰른을 비롯한 몇몇 도시들의 성직자 영주들이 주조한 금화이다/역주

직면했다. 레바논으로 향해야 하는 베네치아 상인들은 구입할 상품이 없을까 걱정이 된 나머지, 작은 배 한 척을 먼저 보내기로 했다. 그 선장은 아랍 상인들에게 최고 품질의 상품과 귀금속을 실은 4척의 베네치아 갤리 선이 도착할 예정이니 교환할 상품을 준비하라고 알리는 임무를 부여받았다. 선장이 18일 만에 도착하면 850두카트를 주기로 했다. 이 금액은 시간이 더 걸릴수록 줄어들고 24일 이후에는 하루에 25두카트씩을 벌금으로 제하기로 했다.

전략적으로 중요한 우편물은 '초고속으로' 보낼 수 있었다. 돈 후안 데 아우스트리아(1547-1578년, 카를 5세의 사생아로 펠리페 2세의 이복동생/역주)가 시칠리아 메시나에서 스페인 팔라모스(카탈루냐 해안)로 보낸 편지는 하루 200킬로미터라는 엄청난 속도로 6일 만에 도착했다. 그 갤리 선은 단 한 번도 기항하지 않았다. 갤리 선은 노 젓는 사람들과 선원용 물과 식량을 싣기 위해서 이틀마다 기항하는 것이 일반적인데 말이다. 돈 후안은 상대방에게 펠리페 2세가 자신에게 함대와 함께 메시나에 가만히 있으라고 명령했다는 점을 알리려고 했던 것이다.[5]

교신의 전략적 내용

상인은 자신이 얻은 소식에 따라서 결정을 내리고 매매를 한다. 따라서 모든 교신은 다른 무엇보다 결정적인 정보를 전해주어야 한다. 다른 지역의 상품 가격, 선박의 출발 시점, 목적지와 선적한 상품, 정치군사적 사건의 영향을 크게 받는 외환 시세, 전쟁, 국가와 도시 고위 책임자들의 교체, 왕실 결혼이 최우선 정보였다. 전쟁이 일어나면 핵심 제품의 수요가 급증하고 해상과 육상 통행로가 막히곤 했다. 궁정이 왕실 혼사 또는 왕이나 총독의 즉위식을 준비하면 사치품은 대개는 이탈리아 상인들이 공급했다. 그들이 북유럽 상인들에 비해 사치품에 대한 독점권을 더 많이 가지고 있었기 때문이다.

수확과 지역 소비자들의 수요에 직접적인 영향을 미치는 기후변화, 전염병, 사회적 동요에 관한 소식도 매우 중요했다. 뛰어난 상인들은 진짜와 가짜 소식, 진짜와 가짜 소문을 구분하고 새로운 상황을 신속하게 해석하며 시장에서 대처할 줄 알았다.[6] 예를 들면, 피렌체 상인 지롤라모 세르니지[7]는 바스코 다 가마(1469-1524년)가 캘리컷에서 인도 제품을 싣고 돌아왔을 때 리스본에 있었다. 그는 일기에 "내가 보기에는 세상의 모든 보물이 발견되어 더 이상 찾아낼 것이 없을 것 같다"라고 썼다. 세계 무역의 새로운 현실에 대한 간략하지만 빼어난 분석이었다.

2,000년이 넘는 기간 동안 로마와 런던 사이의 교신은 비슷한 시간이 걸렸다(약 4주일). 그러므로 속달 값을 내야 했는데, 그것은 비용이 많이 드는 특권이었다. 정보는 금이나 마찬가지였다. 오늘날에는 인터넷 덕분에 모두가 똑같은 속도, 빛의 속도를 이용한다.

26

크리스토퍼 콜럼버스의 발견 소식이
유럽에서 들불처럼 번졌다

"서쪽으로 가서 동쪽을 찾는다." 콜럼버스(1451-1506년)는 이 구호에 따라서 모든 일을 준비했다. 그는 고집불통인 덕에 수많은 우여곡절과 지연에도 불구하고 성공했다. 그가 이 기발한 아이디어를 얻은 것은 1481년이었다. 어쨌든 그는 죽을 때까지도 자신의 발견에 대한 생각을 바꾸지 않았다. 자신이 어떤 기독교도도 본 적이 없는 그 전설의 나라인 지팡구[1]* 근처의 섬들에 도착했다고 믿었다. 마르코 폴로가 『동방견문록』에서 자세히 이야기한 그 나라 말이다. 콜럼버스는 첫 번째 여행에서 돌아오다가 1493년 2월 14일 선원 전체의 생명을 위협하는 폭풍우를 만나게 되었다.

이 위대한 뱃사람은 스페인 왕, 이사벨 1세와 페르난도 2세에게 자신의 위대한 발견을 알리는 편지를 썼다. "저는 편지를 말아넣은 방수포를 생랍 덩어리 안에 집어넣었고 다시 이것을 단단히 테를 끼운 통 안에 넣은 다음 물속으로 던졌습니다."[2] 그는 이 소식이 스페인 궁정에 전달되어 세상에 널리 알려지기를 원했다. 그는 이 편지를 발견해서 궁정에 전달하는 사람에게는 거금 1만 두카트를 주겠다고 그 편지에 썼다. 그는 핀타 호가 육지에 도착해서 스페인 남부의 팔로스 항구(팔로스 데

---

* 지팡구(Çipingu) : 마르코 폴로가 동중국해를 여행하면서 일본 섬에 붙인 이름으로 여기에서 Japan이 유래했다고 보는 것이 일반적이다/역주

라 프론테라. 1492년 8월 3일 콜럼버스가 핀타, 니냐, 산타마리아 호를 이끌고 출발한 항구/역주)에 입항한 1493년 3월 4일 즉시 대대적인 홍보와 마케팅을 시작했다. 그는 팔로스에서 두 번째 편지를 육상 우편으로 보냈다. 첫 번째 편지를 그대로 베낀 이 편지는, 자신의 항해를 위한 자금을 모금한 루이스 데 산탄헬*에게 보냈다.

들불처럼 번진 발견 소식

콜럼버스는 스페인 왕들(이사벨 1세와 페르난도 2세/역주)에게 편지를 보낸 다음에는 당시 바르셀로나에 있던 궁정의 실력자들 그리고 아라곤 왕국의 재무총감 가브리엘 산체스(1505년 사망/역주)에게 편지를 썼다. 메디나첼리 공작(1442-1501년)은 지브롤터 해협 서쪽에 아주 관심이 많은 사람이었다. 당시 카스티야 라비에하(카스티야 왕국의 북부에 해당하는 스페인의 역사적 지명/역주)의 소리아 성에 거주하던 그는 3월 19일 친구들에게 편지로 콜럼버스의 팔로스 도착을 알려주었다. 외국에서 벌어진 사건의 중요성을 간파하고 그 중요성을 평가해야 하는 외교관들은 자기 나라의 궁정에 소식을 전했다. 공문서가 초고속으로 발송되었는데, 그 비용은 엄청났다. 전문 배달부들이 시간을 절약하기 위해서 교대하여 밤낮으로 달려야 했기 때문이다.

마침내 4월 1일 콜럼버스의 편지는 바르셀로나에서 출판되었다. 정성 들여 만든 인쇄물은 아니었지만, 많은 사람들의 관심을 끌 내용이라서 부리나케 팔려나갔다. 이 출판은 스페인 궁정의 동의를 얻은 것이 분명하다. 궁정은 이 서류를 왕권을 선전하는 도구로 사용했다. 상인들도 신속하게 움직였다. 경제적 균형이 바뀔 수 있기 때문이었다. 그러나 아직

---

* 이사벨 1세와 페르난도 2세의 최측근 대신으로 콜럼버스를 적극 후원했다. 1498년 사망했다/역주

은 이 발견의 중요성을 제대로 파악하지는 못했다. 새로운 대륙을 발견했다고 생각하는 사람은 없었다. '단지' 바다를 통해서 아시아로 가는 빠른 길을 발견했다고 믿었다. 바르셀로나에서 영업을 하는 이탈리아 상인 아니발레 제나로는 4월 9일 밀라노의 동생에게 편지를 보냈다. 콜럼버스가 바르셀로나에 도착하기 전이었다. 제나로는 제독의 여행을 열광적으로 또 과장해서 묘사했다.[2]

베네치아는 신속하게 소식을 접했지만, 사건의 중요성을 파악하지는 못했다

베네치아는 대사들의 강력한 네트워크 덕에 정보에 정통했다. 베네치아 대사들은 대개 상무관 역할을 했다. 또 유럽 전역에 심어놓은 통신원, 첩자, 정보원 조직도 크게 기여했다. 이상하게도 두 명의 베네치아 관찰자는 일기에서 콜럼버스의 소식에 거의 관심을 보이지 않았다. 지롤라모 프리울리는 『일기』에서 아무 이야기도 하지 않았다. 그 대신 이 주의 깊은 상인-연대기 작가가 이집트 알렉산드리아의 시장에서 나돈 소문을 기록한 것은 6년 후였다. 아마도 콜럼버스가 지휘하는 세 척의 캐러벨선이 인도 캘리컷에 도착했다는 내용이었을 것이다. 이 소문에 대한 논평은 대단히 합리적이었다. 프리울리는 만약 그 소문이 사실이라면, 베네치아는 엄마 젖을 빼앗긴 갓난애 꼴이 될 것이라고 썼다.[3] 마리노 사누토(1466-1536년) 역시 매우 주의깊은 베네치아 연대기 작가였다. 그도 콜럼버스의 소식을 기록했지만, 별다른 관심을 보이지는 않았다. 베네치아의 정치 책임자들이 이 발견의 중요성을 아주 오랫동안 이해하지 못한 것은 정말 이상한 일이었다. 콩키스타도르* 에르난 코르테스(1485-

---

* Conquistador : 정복자라는 의미의 스페인어로 16세기 중남미를 정복한 스페인인을 지칭한다/역주

1547년)가 멕시코에 상륙하여 아스텍 제국을 정복한(1521년) 지 5년 후, 스페인 궁정에 주재하던 베네치아 대사 가스파로 콘타리니(1483-1542년)가 공화국 정부에 다시 한번 대발견들을 보고했다. 베네치아가 아메리카를 향한 이런 여행들에 관한 책들을 가장 많이 출판하던 도시였는데도 말이다.[4]

이탈리아에 도착한 정보는 언제나처럼 특급 우편에 의해서 아주 빨리 수많은 궁정과 상인들에게 전파되었다. 피렌체의 한 견직물 직공은 자기 도시에 그 소식이 전달되었다고 기록했다. 메디치 궁정은 3월 25일에서 31일 사이에 "새로운 나라를 찾으러 떠난 젊은이들이 미지의 섬들을 발견했다"는 정보를 받았다는 것이다. 직공은 스페인이 포르투갈이 간 적이 없는 땅을 찾다가 발견한 땅에는 금이 풍부하다는 평을 남겼다. 스페인 왕은 1년 전(1492년 1월)에 그라나다를 탈환(레콩키스타)했을 때[5]처럼 대대적인 축제를 거행하라고 명령했다. 피렌체 궁정과 몇몇 상인들은 정확한 정보를 얻은 것이 확실하다. 피렌체 상인들이 콜럼버스의 탐험을 위한 자금 조성에 참여했기 때문이다. 실제로 피에르 프란체스코 데 메디치(1463-1503년, 로렌초 데 메디치의 육촌)의 대리인인 상인 지아네토 베라르디가 자금 조성에 기여했다. 베라르디와 함께 세비야에서 일하던 아메리고 베스푸치(1454-1512년)가 아주 신속하게 메디치 가에 소식을 알려주었을 것이다. 장차 스페인 제국의 수석 항해사(Piloto Mayor)가 되는 베스푸치는 당시 은행원이었다.[6]

교황은 한 달 늦게 정보를 얻었다

교황은 그 정보를 1493년 4월 18일 로마에서 받았다. 콜럼버스 편지의 사본을 입수한 것이다.[7] 4월 27일 밀라노의 루도비코 스포르차는 베네치아 주재 통신원을 통해서 정보를 얻었다. 아니발레 제나로의 동생이 그에게 그 소식을 전하지 않은 것은 이상한 일이었다. 이 소식은 베네치아 주재 오스만 대사를 통해서 이스탄불에 전해졌다. 바일로(Bailo : 이스탄불에 주재하는 베네치아 대사를 가리키는 명칭/역주) 옆에서 일하던 오스만 첩자들도 그 정보를 입수했다.

그러나 이 소식에 대한 반응은 지금과는 전혀 달랐다. 실제로 콜럼버스가 발견한 땅은 '확실히' 극동에 있다고 믿었다. 유럽과 중국 사이에 대륙이 존재하고 엄청나게 광대한 태평양이 있다고는 가정조차 하지 못했다. 보통 사람들은 콜럼버스의 아메리카 도착 1-2년 후에 세계의 모습이 변했다는 소식을 알게 되었다. 그러고도 한참 후에야 아메리카에서 나온 물건들을 실제로 만져보게 된다. 유럽에 옥수수는 1525년, 칠면조는 1534년, 감자는 1537년, 토마토는 1540년, 매독 치료제 유창목(癒瘡木)은 1540년, 키니네는 1631년에 들어온다. 아메리카 대륙에서 건너온 질병들도 함께 말이다.

국왕에서 시골 농부까지 누구나 이 엄청난 소식을 듣고 깜짝 놀라지 않을 수 없었다. 물론 높은 사람들이 훨씬 더 먼저 소식을 들었다. 어떤 사람들은 그 소식의 정치적 결과를 파악하려고 했고 또다른 사람들은 한 번도 본 적이 없는 물건들에 주목했다. 그러나 신대륙을 발견했다는 사실을 깨달은 것이 가장 큰 충격이었다.

27

콩키스타도르들은 이질과 열대 열병에
시달린 나머지 모험을 포기하려고 했다

새로운 땅을 찾기 위해서 또는 먼저 이런 땅을 개척한 다른 선원들을 따라서 대양을 건너는 모험에 나선 선원들은 항해의 전통적인 위험을 무릅쓴 다음에 육지에 내렸으나, 곧 대개는 위장병과 열병에 걸렸다. 오늘날의 여행자들이 열대 지역을 방문했다가 여행자 설사에 걸리는 것처럼 말이다. 16세기 초에는 원정대 전체가 식량, 벌레, 지역 풍토병 때문에 비극적인 종말을 맞는 경우가 적지 않았다. 대양을 건너는 배들(캐럭 선과 갤리언 선)은 대부분 상선이나 군함이었고, 해양과 기후 조건을 전혀 알지 못한 채 모험에 뛰어들었다.[1] 대양 항해를 위해서 건조된 배는 단 한 척도 없었다.

16세기 중반 이후에야 장거리 항해용 선박을 다양한 기술들로 만들기 시작했다. 모든 배는 선원을 위한 물과 식량을 실을 넓은 공간을 갖추어야 했다. 항해 기간을 예측할 수가 없었기 때문이다.[2] 예컨대 마젤란 (1480-1521년)은 치명적인 실수를 했다. 그가 태평양의 크기를 과소평가하고 식량을 충분히 준비하지 않은 탓에 선원들은 갈증과 기아에 시달렸다. 이 기나긴 항해의 일지를 쓴 안토니오 피가페타(1491-1534년, 1519년 8월 마젤란의 세계일주에 참여하여 여행일지를 기록했다/역주)는 배들이 신선한 식량 없이 3개월 20일 동안 항해했다고 썼다. 팬케이크는 쥐들의 오줌에 절었고 물은 오염되었으며 배에서 구할 수 있는 유

일한 '싱싱한 고기'인 쥐들은 0.5두카트에 거래되었다.[3]

반면에 콜럼버스의 선단은 양식과 신선한 물을 충분히 준비했다. 모든 배에 고기와 절인 생선, 염장 식료품, 치즈, 양파, 마늘, 완두콩, 이집트 콩, 강낭콩을 실었다. 말린 과일은 아주 비싸서 장교용이었다. 소금에 절인 밀가루(쥐를 쫓기 위한 것이었다) 부대와 팬케이크도 많이 실었다. 팬케이크는 아주 딱딱해서 곰팡이는 잘 슬지 않았으나, 바구미 애벌레, 밀가루 벌레, 좀의 공격을 자주 받아 물러지고 역했지만, '먹기는 더 쉬웠다.'[4] 물 탱크는 신선한 물을 저장했고 나중에는 빗물을 받았다. 포르투갈인들은 나무 물 탱크를 만들어 그 안에 빗물을 받아서 보관하기 시작했다. 그들은 인도양을 항해하는 아랍 배들에 그런 종류의 물 탱크가 있는 것을 보았던 것이다. 항해 중에 물이 부족해지면 비가 올 때마다 선원들이 갑판 위에 들통과 수건을 늘어놓고 빗물을 받았다. 나중에 수건을 짜서 나오는 물은 걸러서 사용했다. 술도 비축했지만, 아주 조금씩만 배급했다.

선원과 여행자들은 형편없는 위생 조건과 매우 습한 기후 속에서 생활하며 그물 침대에서 잠을 자고 옷은 거의 갈아입지 않았기 때문에 괴혈병[5]에 잘 걸렸다. 배 널빤지는 틈을 제대로 메우지 않아서 항해 몇 주일 후에는 배 밑바닥이 벌레,[6] 모기, 동물과 쥐 시체로 가득해져 지독하게 역겨운 냄새가 나는 웅덩이가 되기 일쑤였다. 선원과 승객(특히 장교와 상인)의 식량용 동물(소, 돼지, 양, 닭)은 개, 고양이, 말들과 함께 있었다. 개는 상륙했을 때 선원들을 지키고, 고양이는 쥐를 쫓는 역할을 담당했다. 말은 짐 운반을, 그리고 있을지도 모를 전투를 위한 것이었다.

대양 항해 초기에는 엄격한 의미에서 요리사는 없었다. 소년 선원과 견습 선원이 식사를 준비했다. 화재 위험을 피하기 위해서 대개는 갑판에서 요리를 했다. 비가 오거나 바다가 요동칠 때는 식사는 덥히지 않은 음식으로 그쳤다. 끔찍한 위생 조건과 선원들의 잡거(雜居)로 말미암아 기생충(이, 빈대, 장내 기생충)이 득실거렸다. 그 결과 육지에 내린 선원들의 피부는 상처투성이였고, 위는 헬리코박터균[7] 때문에 종양에 시달렸다.

상륙 시의 위장병과 건강 악화

선원들은 하선하자마자, 주민들이 적대적이 아닌 경우에는, 음료와 음식을 닥치는 대로 마시고 먹었다. 파란만장한 항해를 무사히 마치고 상륙했다는 기쁨 때문에 그들은 방심하게 된다. 그러나 아주 나빠져서 대개는 병이 든 그들의 위장은 마구 들어오는 음료와 음식을 감당하지 못하고 즉각 반응하게 마련이다. 선원들은 배앓이, 이질, 건강 악화에 열병까지 겹쳐서 휴식을 취하고 치료를 받아야 한다. 그러나 불행하게도 모든 선원들이 동원되어 일을 해야 한다. 그들은 필수품을 모두 내리고 배에는 비상사태에 필요한 인원과 물건만 남겨둔다. 토착 주민들이 공격을 하는 경우에 적절하게 대처하고 도망가야 하기 때문이다. 이런 일들 때문에 몸은 더욱 힘든 데다가 대개 날씨는 덥고 습하며 벌레와 위험한 동물들(뱀과 전갈 등) 천지이고 식물까지 피부에 상처를 주었다. 동행한 의사는 이발사이거나, 책에서 읽은 지식밖에 없는 의사 아니면 돌팔이(몰리에르 연극에 나오는 의사들 같았다)였다. 물론 성실한 진짜 의사가 없지는 않았겠지만, 유럽 의학에서는 듣도 보도 못한 병들 앞에서는 속수무책이었다.

대양을 항해하는 배에 유능한 의사가 승선하기 시작한 것은, 최초의 대항해들 이후 반세기가 지나서였다.[8] 선박에 의료진 승선을 의무화한 첫 번째 기관은 영국과 네덜란드 동인도회사들이었다.[9] 해군이 승선 군의관을 양성하는 학교를 만든 것은 18세기에 들어와서였다. 승선 군의관 수는 화포 수에 따라서 결정되었다. 의무 용품(약과 수술도구 목록) 역시 배의 크기에 따라서 정해졌다.[10]

탐험을 포기?

  종종 선원들의 의료적 (그리고 심리적) 조건이 너무 열악한 나머지 선장은 탐험을 포기하고 선원을 쉬게 한 다음 귀환을 준비해야 되는 것이 아닌지 자문하곤 했다. 그러나 새로운 땅을 탐험해서 부(금, 은, 향신료)를 얻겠다는 열정, 탐욕, 욕망 때문에 그들은 현장에 남아서 생존본능에 의지하여 임무를 완수할 힘을 짜내곤 했다. 그 임무는 현실, 꿈, 희망이 치명적인 이질이나 열병과 뒤섞인 칵테일이었다. 탐험을 계속하기는 너무나 힘들었지만, 오직 황금에 대한 열병이 전진할 용기를 주었다. 그러나 그 심리적이고 정신적인 대가는 아주 컸고 광기에 의해서 배가되기도 했다. 베르너 헤르초그 감독의 영화 「아귀레, 신의 분노」(1972년 작/역주)가 잘 보여주듯이 말이다. 이 영화는 16세기에 프란시스코 피사로(1475-1541년, 스페인의 콩키스타도르. 잉카 제국을 정복했다/역주)가 파견한 스페인 탐험대의 이야기이다. 그들은 페드로 데 우루사의 지휘 아래 엘도라도를 찾으러 다녔다. 우루사의 부관인 로페 데 아귀레는 종교적 환각에 빠지고 과대망상증에 걸려 대장의 권위에 반발하고 반란을 일으켜서 자신이 직접 탐험대를 지휘하게 되었다. 그러나 탐험대는 병, 끔찍한 여행 조건 그리고 인디오들에 의해서 하나씩 죽어갔다.[11]

  원주민과의 접촉은 예상하지 못했던 문제들을 발생시켰다. 새로운 질병이 여행의 속도를 따라서 이 주민에서 저 주민으로, 이 대륙에서 저 대륙으로 전파되었다. 아메리카-안데스 주민들은 약 1만1,000년 동안(약 3만 년 전 베링 해협을 최초로 건넌 이래) 다른 세계로부터 단절되어 있었기 때문에 전염병 전파에 적합하지 않은 환경(인구가 희박한 광활한 공간[12])에서 고립된 채 살아갈 수 있었다. 그러나 콩키스타도르의 침략에 의해서 근본적인 변화가 일어난 것이다.[13]

폭력적이며 대개는 무지하고 거만한 콩키스타도르들만이 아니라 독실하고 지적이며 교양 있는 사람들도 함께 중남미로 향했지만, 그들은 모두 똑같은 어려움을 당하게 되었다. 위험천만한 항해가 끝나면 독화살과 이질과 열병이 기다리고 있었다. 엘도라도를 발견하겠다는 의지 또는 불굴의 신앙에 의지해서만 전진할 수 있었던 것이다. 그런 의지와 신앙이 같이한 경우도 있었다.

28

베네치아는 인도양의 포르투갈인들에게 대항하기 위해서 맘루크 술탄국에 수에즈 운하 건설을 제안했다

아프리카 대륙 주항(周航) 때문에, 인도양에서 오스만 제국을 통과하여 이루어지는 베네치아의 아시아산 제품과 향신료 무역이 치명상을 입었다.[1] 오스만 제국은 인도양 지역과 지중해 사이의 중개자 역할을, 베네치아는 지중해와 유럽 전역 사이의 중개자 역할을 각각 담당했었다.

1500년부터 사용되기 시작한 새 항로는 급속도로 발전하여 인도양과 리스본-안트베르펜을 직접 연결하게 되었다. 리스본과 안트베르펜이 유럽 전역으로 향신료와 상품을 수출하는 중심이 된 것이다. 베네치아 경제는 끔찍한 타격을 받았다. 1499-1500년 다수의 은행이 파산하고[2] 지역 상인들은 어려움에 처했다. '독일인 창고'*에 자리 잡은 북유럽 도매상들이 구입할 상품이 없어졌다. 예컨대 1504년 2월 향신료를 구하러 알렉산드리아로 간 베네치아의 갤리 선들은 물건을 구하지 못하고 돌아왔다.[3] 선주와 상인들이 큰 피해를 입었음은 물론이다.

포르투갈의 바스코 다 가마가 캘리컷(명나라의 정화는 이미 1406년 이곳에 도착했다/역주)에 도착했다(1498년)는 소식이 알려진 직후, 뻬어난 경제 분석가이기도 한 상인 지롤라모 프리울리는 『일기』에 이 새 항로는 베네치아에 치명타라고 적었다.[4] 역사가 마리노 사누토[5]는 무려 58

---

* 독일인 창고(Fondaco dei Tedeschi) : 13세기부터 독일인 상인들이 급증하자 베네치아 원로원이 리알토 다리에 인접한 건물을 주거와 상품 창고용으로 제공하게 되었다/역주

권에 달하는 『일기』에서 베네치아 상업계의 걱정과 고민이 깊어가는 것을 관찰했다. 수익이 현기증 날 정도로 감소했을 뿐만 아니라 전망도 매우 암담했던 것이다. 예컨대 1501년 11월 포르투갈인들이 인도양에서 맘루크 술탄국* 상선대를 침몰시켰다는 소식이 전해지자 후추 값은 120킬로그램에 95두카트까지 치솟았다.[6] 더구나 재고는 거의 바닥이 났다. 맘루크 술탄국 역시 큰 피해를 입었다. 영토를 통과하는 상품에 대한 세금 수입이 급락했기 때문이다. 그러나 카이로(맘루크 술탄국의 수도/역주) 당국[7]의 대처는 느렸고, 맘루크 술탄국은 상황의 심각성을 파악하지 못했다.[8]

베네치아와 카이로 간의 비정형적이고 변질된 연대

베네치아는 베네데토 사누도를 사절로 보내 카이로에 아주 강력한 메시지를 전하기로 결정했다. 1503년 4월 맘루크 술탄 칸수 알-구리(재위 1501-1516년)는 베네치아 사절을 접견했다. 술탄은 권력을 잡은 지 얼마 안 되었기 때문에 상세한 약속을 할 수 없었다. 상황이 계속 악화되자 베네치아는 1504년 봄에 두 번째 사절단을 꾸렸다. 뛰어난 상인이며 능란한 협상가인 프란체스코 텔디[9]가 사절단을 이끌기로 했다. 텔디는 베네치아 정부의 고위층으로부터 아주 분명한 사항을 위임받았다. 인도양에서 포르투갈인들의 상업적이고 정치적인 침략에 대한 투쟁이 두 강대국의 공동 이익에 부합한다는 점을 강조하기로 했다. 맘루크 술탄국이 상품을 최대한 수입하고 상인들에게 알렉산드리아 시세보다 더 저렴한 가격으로 팔라는 명령을 내릴 것을 제안하는 임무를 맡았다. 이미

---

* 9세기 초의 이슬람 국가들은 병력을 대부분 맘루크(Mamluk : '노예'를 뜻하는 아랍어)로 충당했다. 국가의 실권을 서서히 무력으로 장악하게 된 그들이 세운 맘루크 술탄국(1250-1517년)은 이집트와 시리아를 통치했다. 맘루크 술탄국의 몰락은 홍해 무역에 대한 포르투갈인의 경제적 공격이 큰 요인이었다. 1517년 오스만 제국에 정복된다/역주

상당히 낮은 가격으로 공급되는 포르투갈 상품과 죽기살기 식의 경쟁을 벌이려는 것이었다. 마지막 임무는 지중해와 홍해 사이에 운하를 건설하여 베네치아 선박(상선과 군함)이 직접 홍해로 진입할 수 있도록 하는 계획을 제안하는 것이었다. 이 '거대한' 작업은 당시에도 기술적으로 가능한 것이었다. 그러나 텔디가 병에 걸리는 바람에 베르나르디노 지오바가 그를 대체했다. 지오바는 일반적인 문제들을 거론하는 것으로 그쳤다.

무슬림 연대기에서 '프랑크족(Francs)'이라고 불린 포르투갈인들은 인도 항구들과 아라비아 반도 연안을 봉쇄했다. 이집트의 무역이 몰락하자 맘루크 술탄은 1505년 말경 3개 부대를 동원하는 군사적인 대응을 준비하기로 결정했다. 첫 번째 부대는 포르투갈인들을 직접 공격하고, 두 번째 부대는 얌부(제다 북서쪽의 중요한 항구)의 태수를 굴복시키고, 세 번째 부대는 아랍 부족 바누(이집트 카라크 지방에 살았다)의 반란을 진압하기로 했다. 베네치아는 조선 기술자들과 '아르세날로토'(아르세날레의 기술자와 노동자)가 이집트인들의 선박 건조 작업을 도와주러 가는 것을 암암리에 허용했다.[10]

베네치아 기술자들은 이집트 함대를 6척의 갤리어스 선으로 보강하자고 제안했다. 알렉산드리아의 조선소에서 건조된 이 배들은 해체되어 분리된 부속으로 수에즈 항구(수에즈 만)까지 운반된 다음 다시 조립되었다. 이 모든 작업은 이 분야의 전문가인 베네치아인들의 지원과 자문 덕에 이루어졌다.[11] 베네치아는 포르투갈군 공격을 담당하는 맘루크 함대가 많은 병사들과 강력한 대포를 실은 12척의 배로 구성되었다는 편지들을 받았다. 대포는 상당수가 베네치아에서 제조되었다. 이 함대는 1505년 말과 1506년 초 사이에 출범 준비를 했지만, 서인도양 항해에 유리한 계절풍을 기다려야 했다. 함대는 1507년 9월에 인도 서북부의 디우 항에 도착했다. 인도 군함 34척의 가세로 더욱 막강해진 함대는

1508년 1월 포르투갈군들과 교전에 들어갔다. 9개월 후에 카이로로 일부 전투(차울 해전)의 승전보가 전해지자 맘루크 술탄은 대규모 축제를 지시했다. 베네치아는 훨씬 더 빨리(승전한 지 5개월 후) 이 소식을 들었다. 1508년 3월에 알렉산드리아의 베네치아 영사가 보낸 편지 덕이었다. 가을 무렵 향신료와 인도 상품을 운반하는 30척의 상선이 홍해에 도착하자, 베네치아는 구매를 위해서 알렉산드리아에 갤리 선 3척, 베이루트에 3척을 보냈다. 베네치아의 상인들과 정계는 자신감을 되찾았다.

사이클론이 맘루크 술탄국 함대를 파괴하다

그러나 1509년 2월 3일 크게 강화된 포르투갈 함대(군함 18척에 병사 1,200명)가 무슬림 함대를 공격했다(디우 해전/역주). 무슬림 함대 역시 재편되어 12척의 군함과 80척의 소형 전투함을 보유하고 있었다. 포르투갈이 압승을 거두었다. 포르투갈의 승전보가 같은 해 가을 베네치아에 전해지자 공포와 근심이 다시 고개를 들었다. 포르투갈인들은 이번 승리를 기회로 고아(인도 서부 연안에 위치한 지역/역주)를 완전히 정복하여 인도양 전역을 위한 기지로 삼았다. 연대기 작가 이븐 이야스(1448-1522년) 그리고 베네치아에 도착한 수많은 외교 문서가 지적한 것처럼,[12] 인도양 지역 군주들은 카이로에 도움을 청했다. 카이로는 다른 함대를 준비하기로 결정하고 상인과 외교관들을 오스만 제국으로 보내 목재, 철, 송진, 밧줄, 무기를 구입하게 했다. 이집트는 파라오 시대부터 이런 제품이 부족해서 어려움을 겪었다. 그러나 로도스의 요한 기사단 기사들이 맘루크 술탄국에 일격을 가했다. 1510년 8월 20일 기사단이 이집트로 목재와 무기를 운송하는 선단을 가로채는 데에 성공했다. 아나톨리아 킬리키아의 아야스 항(오늘날의 유무르탈리크 항/역주)에서 선적한 뒤 항해하던 배 22척이 모든 화물과 함께 나포되었다.[13]

맘루크 술탄국은 은밀하게 베네치아에 도움(배와 대포)을 청하기까지 했다. 베네치아는 도메니코 트레비산을 사절로 보내 맘루크 술탄국과 비밀 협상을 하기도 했다(1511년 10월). 함대를 준비하는 작업은 수에즈에서 계속되었지만, 끝없이 지체되었다. 그사이에 포르투갈군은 아폰수 드 알부케르크(1453-1515년, 포르투갈 군인으로 제국 건설에 크게 기여했다/역주)의 군사작전에 의해서 홍해 안으로 진입하여 카마란 섬을 점령했다(1513년).[14] 더구나 오스만 제국이 맘루크 술탄국에 대한 지원을 중단하기로 결정했다. 맘루크 술탄국이 사파비 제국(이란의 왕조 [1501-1736년]로 대표적인 시아파 이슬람 왕조/역주)과 교전 중(1515년)이던 오스만 제국에 곡물 제공[15]을 거부했기 때문이다. 마침내 1516년 8월 맘루크 술탄국 함대가 출범했다. 수많은 대포들(청동제와 철제)을 탑재한 배 20여 척에 병사 6,000명이었다. 그러나 두 달도 지나지 않아서 무서운 사이클론이 인도양에서 이 함대의 대부분을 파괴해버렸다. 같은 시기에 오스만 제국이 맘루크에 대한 전쟁을 시작한다.

수에즈 운하의 가능성을 연구할 것을 요구한 최초의 인물은 파라오 세누스레트 1세였다(지금부터 약 4,000년 전). 그리스 역사가 헤로도토스(484-420년경 기원전)가 이야기한 운하를 건설한 사람은 파라오 네코 2세였다(기원전 600년 무렵). 페르시아 제국의 다리우스 1세는 운하 작업을 재개하기도 했다. 로마가 이집트를 정복하고 나서 한참 후에 로마 황제 하드리아누스(재위 117-138년)가 운하를 다시 사용하도록 했다. 그러나 바그다드 아바스 왕조의 칼리프 알-무타와킬(재위 847-861년)이 운하를 완전히 폐쇄하고(852년) 향신료 무역이 다시 바그다드를 통하도록 만들었다.

29

프랑크푸르트가
도서와 지도 전시회를 개최하다

신성 로마 제국 황제들이 선출되던 본거지이자 중요한 정기시장, 세계 최초의 도서 시장인 프랑크푸르트는 독일 최고의 경제 도시가 되어 많은 금융 거래가 이루어진다. 특히 채무가 결제되는 장소로 유명하다. 프랑크푸르트(Frankfurt)라는 이름은 옥스퍼드(Oxford)와 마찬가지로 프랑크어에서 나온 것이다. 독일어 Furt는 '냇물이 얕은 곳'이라는 의미의 프랑크어에서 유래했고(Franken은 프랑크족을 지칭), Oxford는 소들이 지나다니는 '냇물이 얕은 곳'(영어로는 ford)이라는 뜻이다.[1] 상인이 은행가가 되어 오펜하이머, 메츨러, 베트만, 모리츠, 로스차일드가 17-18세기에 대형 금융기업들의 초석을 놓았다. 그러나 프랑크푸르트 지역의 금융은 19세기 말경에야 독일의 산업발전에 일부분 기여했을 뿐이다.

'붉은 수염'과 정기시장의 특혜

83년 로마 군대가 현재의 프랑크푸르트 시 지역[2]에 대규모 야영지를 세웠다가 259년 철수했다. 게르만족과의 경계가 라인 강 쪽으로 옮겨갔기 때문이다.[3] 그로부터 5세기 후에 이 도시는 다시 유럽 무대에 등장했다. 최초로 Franconofurst(프랑크족의 도시)라는 단어가 794년 공의회(公議會)의 개최지로 언급된 것이다. 이 공의회는 서양에서 열린 가장 유명한 공의회의 하나이다. 여기서 카롤루스(샤를마뉴) 대제는 전에 동로마 제국 황제들이 공의회에서 보유했던 것과 똑같은 권한을 황제 자격으로 행사했다. 이번 공의회에서는 성화상 숭배를 복원시킨[4] 제2차 니케아 공의회(325년)의 몇몇 결의들을 취소시켰다. 카롤루스 대제 사후에 그 아들 경건왕 루트비히(재위 814-840년)가 프랑크푸르트를 프랑크 제국 동부의 수도로 선택하고 방어용 성벽을 건설했다. 855년부터 이 도시는 신성 로마 제국 황제를 선출하는 장소가 되었다. 선출된 황제는 아헨(엑스-라-샤펠/역주)에서 대관식을 거행했다. 1150년의 문서들이 처음으로 프랑크푸르트 정기시장(가을 정기시장)을 언급했고, 2년 후 '바르바로사'(Barbarossa : 붉은 수염) 프리드리히 1세(재위 1152-1190년)가 이 도시에서 황제로 선출된다.

프랑크푸르트는 지리적 위치 덕에 중세 유럽의 주요 정기시장이 될 수 있었다. 강이 무거운 상품의 운송을 가능하게 했고, 도시로 통하는 10여 개 도로가 교역과 교통에 도움이 되었다. 특히 리옹-함부르크-라이프치히-니즈니 노브고로트 축과 아우크스부르크-브레네로-베네치아 축에서의 역할이 중요했다.[5] 1220년 프랑크푸르트는 황제의 도시라고 선포되었다. 이는 이곳을 드나드는 모든 상인에게 사람과 상품을 보호해주는 통행증을 제공한다는 의미였다. 그뿐만 아니라 그들은 통행세를 전액 내지 않고도 몇몇 도로를 이용하고 꼭 필요한 다리와 통로를 건널 수 있었다. 이런 조치는 도시와 두 차례의 정기시장(부활절과 가을)의 예외적인 도약에 기여했다. 게다가 프랑크푸르트는 샹파뉴 정기시장들의 점진적인 퇴조로 톡톡히 덕을 보았다. 프랑크푸르트는 베네치아와 다른 이탈리아 도시들을 거쳐서 들어오는 인도양의 이국적인 상품들, 비단길을 통해서 들어오는 몇몇 아시아 산물들 그리고 그 지역 소시지들이 넘쳐났다. 소시지는 돼지의 가장 질이 낮은 부분으로 만들었다.[6] 시장에서는 소금, 풍요한 바이에른에서 나는 많은 식료품, 주로 폴란드와 벨라루스에서 오는 소들, 라인 강 계곡의 포도주, 티롤과 에르츠 산맥의 광물, 한자 동맹 상인들이 제공하는 가죽, 꿀, 호박을 구할 수 있었다. 주로 소금을 구하러 오는 북유럽 도시들의 상인들은 훈제 생선과 직물을 제공했다. 이탈리아인들은 아주 다양한 향신료와 동양의 제품(비단, 고급 직물, 진주, 귀금속, 산호, 은, 금 그리고 특히 이집트와 인도의 면화)를 팔았다.

프랑크푸르트는 도서 시장을 발전시킨다

프랑크푸르트 정기시장에서의 도서 거래에 대한 최초의 기록은 11세기의 것이다. 몇몇 상인은 수도승들이 제작한 수사본과 채색삽화 도서를 팔려고 내놓았다. 15세기 중반 활판인쇄술 발명과 함께 1478년 프랑크푸르트 도서전은 유럽 최대의 도서 시장이 되었다. 책들은 파리, 리옹, 제네바, 베네치아, 로마 그리고 인쇄 중심지가 된 다른 도시들에서 왔다. 책값은 차츰 싸졌다. 신자들에게 글을 배우고 책을 읽으라고 권유하는 개신교 전파와 함께 독자들(특히 속인들)이 늘어난 덕이었다. 훨씬 더 많은 부수를 인쇄함으로써 단가가 낮아졌다. 책은 여전히 사치품이었지만, 조금씩 민주화되고 있었다. 르네상스에 의해서 촉발된 과학 지식의 보급, 골동품실의 유행, 대학들의 학문 활동이 수요를 창출하고 특히 종교재판소를 자극하지 않는 기술 관련 도서들의 대대적인 출판이 이루어졌다.

정기시장에서는 유럽 각지의 인쇄술이 발전함에 따라서 독일어, 라틴어, 이탈리아어, 프랑스어, 네덜란드어, 히브리어, 스페인어, 그밖의 언어들로 된 책들을 구할 수 있었다. 교수, 성직자, 고문서 학자를 비롯한 전 유럽 지식인이 주요 고객이었다. 프랑크푸르트는 비교적 자유주의적인 분위기 속에서 거의 모든 책들을 자유롭게 팔 수 있었다. 그러나 16-18세기 사이에 검열 장치가 작동하기 시작했다. 황제 막시밀리안 2

세(재위 1564-1576년)는 약간의 검열에 의해서 이단 도서의 보급을 막을 수 있다고 생각했고, 판매용 도서를 검사하는 위원회가 만들어졌다. 이 결정으로 정기시장은 타격을 받았다. 인쇄업자, 상인, 저자가 말썽을 피하려고 했기 때문에 일부 책자들은 프랑크푸르트로 보내지 않았다.

프랑크푸르트는 지도 시장 진흥으로 대응한다

유럽의 지도 시장은 대발견 전후에 크게 활성화되었다. 처음에 지도는 전략적 내용을 담고 있었기 때문에 국가 기밀로 간주되었다. 예컨대 포르투갈과 스페인 국가가 보유한 지도와 해도는 아메리고 베스푸치 같은 지도 제도사가 담당하는 것이 관례인 수석 항해사가 관리하다가 선장이 출발할 때 넘겨주는 식이었다. 포르투갈인들은 모든 지도에 관인을 찍어 비밀이라는 것을 알렸다.[7] 당연히 지도는 첩자들이 노리는 대상이었다. 지도에 의해서 유명해진 첩자는 알베르토 칸티노(15-16세기의 이탈리아 첩자/역주)였다. 페라라 공작(에르콜레 1세 데스테, 1431-1505년)에게 고용된 그는 1502년 12두카트(다른 자료들에 따르면 100두카트)를 주고, 포르투갈 탐험가들이 라틴 아메리카에서 발견한 지역들[8]을 표기한 지도 사본을 이탈리아로 반출하는 데에 성공했다고 한다.

지도는 이런 초기 단계 이후에 점차 사치품이 되어 보급되기 시작했다. 프랑크푸르트는 유럽의 지도 거래가 이루어지는 곳으로 특화되었다. 상인들은 안트베르펜, 암스테르담, 생디에(프랑스 동북부의 생디에 데보주/역주), 뒤스부르크, 베네치아, 제노바, 피렌체, 세비야에 자리잡은 주요 지도 제작자들의 최근작을 구하려고 전력을 다했다.[9] 지리상의 발견이 워낙 빠른 속도로 진행되어 같은 해에 동일한 지도를 두 번 찍어내기도 했다. 두 번째 판은 첫 번째 판에 실리지 않은 땅과 장소가 표기되었다.

물론 30년 전쟁(1618-1648년)으로 야기된 일상생활과 운송의 어려움 그리고 사상의 자유에 적대적인 풍토가 이런 유형의 정기시장 발전에 중대한 걸림돌이었다. 이런 현상은 특히 1630년부터 더욱 심해졌다.[10] 그럼에도 프랑크푸르트는 유럽 최고의 도서 시장으로 남게 되었다.

그러나 강력한 위그노* 공동체가 존재하던 프로이센이 비약하게 되면서 독일의 경제 중심이 동쪽으로 이동하게 된다. 그 결과 상인들이 몰려드는 라이프치히가 오랫동안 독일 도서 보급 시장으로 군림하게 된다. 라이프치히는 프랑크푸르트와 치열한 경쟁을 벌이고 나중에는 제네바와도 경쟁하게 된다. 독일 분단과 함께 (라이프치히는 동독에 위치/역주) 1949년 프랑크푸르트가 다시 활성화되어 국제적인 도서 시장의 위상을 회복한다. 프랑크푸르트 도서전은 세계 최대 규모이다.[11] 많은 책들이 극동에서 출판되고 인터넷으로 도서 시장의 구조가 바뀔 수도 있지만 말이다.

매년 10월의 닷새 동안 마인 강가의 프랑크푸르트 시에서 개최되는 도서전에는 7,000이 넘는 출품자들이 참가한다. 제2차 세계대전 직후에 이 도시의 서적상 약 200명이 성 바울 교회에 모인 것이 단초가 되었다. 프랑크푸르트는 도서 매매 독점권을 500년 동안 지켜낸 것이다.

---

* 위그노(huguenot) : 프랑스에서 개신교의 반대파가 종교전쟁(1562-1598년) 때 개신교도들에게 붙인 이름이다. 이들은 낭트 칙령 폐기(1685년) 이후 개신교 지역인 프로이센과 네덜란드 등으로 대거 이주했다/역주

30

중국과 인도 : 16세기 세계의 양대 강국

당나라(618-907년)와 명나라(1368-1644년) 사이의 1,000여 년 동안 중국은 경제적, 군사적, 문화적으로 분명히 세계 최강대국이었다. 인구는 무려 1억이 넘었다.[1] 아바스 칼리프국 군대가 당나라 군대를 완파한 751년[2]의 탈라스 전투와 1258년 몽골군의 바그다드 함락 사이의 기간에 아랍 이슬람 세계는 문화적 차원에서는 중국과 경쟁할 수 있었다. 베네치아와 기타 이탈리아 해안 도시국가들, 피렌체, 아우크스부르크, 안트베르펜, 그밖의 몇몇 다른 금융 도시들이 유럽의 대표로서 중국과의 경쟁에 참여한 것은 확실하다. 그러나 이 유럽 도시들은 당시 알려진 3개 대륙의 거대한 세계 지도에서 운이 좋고 예외적인 몇 개의 지리적 소수점에 불과했다.

그러나 1492년과 1498년 사이에 모든 것이 바뀌었다. 서쪽과 동쪽으로의 해상 항로가 열린 덕분이다.[3] 유럽의 대발견 시대가 시작된 것이다. 그런 생각은 신대륙 정복에 선원들을 동원한 몇몇 왕과 상인들의 머릿속에서 맴돌고 있었다. 그러나 지브롤터 해협을 지나 희망봉을 통과한 다음 계절풍에 맞서 인도양을 항해한 선원들의 용기와 희생이 결정적이었다.

콜럼버스의 집요한 꿈은 서쪽을 통해서 동쪽을 찾는 것이었다. 그는 친구 파올로 토스카넬리의 도움을 받았다. 피렌체의 지도 제작자인 토스카넬리(1397-1482년)는 콜럼버스의 여행 10년 전에 죽었지만, 1468

년 어떤 지역에 섬들을 표기한 지도를 만들었다. 그 지역이 바로 현재 아메리카가 있는 곳이다.[4] 콜럼버스는 모험에 뛰어들었고 그의 많은 동료들은 돌아오지 못했다.

바스코 다 가마는 희망봉 남쪽의 험난한 바다를 통과하기로 결심하고 캘리컷 항로의 딱 절반을 항해했다. 마젤란은 한 두 척의 배를 보내 협만을 하나씩 탐사하도록 함으로써 대서양과 태평양 사이의 통로를 발견했다. 여러 번의 시도가 실패하다가 마침내 마젤란은 태평양의 망망대해를 감탄하며 바라볼 수 있게 되었다. 그러나 그는 훗날 그의 이름을 딴 해협을 떠나서 110일이 지났는데도 얼마나 더 가야 육지가 나타날 것인지[5] 알 수가 없었다.

중국의 우위

거대한 땅덩어리와 엄청난 인구는 지구 중앙의 제국에 막대한 이점으로 작용했다. 중국에서는 기원전 5000년에 쟁기 보습(농기구의 술바닥에 끼우는 넓적한 삽 모양의 금속), 기원전 15세기에 청동 보습, 아테네 전성기와 동시대에 철 보습을 사용했다. 손수레, 비단 생산에서 사용된 벨트, 강과 협곡을 건너기 위한 현수교가 한나라 시대에 존재했다. 한나라에서는 주철과 초보적인 강철을 만들었고 나침반을 발명했으며 낚시에 릴을 사용했다. 우리가 알고 있는 숫자의 십진법은 (인도와 아랍권을 통해서) 기원전의 중국에서 사용되었고 화약 제조술도 중국에서 나왔다. 몽골의 전광석화 같은 정복은 활을 쏘는 경기병(輕騎兵)의 신속한 이동, 전투 이전의 효율적인 정보전만이 아니라 최초의 화포 덕에 이루어졌다. 최초의 기계식 시계 역시 중국산으로 1092년 소송(蘇頌, 1020-1101년)이 수운의상대(水運儀象台)를 제작했다. 비단은 로마 주부들의 환상과 욕망을 자극하여 로마 제국의 경제에 타격을 가했다. 코발트 블루(페르시아에서 수입되었다)와 장미색으로 채색된 중국 자기는 유럽 르네상스 시대의 군주들 그리고 이스탄불의 톱카프 궁전(오스만 제국의 술탄을 비롯한 권력자들이 거주한 궁전/역주)에 거주하는 술탄, 파샤, 총리대신, 제독의 식탁을 장식했다(궁전의 가치 높은 자기 소장품들을, 특히 파미유 로즈[분채]를 참조하라). 중국의 대운하는 베이징과 황허 사이의 여행, 식료품과 곡물 운송 그리고 특히 군대의 신속한 이동을 가능하게 했다.

명나라 시대에 무슬림 환관 제독 정화가 사용한 배는 갑판이 다섯 개나 있었고 유럽의 캐러벨 선과는 비교가 되지 않을 정도로 거대했다고 이븐 바투타(1304-1368년)가 썼다. 그는 정화의 배들을 캘리컷에서 보았는데 천여 명이 타고 있었다고 전했다.[6] 중국의 경제지역 통합은 대성공을 거두었고 지도층과 상인들을 위한 생활방식을 창조했다. 그것은 제국 절정기의 로마에서 유행한 세련미를 상기시키는 것이었다.

그런데 왜 중국은 자기 자리를 포기했을까?

16세기부터 중국은 기후변화(소빙하기), 매우 심각한 홍수, 여러 지방을 휩쓴 전염병들로 타격을 받았다. 그러나 다른 이유들도 있었다. 그 가운데 하나가 환관의 역할 증대[7]로 인해서 제국 통치의 균형이 깨진 것이다. 환관들은 자금성의 그림자 권력을 장악하고, 매우 이윤이 큰 몇몇 상업 분야의 관리를 놓고 자기들끼리 또 황후나 비빈들과 항상 충돌했다.[8] '사대부(士大夫)'가 관리하던 행정을 환관이 장악하자 국가경영의 규칙이 달라지고 의사결정이 지체되었다. 고위 관리[9]와 관찰사를 양성하는 방식 그리고 동림서원(東林書院)은 유럽인들이 중국 해안으로 진출할 정도로 급변하는 세상에는 더 이상 맞지 않았다. 많은 기술적 발명과 그 사용이 무용지물이 되고 말았다. 황제가 혁신을 중요한 기술적 진보라기보다는 '장난감과 오락'으로 간주하는 경우가 자주 있었기 때문이다.

더구나 제국은 북쪽의 여진족과의 외교적이고 상업적인 관계에서 이 북방 민족의 힘을 과소평가했다. 1619년 여진족[10]의 뛰어난 전략가인 누르하치가 명나라 군대(10만이 넘는 대군)에 도전하여 승리를 거두고 여러 개의 국경 도시를 점령했다. 여러 차례의 가뭄과 기근이 특히 1620-1645년 사이의 급격한 인플레이션으로 약화된 명나라에 결정타를 가했다.[11] 1644년 베이징이 함락되자 황제는 자금성에서 나와 나무에 목을 매달았다. 그 이후 만주족(이전의 여진족)의 청나라 왕조가 276년(1636-1912년) 계속되었다. 그러나 청나라는 2세기 동안 풍요로웠지만, 점진적으로 쇠퇴하다가 두 차례 아편전쟁에서 치욕을 겪고 별궁인 이화원(頤和園)을 약탈당하게 된다.

무굴 제국의 발전과 몰락

무굴 제국은 전성기인 제6대 황제 아우랑제브(재위 1658-1707년) 시대에 인구 1억6,500만으로 세계 인구의 1/4이었다.[12] 제국의 주요 수출품은 면제품(캘리컷에서 배에 선적되는 캘리코), 인디고, 향신료, 쌀, 설탕, 차, 초석, 보석, 상아였다. 제국은 통과무역의 발판이 된 항구를 많이 보유하고 있었다. 그러나 인도인들(특히 구자라트와 사우 상인들)은 경제의 일부밖에 장악하지 못했다. 많은 기업인들, 특히 상인들은 외국인이었고 여러 개의 동인도회사 때문에 인도는 큰 이윤을 얻지 못했다. 동인도회사들이 서로 격렬하게 경쟁했지만 말이다. 아우랑제브 황제의 50년이라는 기나긴 치세는 제국의 절정기였다.[13]

그러나 잠복하던 위기가 아우랑제브 사후에 폭발하고 만다. 후계자들이 이란의 나디르 샤(재위 1736-1747년)와 벌인 보팔 전투(1737년)와 카르날 전투(1739년)에서 패배함으로써 제국은 급속도로 몰락했다.[14] 제국은 형식적으로 한 세기 더 존속했지만, 그것은 영국의 보호 덕택이었다. 코로만델(인도 반도 남동쪽/역주) 해안은 프랑스가 지켜주었다. 이러한 위기에는 여러 가지 원인이 있었다. 다른 무엇보다 제국의 거대한 규모에 의해서 야기된 문제들을 효율적인 교통체계로 관리하지 못했다. 고위 행정권[15]은 항상 힌두교도들이 장악하고 있었는데, 아우랑제브 황제가 이 시스템을 무너뜨림으로써 제국 운영에 막대한 피해와 장애를 초래했다. 더구나 제위 계승을 둘러싼 골육상쟁이 제국의 토대를 뒤흔들었다. 예전에는 제국의 군사적, 경제적 원동력이었던 귀족계급이 이기주의적이고 근시안적이 되면서 시스템의 작동을 방해했다. 제국의 창건자이며 정복자였던 바부르(재위 1526-1530년)의 강력했던 군대는 무능력한 지휘관들 때문에 점차 약화되었다. 유달리 험하고 아주 다양한 기후의 지형에서 전쟁을 수행하기에는 군사적 준비가 턱없이 부족했다. 마지막으로 국경의 주와 지방들이 완전히 독자적인 행정관들에 의해서 관리되었다는 점도 독이 되었다. 그들은 제국의 일체성을 지키는 데에 전혀 도움이 되지 않았다. 결국 제국은 익은 감처럼 영국인들의 입 속으로 떨어지고 말았다.

오늘날 강대국의 반열에 올라선 중국과 인도를 가리키기 위해서 친디아(Cindia)라는 단어가 만들어졌다. 그러나 이 두 나라는 세계적 규모의 인구 덕에 5세기 전에 누렸던 위상을 되찾았을 뿐이다.

31

헨리 8세는 영국 해군의 재정을 위해서
교회와 수도원을 약탈했다

헨리 8세(재위 1509-1547년)는 그를 위해서 목숨을 잃은 여인들 덕에 역사에 기억되기도 한다. 그러나 그는 감히 로마 교회와 관계를 끊고 영국의 막강한 해상 군사력을 구축한 군주였다. 더구나 그는 해안의 방어 시스템을 강화하고 해안 요새를 30개 이상 만들었다. 이 요새들이 프랑스와 스페인 같은 당대 강대국들의 침략으로부터 왕국을 지켜주게 된다. 그뿐만 아니라 1509년부터 해군을 육성하고 강력한 해안 요새 시스템을 구축한 제임스 4세(재위 1488-1513년)의 스코틀랜드로부터 영국을 지켰다.

헨리 8세는 부친으로부터 다섯 척의 군함을 물려받았는데, 그 가운데 두 척의 캐럭 선은 돛이 4개인 신식이었다.[1] 헨리 8세는 통치 말기에 47척의 배로 이루어진 해군을 보유하게 된다.[2] 왕은 자신의 국가는 섬이기 때문에 반드시 해군이 있어야 한다는 것을 재빨리 간파했다. 해군은 왕국이 맞서야 하는 대륙 국가들의 성과 똑같은 것이었다. 1515년 헨리 8세는 '헨리 그레이스'의 건조에 착수했다. 이 배는 훌륭한 대포를 갖추게 되어 궁수가 필요 없게 되었다. 헨리 8세가 일시적 기분에 따라서 건조를 명한 배였으나, 중요한 군사적 혁신의 산물이었다. 백병전에 기초한 전투를 포기하고 원거리 전투의 원칙을 도입한 것이다.

1514년에 그는 해상 통신을 전담하는 도선사(導船士) 협회 창설을 인가했다. 협회는 등대 네트워크를 해안에 구축했다. 그것은 선원들을 안내하고 밤에 위험을 가리켜주며 적군의 도착을 알려주기 위한 것이었다. 왕은 역사에 '영국 함대의 아버지'로 남아 있다. 이 씨앗이 후에 엘리자베스 1세의 함대 그리고 나폴레옹 전쟁 이후에 대양을 지배하게 되는 대영제국 해군으로 성장하게 된다.

헨리는 영국의 육군과 해군이 포병 부대가 거의 없다는 것을 깨달았다. 그는 청동 대포(베네치아, 브레시아, 암스테르담, 남부 독일에서 제작되었다)를 수입하고 철제 대포의 생산을 독려했다. 영국은 런던 동쪽에 철광산이 있었고, 목탄(대포 주조에 필수적이었다)을 만들 수 있는 커다란 숲들이 있었다. 옛날 영어로 '숲'을 뜻하는 윌드 지방(Weald : 남부 잉글랜드의 켄트, 이스트 서식스, 서리, 햄프셔 지방)이 대표적이다. 그뿐만 아니라 헨리는 메헬렌(벨기에 북부 도시)에 정착한 유명한 대포 주조공인 한스 포펜루이터 가문에게 청동 대포 제조를 요구했다.[3] 그들은 20년 동안 악착같이 일하여 140문의 대포를 만들었다.[4]

로마와의 단교와 수도원 해산

헨리 8세는 열렬한 가톨릭 신앙 수호자였고, 루터의 사상을 반대하는 문서 '칠성사(七聖事) 수호'를 작성할 정도였다. 교황 레오 10세(재위 1513-1521년)는 그에게 '신앙의 수호자'라는 직위(지금도 여전히 영국 화폐에 DEF, FID 등의 약자로 새겨져 있다)를 수여했다. 그러나 그는 소란스러운 자신의 혼인 문제들 이후에 로마와의 모든 관계를 끊어버렸다. 로마 교황이 이혼을 허가해주지 않았기 때문이다. 영국 의회는 1534년 봄에 교황청과의 단교를 수용하고 수장령(首長令 : 왕이 영국 국교회의 유일한 최고 수장이 된다)과 반역행위법(왕을 교회 수장으로 인정하지 않는 자는 사형에 처하는 법)을 승인했다.[5]

이에 대한 불만을 백성들은 1536-1537년의 영국 북부 지방의 반란으로 표출했다. '은총의 순례'라는 이름으로 알려진 이 반란의 지휘자는 카리스마가 강한 변호사 로버트 애스크(1500-1537년)였다. 애스크는 북부 귀족층의 지원을 받았다.[6] 이 반란은 튜더 왕조의 첫 번째 중대 위기였다. 애스크는 지지자 200명을 거느리고 협상하러 런던으로 갔지만 체포되어 교수형을 당했고 반란은 사그라졌다.

1537-1541년에 헨리는 종교시설 폐지법(1536년과 1539년)의 도움을 받아서 가톨릭 교회 재산을 몰수하기 위한 거대한 작전을 전개하여 800개가 넘는 수도원과 그 토지를 장악하게 되었다. 교회는 웨일스와 아일랜드에서 토지의 1/5 이상을 소유하고 있었다. 수석대신 토머스 크롬웰(1485-1540년, 수수께끼 같은 인물인 올리버 크롬웰과 혼동하지 말 것)은 이 작전의 열성적인 집행자였다. 그는 이 종교 중심지에 거주하는 1만 명의 수도사와 수녀들에게 연금 지급을 결정했다. 그러나 수도원을 위해서 일하는 세속인들의 불만은 엄청났다. 일자리를 잃은 그들에 대한 배상이 없었기 때문이다.[7]

수도원 그리고 그 토지와 가축(특히 영국 양모를 생산하는 양들)은 부유한 지주들에게 매각되거나 양도되었다. 몇몇 수도원은 석재 마련을 위해서 파괴되었다. 종은 대개는 주조소로 보내서 청동 대포 제조에 사용했다. 납 홈통은 녹여서 포탄과 머스킷(원시적 화승총인 아퀴버스의 개량형으로 총신이 길다/역주) 탄환으로 만들었다. 몇몇 수도원 건물은 도관(導管)의 납을 쉽게 회수하기 위해서 불을 질러버렸다. 교회의 금과 은도 녹였다. 현금으로 가득 차게 된 국고는 미래에도 수익을 보장받게 되었다. 추가적인 국고 입금액이 매각 속도에 따라서 연 9만 내지 15만 파운드로 추산되었다.[8] 이 자금은 빚의 일부를 갚는 데에 쓰이기도 했지만, 대부분은 영국의 국방 시스템, 즉 함대와 해안 요새와 등대들을 구축하는 데에 사용되었다.

군함 건조와 강력한 요새 벨트 구축

헨리는 프랑스 그리고 제임스 4세의 스코틀랜드로부터의 공격을 두려워했다. 그는 1단계로 군함들을 새로 건조하여 함대를 편성하기 시작했다. 그런 다음 수도원 재산 매각과 활용에서 조성한 많은 자금으로 열정적으로 2단계에 돌입했다. 군함을 새로 건조하고 낡은 군함들은 정비하고(갤리어스 선을 갤리언 선으로 바꾸었다) 제노바, 뤼베크, 네덜란드에서 배들을 구입했다. 1535-1542년에 진수시킨 배들이 아주 많았는데, 1542-1546년에는 더욱 늘어났다. 10년도 안 걸려서 함대는 새로 만든 배 40척, 노를 젓는 거룻배 13척, 1545년 프랑스를 상대로 승리한 해전 등에서 빼앗은 15척의 배를 거느리게 되었다.[9] 헨리는 1540년 포츠머스에 영국 최초의 군사용 조선소를 건립했고, 1546년 해군부를 창설했다. 해군부는 300년 동안 똑같은 구조를 유지하게 된다. 강력한 전투 조직인 해군참모본부가 함대에 관련된 모든 업무를 담당했다.[10]

또 헨리는 광대한 해안 방어 시스템을 구축하는 데에도 군사적 노력을 집중시켰다. 1539년의 첫 번째 프로그램은 켄트, 콘월, 서식스, 햄프셔, 와이트 섬, 도싯, 데번에 요새 30개를 건설하는 것이었다. 이 요새들은 원형 벽을 갖춘 구조물이었다.[11] 1544년에 시작된 두 번째 단계는 솔런트 해협, 사우샘프턴, 포츠머스 지역의 방어망을 강화했다. 이때는 군사건축이 바뀌어서 주로 정방형 구조물을 건설했다.[12] 함대에는 등대가 필수적이어서 모든 항해 위험 지점에는 등대를 설치했다. 이 등대들은 경계 역할을 하고 예기치 않은 공격 시에는 경보망으로 사용되었다.

잉글랜드 해군(English Navy) 그리고 나중에는 대영제국 해군(British Navy)은 헨리 8세의 '서녀(庶女)'인 셈이었다. 헨리는 파라오 아크나톤(재위 1353-1336년경 기원전) 그리고 로마의 콘스탄티누스와 마찬가지

로 개종하고 신전의 보물들을 '긁어모았다.' 이 시점부터 영국은 함대의
해군과 함포에 의지할 수 있게 되었다. 그것은 역사를 통틀어 최고의
함대라고 할 수 있다.

32

일본의 오랜 내전 중에 다이묘들이
포르투갈인들로부터 화승총을 구입했다

포르투갈인들은 1509년에 말라카(멜라카)와 1512년에 말루쿠 제도(몰루카 제도)를 점령한 16세기 초반부터 중국해에 진출하기 시작했다. 마카오는 1557년에야 차지하게 된다. 1543년 9월 23일 중국 정크 선 한 척이 거친 풍랑에 밀려 다네가시마(種子島: 거대한 큐슈 섬 남쪽에 있다)에 정박하게 되었다. 포르투갈 기록에 따르면,[1] 그 선원들 가운데 두 명은 포르투갈인이었는데, 이들은 화승총(아쿼버스, 조총[鳥銃])으로 무장하고 있었다. '남반진'(南蠻人: 에도 시대에 일본에 왔던 포르투갈인과 스페인인)을 신기하게 생각한 지역 주민들은 이들을 섬의 젊은 영주에게 데리고 갔다.

그는 부친의 양위 후에 가문의 14번 째 영주가 된 다네가시마 도키타카(1528-1579년)였다. 15살에 불과한 젊은 영주는 포르투갈인들에게 화승총 시범을 보여달라고 부탁했다. 화승총은 100미터 거리의 표적을 명중시켰다. 영주는 화승총 한 정을 은 1,000테일(약 38킬로그램)을 주고 구입하여 섬의 수석 대장장이에게 복제품을 만들게 했다. 그러나 이 전문가는 총의 발포 시스템을 복제하는 데에 실패했다. 대장장이는 리스본으로 돌아가려고 하는 포르투갈인에게 자기 딸과의 결혼을 제안했다. 이 젊은 여인 와카사(그 커다란 상이 니시노오모테[西之表] 항구의 방문객들을 맞이하고 있다[2])는 남편이 된 포르투갈인에게 일본으로 돌아올 때 무기 장인을 데려오라고 설득하는 데에 성공했다. 그 포르투갈 장인이 와카사의 부친에게 발포 장치를 만드는 기술을 가르쳐주었다. 그는 포르투갈인들로부터 화약 제조법도 배우게 된다. 마침 섬에는 유황이 나왔다. 이렇게 해서 일본은 화승총을 소규모로 제작하기 시작했다.[3]

일본에서는 오랫동안 화승총을 '다네가시마(種子島) 총'이라고 불렀다. 지방의 영주인 다이묘(大名)들은 화승총을 대량 생산했을 뿐만 아니라, 마카오에 정착한 포르투갈인들로부터 대량으로 구입하기도 했다. 마카오의 큰 주조소는 오랫동안 일본에게 무기를 공급하는 중요한 공급처가 되었다.[4] 또 리스본에서 직접 실어오기도 했다. 인도 고아에 기항했다가 다시 마카오로 출발하는 기나긴 항해를 통해서 말이다. 포르투갈의 캐럭 상선들이 마카오와 일본 사이의 중국해를 건너려면 아주 변덕스러운 기상 조건[5] 때문에 2-4주일이 걸렸다. 포르투갈인들은 화승총을 은화를 받고 팔았고, 이 은화는 중국 그리고 극동 전역에서 거래에 사용되었다.

은은 극동 지역에서 높은 값을 쳐주었기 때문에 거래를 하는 데에 이상적인 화폐의 역할을 했다. 리스본으로부터 유럽 은(주로 스페인과 독일의 은)을 운반해오는 것은 비용이 너무 들었다. 포르투갈 상인들은 페르시아[6]와 일본 은을 조달했다. 일본은 특히 이와미 은광(p. 72 참조)의 발견 이후로 은을 대량으로 생산하고 있었다. 이와미 은광은 1526년부터 본격적으로 개발되어 일본 생산의 1/3을 차지하게 된다.[7] 일본 은은 중국의 비단, 자기, 철과 교환되기도 했지만(일본은 중국의 주요 수입국이었다), 쇼군(將軍)들에게 매우 수요가 큰 화승총을 구입하는 데에 많이 사용되었다. 중국 황제는 중국과 한국 해안을 잔인무도하게 약탈하는 왜구들의 습격을 지원하는 일본과의 모든 무역을 금지시켰다. 이 결정으로 인해서 일본과 포르투갈의 거래는 더욱 크게 활성화되었다.

화승총과 일본 내전

센고쿠 시대(戰國時代)의 말기였던 일본에 화승총은 핵심적인 무기가 되었다.[8] 일본 군인들은 이미 화포를 주로 공성전에서 사용하고 있었다. 야포(野砲)는 아직 발전하지 못했고, 포르투갈제 청동 대포를 대량으로 수입한 이후에야 발전하게 된다. 바퀴가 달린 대포는 포르투갈인들이 최고가를 제시한 일본 군인들에게 1551년에 처음으로 팔았다. 일본 대장장이들이 유럽제처럼 우수한 대포를 복제하지 못했기 때문에 일본은 오랫동안 포르투갈 그리고 네덜란드(1571년부터)로부터의 수입에 의존했다. 지방 영주들 사이의 전투에서는 경보병(아시가루[足輕])이 대대적으로 동원되었다. 이들은 주로 농민들이었는데 급여를 받지 못했다. 그 대신 정복한 도시에서 약탈한 전리품의 일부를 차지할 권리가 있었다.[9] 급여를 받지 못했기 때문에 병사라고 부를 수는 없는 이 군인들은 약탈을 하면서 주민들을 학대했다. 강간과 살육이 다반사였다. 은과 보석에 혈안이 된 그들은 귀중품이 숨겨진 장소를 알아내려고 희생자들을 마구 고문했다. 조선의 많은 기록(글과 그림)에서 일본군의 한반도 침략 때에 아시가루들의 민간인들에 대한 잔혹행위를 잘 볼 수 있다.

아시가루들[10]은 활, 창 그리고 특히 화승총으로 무장했다. 화승총은 아주 짧은 시간에 배울 수가 있는 반면, 뛰어난 궁수를 양성하려면 장수의 지도 아래 몇 년간의 지속적인 훈련이 필요했다. 화승총의 사정거리는 약 275미터(적을 부상시킬 수 있다)였으며, 치명상을 입힐 수 있는 거리는 45-50미터(적을 죽이거나 중상을 입힐 수 있는 가능성이 큰 거리)였다.

거의 일본 전체를 통일하는 데에 성공한 유명한 다이묘인 오다 노부나가(1534-1582년)는 화승총으로 무장한 아시가루들을 동원했다. 이 뛰어난 전략가는 서양 총기 부대의 전법을 사용했다. 오다는 3횡렬 그

룹들의 연속사격(삼단사격)을 훈련시켰다. 첫째 줄의 병사가 사격하는 동안 둘째 줄의 병사는 사격 준비를 하고, 셋째 줄의 병사는 재장전을 한다. 다른 한 병사가 이들 12-14명의 화승총 사수(射手)를 담당하여 화약, 탄환, 화승을 가져다준다. 이러한 방식이 탄막을 형성하여 부대원들을 서로 보호했다. 주로 화승총으로 무장한 오다의 아시가루 3,000명이 다케다 가쓰요리(1546-1582년)의 군대와 격돌하여 1575년 6월 28일의 나가시노(長篠) 전투에서 완승을 거두었다. 그 덕에 17일 동안 포위되었던 성의 함락을 막을 수 있었다. 실용주의자인 동시에 개혁주의자였던 오다는 병력의 배치 순서를 뒤집었다. 전통적으로 사무라이들은 그 신분과 사회적 역할을 존중하기 위해서 제1선에, 보병은 제2선에 배치했었다. 오다의 화승총 사수들은 제1선에 배치되어 다케다의 용맹스러운 기병대의 모든 공격을 저지했던 것이다. 일만이 넘는 병사가 사망한 나가시노 전투는 일본에서 최악의 기병대 패배 가운데 하나로 간주된다.[11]

총기, 특히 화승총은 도요토미 히데요시(1537-1598년)와 도쿠가와 이에야스(1543-1616년)의 일본 통일 그리고 1592-1598년의 조선 침략에서 결정적인 무기로 사용되었다. 화승총으로 무장한 일본군은 세계에서 총기를 가장 많이 보유한 군대가 되었다. 같은 시기의 유럽에서 군대들은 아직도 창병과 기병들이 많았다. 창병은 곧 사라질 운명이었고, 기병은 구조와 기능이 완전히 바뀌게 된다.[12] 일본 병기공(兵器工)들은 화승총 위에 설치하여 발포 시스템을 보호하는 '상자'를 만들기까지 했다. 실제로 일본 기후는 아주 습하기 때문에 화승총 사용이 쉽지 않았다. 따라서 이런 해결책은 훌륭한 임시방편이 되었다. 탄환을 재장전하는 시간이 길어졌지만 말이다.[13]

포르투갈제 화승총과 아시가루는 일본의 봉건시대와 사무라이들의 명성을 종식시켰다. 그러나 곧 일본의 쇄국(1639-1854년)이 시작되어 200년 이상 지속되다가 미국 페리 사령관의 포함 쿠로후네(黑船)에 의해서 갑작스럽게 끝난다.

33

세계의 배꼽, 포토시

"포토시(Potosi)만한 가치가 있어." 이런 말로 돈 키호테는 부를 표현했다. 16-18세기에 세계 최대 광산 도시의 하나였던 볼리비아 남부의 포토시는 지상에 있는 생지옥인 동시에 스페인 전쟁 군주들(카를 5세와 펠리페 2세)의 젖소가 되었다. 포토시는 안데스 산맥의 포토시 산(4,824 미터)의 고도 4,000미터의 산기슭에 위치하고 있다.[1] 포토시에서 올려다보면 완벽한 삼각형으로 보이는 세로 리코(부유한 언덕이라는 의미)는 세계 최대의 은광이다. 포토시는 몽환적인 신화와 절망, 부의 신기루와 일상의 고통이라는 냉엄한 현실, 한탕의 미끼 그리고 광부들이 정신적 혼수상태에 빠지지 않기 위해서 씹어대야 하는 한 줌의 코카가 교차하는 곳이었다.

스페인 여인들은 포토시에서 출산하기를 거부했다

안데스 산맥의 아주 외진 지역에 위치한 작은 마을 포토시는 1545년까지는 아무도 가려고 하지 않는 곳이었다. 1544년 인디오 디에고 우알파가 은광맥을 찾아냈다. 그로부터 20년도 지나지 않아서 다른 7개의 거대한 광맥에서 은을 생산하게 되었다. 스페인 귀족, 독일과 이탈리아의 광산업자, 세비야의 사업가와 은행가, 제노바인, 피렌체인, 독일인이 이 은의 엘도라도[2]로 몰려들었다.

포토시는 100년 후에 16만의 인구를 가진 도시가 되었다. 주민의 대부분은 남성이었다. 젊은 스페인 여성들은 포토시까지 올라가려고 하지 않았다(여기에서 출산할까 두려워했다). 포토시에 거주하는 여성들은 '쉬운 여자들'뿐이었다. 그녀들은 그 도시의 수많은 도박장과 사창가에서 일했다. 하기야 이런 여자들은 세계 모든 광산 도시들의 사회적 구성 요소였다.[3] 종교 행렬과 축제는 이교적 정신과 가톨릭-바로크적 정신의 혼합물이었다. 광부들은 마돈나와 가톨릭 성자들의 상이 지나가는 길에 은을 놓았다. 이는 엄격한 예수회 교리에 '파차 마마(대지의 어머니 여신)' 숭배를 혼합한 것이었다.[4] 거대한 부와 극단적인 빈곤 그리고 광부들과 수도승들의 개인적인 헌신이 공존했다. '새로운 국경'의 사업가들은 제국 관리들의 완강한 관료주의와 싸우지 않을 수 없었다. 스페인 제국 관리들은 대부분 진짜 '부패한 자'들이었다.

포토시는 스페인 황금시대의 돈줄이었다

서유럽의 보병과 기병을 떨게 만든 막강한 스페인의 테르시오(tercio, 스페인 방진[方陣]), 3대양을 항해하는 갤리언 선들, 유럽 전역[5]을 대상으로 하는 마드리드의 확장주의적 정책의 돈줄은 다른 무엇보다 포토시의 은이었다. 물론 사카테카스와 과나후아토 광산(1548년 발견) 그리고 파추카 광산(1552년)의 멕시코 은도 돈줄 역할을 했다. 포토시에서는 알마덴(스페인 남부)과 1563년 발견된 우앙카벨리카(페루) 광산의 수은을 이용하여 은을 추출했다. 포토시의 주요 광산인 산타 바바라는 리마 동쪽의 옛날 안데스의 페루 지역[6](현재 이 지역은 볼리비아 영토이다) 고도 3,763미터에 있었다. 카를 5세 그리고 특히 그의 아들 펠리페 2세는 은이 꼭 필요했다. 군사 계획 그리고 '태양이 결코 지지 않는 제국'의 확장을 위한 자금 때문이었다. 그들은 괴상하고 비굴한 관리들에게 은을 최대한 생산하라고 요구했다.

포토시에는 노예, 미타요(mitayo), 자유 노동자 이렇게 3가지 유형의 광부가 있었다.[7] 노예들은 오늘날의 칠레에서 사로잡힌 산골 주민들이었다. 이들에게는 'Rey(왕)'를 가리키는 R 낙인을 찍었다. 미타요는 미타(잉카 황제에게 바쳐야 하는 전통적인 부역)를 위해서 마을에서 징집된 인디오들이었는데, 1559년부터 스페인인들을 위해서 노역을 하게 되었다. 마을마다 12개월을 봉사해야 하는 18-60세의 미타요들을 지정해야 했다. 이 노역은 너무 끔찍해서 가축을 소유한 인디오는 몸값을 치르고 빠질 수 있었다.[8] 그렇지 못한 인디오들은 탈주를 시도했다. 아들을 낳은 여인들은 교구 신부에게 여자아이 이름으로 세례를 해달라고 애원했다. 미타를 피하기 위해서였다.

스페인인들은 인디오들의 이동을 통제하기 위해서, 모든 주민들에게 거주지에 따라서 다른 옷을 입도록 의무화했다. 광산에서의 사망률은 무시무시할 정도였다. 먼지와 산소 부족으로 작업이 매우 힘들었기 때문이다. 광산 내부의 온도는 아주 높아서 30-40도였지만, 외부는 영상 25도-영하 10도 사이였기 때문에 그 온도 차이가 건강에 치명적이었다. 잉카인들은 급속도로 씨가 말라갔기 때문에 흑인 노예들을 '수입해야' 했다. 흑인 노예들은 파나마와 리마를 통해서 들여오던지 아니면 부에노스아이레스, 팜파스, 안데스 산맥을 거쳐서 직접 데려왔다.

광부 사망자 수는 엄청나게 많았다. 100만에서 800만 정도가 사망했다고 추산된다. 몇몇 스페인 성직자들은 비난에 가득 찬 보고서들을 마드리드로 보냈다. 선교사 도밍고 데 산토 토마스(1499-1570년)는 "스페인으로 보내는 것은 은이 아니라 인디오들의 땀과 피입니다"라고 썼다.

은의 기나긴 여행

포토시의 은은 라마의 등에 실려 광산에서 태평양 연안의 항구인 아리카로 운반된 다음 작은 배로 카야오로 실려갔다. 리마 서쪽에 위치한 큰 항구이고 부유한 '왕의 도시'인 카야오에서 스페인의 낡아빠진 행정에 열성적인 관리들이 값비싼 상품은 낱낱이 기록하고 '퀸토'*를 계산했다. 스페인의 세법에 의하면, 광산에서 생산된 은의 20퍼센트는 왕에게 바쳐야 했다. 캐럭 선과 갤리언 선이 은을 리마에서 남해(南海, Mar del Sur, 당시 태평양에 붙여진 이름)의 파나마로 운반했다. 여기서 은은 길마(짐을 실거나 수레를 끌기 위한 안장)를 얹은 동물 수송대로 '크루세스의 길'[9]을 통해서 포르토벨로로 옮겨졌다. 이 길은 400년 동안 전략적인 역할을 담당했다. 포르토벨로에서 은을 실은 갤리언 선이 쿠바를 경유하여 세비야로 향했다.[10] 이런 경로를 거쳐 은은 스페인에 도착하게 되었다. 세비야에 도착한 은은 1550-1560년대에 8만6,000킬로그램에서 1571-1580년대에 111만8,000킬로그램, 그리고 1591-1600년대에는 270만7,000킬로그램이 넘어 최대치를 기록한다.[11]

1500년에서 1650년 사이에 아메리카에서 약 180톤의 금과 15만 톤의 은이 세비야에 도착했다. 대개 이 은은 독일 은행가들(푸거, 벨서 등)이 스페인 국고에 빌려준 돈을 갚는 데에 사용되었다. 1575년 스페인 국고의 파국적인 파산[12] 이후에는 제노바 은행들[13]이 스페인의 돈줄이 되었다. 막대한 양의 은이 플랑드르와 북유럽으로 흘러갔지만, 제노바와 리보르노를 향한 흐름도 중요했다. 제노바와 리보르노에서 정련된 은이 은화와 은괴의 형태로 중동과 극동으로 유입되었기 때문이다. 유럽은 중동과 극동에 대해서는 향신료, 염료, 직물(비단과 면) 수입으로 막대한 무역적자를 기록하고 있었다. 스페인 제국은 아메리카의 은 없이는

---

* Quinto Real : 1504년 스페인 왕령에 의해서 제정된 세금으로 귀금속 광산에 부과되었다/역주

유지될 수 없었다. 결코 웃는 법이 없었으며, 세계 방방곡곡에 파견된 외교관들의 모든 전갈과 편지를 읽고 일일이 답장했던 펠리페 2세가 영국의 엘리자베스 1세를 공격하기 위해서 무적함대를 보낼 수도 없었을 것이고, 포르투갈을 합병함으로써 얻은 새로운 지역들을 다스리지도 못했을 것이고, 여러 전선에서 전쟁을 벌이지도 못했을 것이다. 아메리카의 은이 없었다면 말이다.

세로 리코의 비좁고 아주 낮은 작은 갱도 안을 걸어보면, 지상에도 지옥이 있다는 것을 알 수 있다. 아메리카의 은은 경쟁력이 매우 높은 가격으로 생산되었다. 채플린의 「모던 타임스」에서처럼 작업 속도를 높이는 것은 너무나 당연했다.

34

유럽의 해양 제패는
인구 감소 때문에 제약되었다

유럽사에는 다음과 같은 특징이 있다. 중세와 바로크 시대 말기 사이에 4개의 해양강국이 비약적으로 발전했다. 베네치아, 제노바, 포르투갈, 네덜란드 공화국이 그것들이다.[1]

베네치아는 밀라노의 테라페르마에서 달마티아 연안, 그리고 칸디아*(크레타 섬/역주)에서 키프로스 섬에 이르는 미니 무역제국[2]을 건설하는 데에 성공했다. 이밖에도 많은 상관과 무역 식민지(튀니스, 트리폴리, 알렉산드리아, 안타키아, 콘스탄티노플, 타나)가 있었다.

제노바 공화국은 코르시카, 사르데냐의 일부, 갈라타 탑이 있는 콘스탄티노플의 한 구역 전체(갈라타), 크림 반도의 남부를 점유했다. 또 브루게에서 튀니스까지, 트리폴리에서 알렉산드리아까지, 토르토사(스페인 북동부의 지중해 연안 항구 도시/역주)와 베이루트에서 흑해의 여러 항구들(타나와 카파 등)까지 많은 상관이 있었다.[3] 초기에 제노바는 무역강국이었으나, 펠리페 2세에게 자금을 제공하게 되면서 유럽의 금융강국이 되었다.

포르투갈 제국은 브라질 동부 지역, 대서양의 군도(아조레스, 마데이

---

* 칸디아 왕국(Regno di Candia, 1205-1669년) : 베네치아 공화국이 해외 식민지 크레타에 붙인 공식 명칭으로 칸디아(현재의 이라클리오)가 수도였다. 크레타 섬을 칸디아라고 부르기도 했다/역주

라, 카보베르데), 아프리카 서쪽 연안의 여러 영토들(미나에서 앙골라까지), 소팔라 항구가 있는 모잠비크, 오만의 무스카트, 호르무즈 해협, 인도 서해안의 수많은 항구들(디우, 봄베이, 고아, 캘리컷), 극동의 말라카(말레이시아/역주)와 마카오와 테르나테(인도네시아 말루쿠 제도의 한 섬/역주)를 포괄하고 있었다.[4]

네덜란드 공화국은 뉴 암스테르담(지금의 뉴욕/역주)에서 네덜란드령 앤틸리스 제도까지, 브라질 북부에서 남아프리카의 해안 지방까지, 인도네시아 군도에서 포르모사(대만)까지 이어졌다. 1594년의 '원거리 무역회사' 설립은 막강한 동인도회사(VOC) 설립보다 8년이나 빨랐다. 동인도회사의 무역 선단은 네덜란드 해군과 함께 아시아-인도 지역과 암스테르담 사이의 해로를 누비고 다녔다. 다국적기업의 선구라고 볼 수 있는 동인도회사의 자회사인 GWIC(네덜란드 서인도회사. 1621년 설립)는 아메리카와 암스테르담 사이의 무역을 담당했다.[5]

해양강국 내부의 약점

이 해양강국들의 확장은 인상적이고 전격적이었다. 제노바와 베네치아는 유럽 차원의 해양강국이었고, 포르투갈과 네덜란드는 세계적인 해양강국이었다. 이 강대국들의 성공은 몇몇 사고에도 불구하고 계속되었다. 그러나 이 강대국들 때문에 거래의 독점권을 상실하여 잠재적 수익이 급락한 상업 공동체들과 지역의 정치적 강대국들의 반발이 커지기 시작했다. 가장 두려운 적은 이 해양강국들이 점유한 지역으로 뚫고 들어오려는 유럽의 다른 강대국들이었다. 대포와 복합적인 전략적 비전, 베네치아와 제노바의 갤리 선, 포르투갈의 나오 선(nao : 이베리아 반도에서 캐럭 선을 부르는 말), 네덜란드의 갤리언 선을 다룰 줄 아는 노련한 선원들, 귀금속과 비단과 향신료에 대한 지속적인 집착이 이 승리의

칵테일의 성분들이었다.[6]

그 대신에 치명적인 약점이 있었다. 확장을 조직하고 능동적으로 이 끌어가기에는 인구[7]가 부족했던 것이다! 1500-1600년에 베네치아 인구는 10만에서 15만 사이에서 움직였고, 모든 속령의 인구를 합쳐도 100만이 안 되었다. 제노바 인구는 약 7만5,000이었고, 도시가 통치하는 지역들의 인구를 더해도 50만이 안 되었다. 리스본은 20만 정도였고, 포르투갈 전체는 150만에 불과했다. 암스테르담 인구는 1600년에 10만이었고, 이 시기의 네덜란드 전체 인구는 150만을 조금 상회했다. 1585-1630년에는 네덜란드 남부 지역에서 북부 지역으로 인구의 대이동이 있었다.[8]

무역에 종사하는 사람들 그리고 이들을 지원하는 군사 활동에 종사하는 사람들 다음에는 관리들, 의사들 그리고 종교인들이 해외로 진출했다. 그다음에는 소매상인들, 수공업자들, 변호사들이 도착했다. 이들은 20-40대의 신체적으로 가장 건강하고 가장 활동적이며 가장 용감하고 사업가 기질이 있는 집단이었다. 치명적인 사고, 고되고 비위생적인 선상 생활, 질병의 위험에 노출된 여행 그리고 군사작전, 성병, 다양한 열병들, 수준 낮은 위생으로 점철된 외국 생활은 사람들을 '소모시켰다.'

수많은 젊고 부유한 과부들

건강, 나이, 아주 힘든 조건들(기후, 언어, 관습, 음식)에 적응할 수 있는 능력, 문자해독 능력, 전문기술이 외국으로 나가는 사람들을 선발하는 첫 번째 기준이었다. 그러나 선택의 폭이 넓지 않았다. 해양강국들의 지리적 확장에 비해 인구가 아주 제한되어 있었기 때문이다. 이 나라들의 영향권이 확대될수록 외국으로 나가는 사람들의 수준은 떨어져만 갔다. 첫 번째 대열의 선원, 상인, 군인, 행정가, 종교인은 유능한 사람들의 복합체였을 것이다. 여기에 모험가들과 무법자들이 끼어들었다.

그러나 그다음 대열들에는 수준이 낮은 사람들이 많아졌고 준비도 불충분했다.

그리고 여성들 문제가 곧 제기되었다. 혼거가 다반사이고 위생조건이 열악하기 짝이 없는 여행에 뛰어들 용기 있는 젊은 여자들은 거의 없었다. 더구나 외국에 도착한 여자들은 위험한 조건에서 출산을 하려고 하지 않았다. 식민지가 아주 잘 뿌리를 내리고 대폭 보강되어 갔지만 말이다. 가톨릭과 개신교 두 교회는 남자들에게 외국에서 아주 강력한 가족 집단을 구성하도록 압력을 행사했지만, 이상과 현실은 서로 거리가 멀었다. 네덜란드 동인도회사는 부인들이 남편들을 따라가도록 하는 정책을 곧 포기했다. 자원하는 여성들은 대개 고아원 출신의 처녀들과 정조 관념이 약한 여자들이었다.

해외 확장에 의해서 외국으로 나가는 사람들이 많은 나라에서는 젊은 과부 집단이 빠르게 형성되었다. 그 여자들은 여행 중의 사고, 전투, 질병 등으로 남편을 잃은 부인들이었다. 이들 여자들은 대개는 상속을 받게 되어 아주 부유해졌고, 본국에 남은 남자들이 매우 탐을 냈다. '생과부들'도 많이 생겼다. 외국에서 현지 여자를 만나 가정을 꾸린 남편들이 버린 부인들 말이다.[9]

수가 많아야 힘이 되고 권력이 강화되는 법이다. 캐럭 선과 갤리언 선이 떠날 때마다 매우 용감하고 권력욕에 들뜬 소수의 남자들이 가족을 떠나 망망대해로 뛰어들었다. 인구가 제한되어 있기 때문에, 초기의 대열들 이후에 떠난 대열들은 수준이 떨어지기 마련이었다.

35

풍부한 귀금속이
스페인 제국의 발전을 저해했다

1977년 『이코노미스트(*The Economist*)』는 1959년의 대규모 가스 유전 발견 후에 네덜란드 제조업 분야가 쇠퇴한 것을 '네덜란드 병(Dutch disease)'이라는 표현을 써서 묘사했다.[1] 이런 원자재의 저주는 스페인 병이라고 부를 수도 있다. 실제로 멕시코와 페루에서 대규모 은광의 발견이 스페인 제국의 발전을 저해했던 것이다.

위기와 쇠퇴의 씨앗은 스페인 궁정이 유대인과 무어인들의 추방을 결정했을 때 이미 뿌려졌다. 코르도바 칼리프국의 쇠퇴와 해체에 의해서 레콩키스타가 가능해졌고, 스페인은 711-732년의 무슬림 정복으로 점령당했던 영토를 되찾게 되었다. 1085년 톨레도가 함락된 이후에는 안달루시아의 그라나다 토후국(1238-1492년)만 무슬림 지배하에 남게 되었다. 1469년 카스티야 왕국의 이사벨 1세와 아라곤 왕국의 페르난도 2세의 결혼에 의해서 탄생한 새 왕국은 훨씬 더 많은 힘과 권력을 가지게 되어, 스페인 남부에 남은 무슬림의 유일한 보루인 그라나다를 상대로 '십자군 전쟁'을 전개했다. 그라나다가 1492년 1월 함락되자 교황 알렉산데르 6세(1431-1503년)는 1464년 스페인 부부 군주(이사벨 1세와 페르난도 2세/역주)에게 '가톨릭 군주'라는 칭호를 부여했다.

그러나 이미 1492년부터 유대인과 무슬림 주민에 대한 탄압이 강화되었다. 알함브라 칙령(1492년 3월 31일)에 의해서 유대인 추방이 선포되고, 그 시행은 4개월 후에 시작되었다. 스페인 왕실은 유대인들의 재산을 몰수하여 자신들의 채무와 앞으로 걷을 세금에 대한 담보로 사용했다. 무슬림의 경우는 많은 엘리트가 이미 1492년에 스페인 영토를 떠났고, 1502년의 추방령이 있은 후에는 다수가 떠났다.[2]

10년 후에 스페인의 사회적, 경제적 구조는 심각한 인구 손실의 직격탄을 맞게 된다. 무어인들은 대개 소매상, 훌륭한 수력학 지식이 필수적인 매우 전문적인 농업 분야(오렌지, 면, 사탕수수, 쌀)에서 일하는 농민, 비단 생산자, 수공업자(가죽, 도자기, 직물)들이었다. 아랍과 인도 문화의 유럽 보급[3]에 기여한 지식인, 과학자, 번역가들은 제외하고도 말이다. 유대인들의 신속한 해외 이주는 스페인 경제에 중대한 손실을 입혔다. 이제 스페인 경제는 은행가, 의사, 변호사, 지식인, 과학자들의 우수한 국제 네트워크에 더 이상 의지할 수 없게 되었다. 스페인 경제는 이러한 손실의 후폭풍으로 흔들리지만, 이 위기는 아메리카가 발견되고 귀금속 수입이 시작됨으로써 부분적으로 은폐되었다.[4]

은 유입이 스페인의 무역 적자를 부분적으로 메워주었다

사카테카스와 포토시 은광의 발견으로 은 생산이 크게 증가했다. 스페인의 수은(알마덴 광산)을 사용하여 은을 추출한 덕이었다. 나중에는 안데스 산맥 지역의 우앙카벨리카에서 수은 광산이 발견되어(1564년) 은 생산이 더욱 증가했다. 이 은은 두 명의 '전쟁 흥행사'(카를 5세와 펠리페 2세)의 엄청난 군비를 충당하는 데에 사용되었다. 스페인 제국은 필리핀에서 플로리다에 이르고, 밀라노에서 나폴리에 이르고, 이베리아 반도에서 서인도(멕시코-카리브-페루)에 이르는 제국의 확장을 위해서 점점 더 많은 자금이 필요했다. 엄청난 자금을 집어삼키는 이 문어발 제국의 수요는 스페인 내부의 생산으로 충당할 수 없었다. 마드리드는 무기 분야에서는 이탈리아와 독일에서 제조되는 무기에 의존했다. 1540년이 되어서야 비로소 세비야에 첫 번째 대포 공창이 들어섰고, 폭약 공장은 1572년 그라나다에 세워졌다. 1593년 왕립 무기 공장이 설립되었지만, 펠리페 3세(재위 1598-1621년)의 결단에 의해서 3개의 해군 공창 건설이 시작된 것은 17세기 초였다.[5]

스페인 제국은 포 평원과 발트 해 지역의 곡물, 독일의 금속, 이탈리아와 플랑드르의 직물, 이집트의 면제품을 수입했다. 또 베네치아, 밀라노, 독일 그리고 프랑스에서 생산되는 사치품의 주요 수입국이었다. 1560년 프랑스 경제학자 장 보댕(1530-1596년)은 스페인은 프랑스 없이는 유지될 수 없다고 썼다. 스페인이 이웃나라로부터 많은 원자재, 식료품, 공산품과 수공업 제품을 수입하고 있었기 때문이다. 스페인이 사치품을 수입하는 도시와 지역은 매우 확실하게 정해져 있었다. 책은 베네치아, 바젤, 암스테르담에서 들어왔다. 유리제품, 거울, 레이스 세공품은 베네치아에서 수입되었다. 플랑드르에서도 레이스 세공품을 들여왔다. 비단은 밀라노에서 수입했는데, 갤리언 선으로 마닐라를 통해서 중국에서 직접 실어오기도 했다. 그리고 시계 제품은 스위스와 런던에서 수입했고, 양탄자와 신발은 페르시아 지역에서 들여왔다.

스페인의 사치품 수요는 아메리카의 부를 개발하는 새로운 계급의 출현에 의해서 폭발적으로 증가했다. 이 신흥부자들은 과시적인 소비를 즐겼다. 그런데 스페인은 수출품이 거의 없었다. 양털 그리고 아메리카로 보내지 않는 몇몇 금속 종류가 전부였다. 그 반면 스페인은 아메리카산 제품들을 수출했다. 빨간색을 만드는 코치닐, 푸른색을 만드는 인디고, 유창목(매독에 효과가 있는 유창목은 너무나 수요가 많아서 푸거 가문이 유럽 배급 독점권을 가지고 있었다)[6] 그리고 예수회의 풀이라고 불린 키니네(해열, 진통, 말라리아 치료제) 같은 약용식물을 수출했다.[7] 그러나 무역수지는 언제나 적자였다.

은 때문에 스페인 제조업이 약화되었다

많은 남자들이 군대, 행정부, 교회와 수도회, 아메리카의 모험 사업에 동원되었다. '본국'에는 산업생산을 발전시키고 제조업을 기획하고 투자할 능력을 가진 남자들은 거의 남아 있지 않았다. 17세기의 스페인은 유럽에서 귀족이 제일 많은 나라였다. 많은 작위를 스페인 국고에서 직접 매입할 수 있었다.[8] 대귀족은 산업에 투자하기 보다는 후로스(juros)와 스페인 국채에 훨씬 더 많은 돈을 투자했다. 신흥 이달고(소귀족)는 행정부로부터 불하받은 권리로 돈을 버는 데에 몰두하여 위험한 산업활동에는 뛰어들 생각이 전혀 없었다. 스페인은 발렌시아의 샤티바에서 대규모로 종이를 생산하다가, 이탈리아의 파브리아노 제지공장의 종이를 수입하게 되었다. 또 야금학과 수력학의 전문 기술자들은 이탈리아와 플랑드르에서 초빙했고, 많은 광부들은 독일 출신이었다.

에스코리알 왕궁 도서관에는 수학 책이 100여 권에 불과했다. 그 가운데 스페인 학자들이 집필하여 스페인에서 출판된 것은 겨우 11권이었다. 나머지는 스페인 학자들이 집필했으나 안트베르펜이나 시칠리아 섬의 메시나에서 출판되었다.[9] 더구나 펠리페 2세는 공부를 위해서 외국 여행을 하는 것을 금지시켰다(1557년). 스페인의 황금시대와 그 놀라운 발전을 토대부터 무너뜨린 이 문화적 쇠퇴를 조롱하고 야유한 증인이 아마도 세르반테스(1547-1616년)와 케베도(1580-1645년)일 것이다.

스페인의 수요가 유럽의 산업을 육성하고 발전시켰다

스페인에서는 자국 생산품에 대해서 무거운 세금을 부과했는데, 특히 아라곤과 카스티야가 심했다. 게다가 이민과 두 번의 흑사병 유행(1598-1602년, 1646-1651년)으로 스페인 인구가 10퍼센트 이상 줄었다. 농업은 세금과 메스타(mesta) 확대로 큰 타격을 받았다. 메스타는 지중해의 두 가지 이동목축 방식 중의 하나였다. 대농장주들의 조합은 양떼를 스페인 남쪽에서 북쪽으로 이동시켰는데, 양들이 이동하면서 모든 식물을 먹어치우고 공유지와 국왕 소유의 땅에서 먹고 지내는 바람에 농업에는 재앙이 되었다. 소매상은 알카바(alcaba)라는 아주 불공평한 세금을 납부해야 했다. 이 세금은 양털 제품을 수출하는 대농장주들에게는 거의 부과되지 않았다.[10]

스페인의 무궁무진한 수요는 다른 유럽 국가들의 초기 산업에 크게 기여했다. 아메리카 광산으로부터의 은 유입량이 줄어들자, 구조적인 산업 저개발에 시달리던 스페인 경제는 돌이킬 수 없는 위기를 맞게 되었다. 또 1648년 이후에는 제국이 와해되어 모든 확장 정책을 포기하게 되었다.[11] 제국은 왕권과 귀족이 확보한 몇몇 이권들을 보호하고 지키는 데에 만족했고, 농촌에서는 빈곤이 확산되었다.[12]

스페인의 이달고들과 대귀족들은 돈을 위험이 따르는 산업보다는 스페인 채권에 투자했다. 하기야 이 시기에는 많은 나라들이 비슷한 상황이었다. 주로 외국에서 진정한 투자가 이루어지기도 했지만 말이다.

36

아비소가 16세기 유럽 금융시장에서
유동성의 규모를 결정했다

세비야와 카리브 항구들 사이의 대서양 무역이 스페인 선단의 최소 연 1회 정규 왕복이라는 방식으로 정착되자, '아비소'[1]*가 선단보다 앞서서 도착 예정 날짜를 알리고 화물 관련 정보를 제공하는 역할을 하게 되었다. 1550년대부터 귀금속, 특히 멕시코와 페루 은의 수송은 스페인 왕실의 중차대한 관심사가 되었다. 스페인 왕실은 카를 5세와 펠리페 2세의 호전적인 정책[2] 때문에 막대한 빚을 지고 있었기 때문이다. 이 금속의 일부는 멕시코, 산토 도밍고, 리마, 포토시, 파나마, 누에보 레이노의 산타 페(보고타), 카르타헤나, 쿠스코, 과테말라, 쿠바[3]의 조폐소에서 주조한 은전 형태(대개 8레알짜리 큰 은화)로 도착했다. 은괴로도 왔다. 은괴는 스페인 조폐국의 여러 공장(세비야, 마드리드, 톨레도, 그라나다, 바야돌리드, 부르고스, 쿠엥카, 라 코루냐, 세고비아)[4]에서 은화[5]로 만들어지거나, 안트베르펜 혹은 제노바와 리보르노로 보내져서 플랑드르와 이탈리아의 은화로 만들어졌다.[6] 베네치아 조폐국 제카는 항상 '스페인' 은에 굶주린 주요 소비자였다.[7]

스페인 식민지 세관 관리들이 꼼꼼하게 또 '열성적으로' 기록하는 공식적인 은 이외에도 몰래 들여오는 은이 추가되어야 한다. 비공식적인

---

* 아비소(aviso) : 스페인 선단을 수행하면서 선단 관련 정보를 미리 항구에 알려주는 배로 속도가 빠른 캐러벨 선이었다/역주

은은 공식적인 은의 1/4 정도였고, 간혹 1/3에 이르기도 했다. 해군, 선원, 상인과 여행객(민간인과 종교인), 모든 계급의 관리와 군인 그리고 선장까지 모두가 원통형 치즈, 책, 이중 바닥 트렁크, 이중 주머니, 구두 뒤축, 모자 속에 은을 숨겨 들여왔다. 아비소 선장이 세관 책임자들에게 곧 도착할 선단의 화물 내용이 적힌 서류를 전달했다. 가장 중요한 것은 은화의 양이었다. 상인들은 카리브 제도의 대리점들로부터 편지를 받았다. 세비야의 경매인들(이 도시에서 영업하는 여러 국제 무역상사들의 대리인들)은 이 모든 정보를 얻으려고 혈안이 되었다. 그들은 은의 도착에 의해서 상환될 부채의 담보율인 코브란자(cobranza)를 추정하려고 애썼다.[8] 어떤 상인의 이름으로 운송된 은화가 파산하거나 채무를 상환할 생각이 없는 다른 상인의 소유라는 것이 밝혀질 때가 종종 있었다. 당국이나 채권자들의 추적을 당하는 채무자는 성당 안으로 피신하면 보호를 받을 수 있었다. 아니면 세비야 남서쪽의 푸에르토 레알 시로 가서 법적으로 면책을 받을 수 있었다.

선단의 출발과 도착은 카리브 제도의 사이클론과 대서양의 폭풍우에 의해서 좌우되었다

카리브 제도에서의 생활과 항해는 사이클론이 발생하는 시기[9]에 의해서 좌우되었다. 이 시기 동안 선단에 재앙이 초래될 수 있었다. 선단은 6월부터 시작되어 7-10월의 절정기를 거쳐 11월에 끝나는 사이클론 시기 이전에 출발해야 했다. 그러나 세비야로부터의 출발도 기후의 영향을·받았다. 늦가을에 스페인을 떠나는 선단은 대서양에서 최악의 기상 조건에 직면할 수 있었다. 그러면 카디스로 피난해서 기상이 좋아지기를 기다려야 했다.[10] 사이클론 시기나 대서양 겨울의 악천후가 일찍 시작되면 항해에 치명적인 영향을 미쳐, 선단은 항구에 발이 묶이고 어쩔

수 없이 연착하게 되었다. 연착은 대개는 몇 주일이었지만 몇 달이 되기도 했다. 그러면 누에바 에스파냐*(멕시코)와 티에라 페르마(베네주엘라 지역을 부르던 이름)에서 출발한 선단이 여름이 아니라 1월에 도착했다. 두 선단이 쿠바 섬에 모였다가 11월 말에 출발하기 때문이었다. 선단이 세비야에서 아메리카를 향해 출발했다가 카디스로 피난하게 되면 상당히 늦게 카리브 제도에 도착했다. 사이클론 시기 이전에 출발하지 못하는 경우도 가끔 생겼다.

선단의 심각한 연착은 상품과 은의 가격과 시장에 긴장을 초래한다. 1562년 엄청난 연착이 생겼을 때 그랬던 것처럼 말이다.[11] 이런 연착으로 선적되지 못한 상품은 보관 비용이 발생했고, 도착하지 못함으로써 인도될 수 없는 상품은 거래 계약을 위반하게 되었다. 아조레스 제도와 스페인 해안 사이에서 활동하는 바르바리 지역(모로코, 알제리, 튀니지 등의 북아프리카 해안 지역)의 해적과 영국과 프랑스의 사략선(私掠船) 때문에 상품과 은 공급이 감소하여 가격에 영향을 미치기도 했다. 특히 1666-1667년이 그랬다.[12]

대개 시장은 선단이 도착하기 전부터 들끓는다. 상인들이 화물을 정확하게 파악하는 경우가 결코 없었기 때문이다. 아비소가 다소간 정확한 정보를 준다고 해도 말이다. 어쨌든 아비소의 정보에 따라서 선도(先渡) 상품(선단 도착 시에 인도하는 상품)의 가격은 요동쳤다. 아비소는 카리브 제도, 포르토벨로(파나마), 리마, 포토시의 시장에서 수요가 큰 상품들에 대한 자세한 정보도 제공했다. 도매상들은 아메리카의 수요를 충족시킬 수 있는 상품들을 세비야로부터 수백 킬로미터 떨어진 곳에서 구해와서 제때 선적하려고 총력을 기울였다. 그 수요가 점점 더 커져갔기 때문이다. 아메리카의 스페인 제국에서 형성된 신흥부자 계급이 급속도로

---

* 누에바 에스파냐 : 1521-1821년 멕시코를 중심으로 아메리카와 아시아-태평양에 위치한 스페인의 행정 구역/역주

확대됨으로써 고급품과 사치품 수요가 폭발했다.[13]

모네다 라르가 또는 에스트레체사

은(은화와 은괴)의 도착 역시 기상으로 인해서 똑같은 제약을 받았다. 세비야 시장의 상인들은 구조적으로 '빚을 졌고,' 이자율은 선단의 도착과 선단이 운반하는 은의 양에 따라서 요동쳤다. 그러나 은은 세비야에 남아 있지 않고 유럽의 다른 금융시장, 메디나 델 캄포(스페인), 리스본, 제노바, 리옹, 피렌체, 안트베르펜, 베네치아, 아우크스부르크로 이동했다. 이 모든 금융시장들은 중부 유럽의 광산들(남부 독일, 폴란드, 체크와 슬로바키아 지역)의 은에도 의존하고 있었다. 귀금속이 곧 들어온다는 소식 그리고 들어온 '아메리카' 은의 실질적인 양에 따라서 유동성이 풍부(moneda larga)[14]해지거나 부족(estrecheza)해졌다. 이 두 스페인어 단어는 르네상스 시대의 은행가와 상인들이 일상적으로 사용하는 어휘가 되었다.

금융시장에 은화가 풍부한가 아니면 부족한가에 따라서 여러 시장들이 막대한 이익을 남기거나 떠들썩하게 파산하곤 했다. 이런 현상은 은이 들어오지 않을 때 특히 두드러졌다. 크게 오른 이자율로 은을 빌려야 했기 때문이다. 그렇게 되면 세비야 시장의 거래 상대방들에 대한 신뢰가 추락했다. 하기야 당시에 세비야는 불안정한 금융 중심지로 간주되었다. 선단이 늦게 도착하여 은화가 부족해지거나 아니면 제때 도착해서 은화가 풍부해질 때마다 유럽의 모든 금융시장이 도미노 현상을 겪었다. 금융시장들은 이 시기에도 서로 강력하게 연결되어 있었는데, 이러한 연결은 분기별로 이루어졌다. 유럽 대륙의 금융시장에서 대출은 3개월 단위로 제공되었고, 경우에 따라서 갱신되거나 깨끗이 청산되었다.

금융시장들 사이의 물리적 연결을 중단시키는 군사적 사건들 그리고 스페인 국고의 반복되는 파산은 금융시장의 동요와 침체를 야기시켰고 이 문제는 해결하기가 복잡했다. 그러나 금융가들은 신속하게 대응했다. 비스케이 만(스페인 북부 해안의 만)의 사브라 선*이 해적, 영국의 사략선, 영국 정규 해군의 약탈 때문에 세비야-브루게 항로를 거의 사용하지 못하게 되자 갤리 선들이 바르셀로나-제노바 항로를 이용하여 은을 운반했다.[15] 리구리아의 항구(제노바)에서 은은 현물로 밀라노(스페인이 지배했다)를 거쳐 플랑드르로 운송되었다. 아니면 은은 제노바 은행가가 서명한 어음으로 바뀌어 유통되었다. 이 어음이 피아첸차 금융시장의 다른 어음으로 교환되는 방식이었다.

모든 시장은 예측에 의해서 움직인다. 아비소의 출현은 시장의 역사에서 중요한 순간이었다. 가격은 예측된 균형과 균형이 맞지 않는 정보의 산물이다. 일반이론에 의해서 제기된 가정과는 반대로, 시장은 완벽하지 않다.

---

* zabra : 중세와 근대 초기에 비스케이 만에서 사용되던 돛대 두 개의 배/역주

37

마닐라의 갤리언 선 무역*이
아시아 은 시장의 균형을 잡아주었다

8레알 은화는 원통형 치즈 안에, 사프란 주머니는 속을 파낸 책 속에, 상품은 대포 포구 속에 숨겨서 가지고 왔다. 승객과 선원들은 은화를 옷 안에 넣어 꿰매어 운반했다.[1] 이런 여행은 멕시코 아카풀코에서 출발하여 10-12주일의 항해 후에 필리핀 수도 마닐라에 도착하는 갤리언 선에 의해서 이루어졌다.[2] 마닐라나 아카풀코에서 출발하기 전에 '짐표' 투기가 성행했다.[3] 모든 승객은 화물창의 '공간권'을 구입할 권리가 있었다. 평균적으로 배에는 1,500개의 짐칸이 있었고 '짐표' 구입자는 1500페소짜리 승선권도 사야 했다. 배 한 척이 250내지 300명의 군인, 관리, 상인, 종교인을 수송했다.

배 여행의 사망률은 끔찍했다.[4] 마닐라-아카풀코의 정상적인 여행에서는 30-40퍼센트, 7-8개월 걸리면 60-75퍼센트였다. 마닐라까지의 항해는 최소 90일이 걸렸고 돌아올 때는 약 200일이 걸렸다. 승객들은 괴혈병, 이질, 추위, 굶주림, 갈증으로 사망했고, 단순한 피로로 죽어가기도 했다. 그 대신 목적지에만 도착하면 상인과 밀수업자들의 이윤은 매우 컸다. 그래서 '오브라스 피아스'[5]** 재단이 승객과 상인들에게 제공

* 마닐라의 갤리언 선 무역 : 1565년부터 19세기 초반까지 마닐라와 아카풀코를 왕래하던 갤리언 선에 의해서 이루어진 무역이다/역주
** 오브라스 피아스(Obras Pias) : 스페인 교회가 운영하던 자선재단으로 일부 자금을 해상무역 기업들에 빌려주고 아주 높은 이자를 받았다/역주

하는 대출의 이자율이 매우 높았다(25-50퍼센트). 수도사들이 관리하던 이 재단은 진짜 은행과 다름없었다.

무역풍과 쿠로시오 해류

발보아(1475-1519년)가 태평양을 발견하고 남해(南海)라고 부른 1513년 그리고 마젤란의 1520년 항해 후에 대서양을 통해서 인도로 가겠다는 콜럼버스의 꿈은 계속되었다. 마젤란의 항해 이후 8번의 항해가 실패했다. 1529년 4월의 사라고사 조약[6]*은 스페인과 포르투갈 사이의 태평양 식민지 경계선(말루쿠 제도에서 297.5리그[1,763킬로미터])을 확정했다. 그 대신 포르투갈은 스페인에 35만 두카트를 지불했다. 카를 5세는 이 돈을 프랑스의 프랑수아 1세를 상대로 벌인 전쟁에 썼다.

1542년에 스페인 탐험가 루이 로페스 데 비야로보스(1500-1544년)가 6척의 갤리언 선을 이끌고 바라 데 나비다드(멕시코 서해안의 항구/역주)에서 출발하여 그다음 해에 루손 섬에 도착했다. 그는 이 섬들을 펠리페 2세에게 경의를 표하기 위해서 '펠리페 섬'이라고 명명했다.[7] 그러나 난파를 당하고 포르투갈인들에게 사로잡히는 바람에 탐험대는 전멸했다. 그동안 1545-1558년의 유럽에서 후추 값은 계속 올라갔다.

1559년 펠리페 2세는 서방 항로의 개척을 다시 시도하기로 결정했다. 그러나 새로운 탐험대는 1564년이 되어서야 출발할 수 있었다. 이 탐험대를 지휘한 미겔 로페스 데 레가스피(1502-1572년)는 성 아우구스티노 수도회 수도사 안드레스 데 우르다네타(1498-1568년)의 도움을 받았다. 이 수도사는 장교 경력이 있고 천문학과 항해술에 정통했다.[8] 그

---

* 사라고사 조약 : 향신료 주산지인 말루쿠 제도를 두고 다투던 스페인과 포르투갈이 1529년 4월에 체결한 태평양 분할 조약으로, 말루쿠 제도에서 동쪽으로 297.5리그 떨어진 경선(동경 142도)까지를 포르투갈의 태평양 영토로 인정했다. 그 경선의 동쪽에서 아메리카까지의 태평양과 필리핀 지역은 스페인령으로 인정했다/역주

는 멕시코-필리핀 항로를 제안했다. 선단은 아메리카 해안을 떠나 바람의 방향을 이용하려고 북위 10도까지 내려갔다. 그들은 마리아나 제도(필리핀 해에 위치/역주)에 들렀다가 마침내 필리핀 열도로 향했다. 돌아오는 길은 전혀 달랐다. 선원들은 타이완의 동쪽 해안에서 올라오는 난류를 이용하여 일본 북동쪽 바다로 향했다. 이 바다에서 그 난류는 북태평양 해류의 동쪽 줄기와 합쳐진다. 일본인들은 이 해류를, 그 아주 어두운 푸른색을 따라서 쿠로시오(黑潮)라고 불렀다. 이 해류는 세계의 해류 가운데 멕시코 만류 다음으로 큰 것이다.[9] 이 해류의 일본해 지류는 쓰시마 해협의 이름을 따라서 쓰시마 해류라고 불린다. 배가 북위 40-45도에서 캘리포니아 해안으로 내려오면 멕시코에 도착하게 된다. 처음에는 선원들이 바라 데 나비다드 항구를 선택했지만, 곧 아카풀코 항구를 사용하게 된다. 훨씬 더 넓었기 때문이다.

태평양 양쪽에서 거대한 시장이 마닐라 갤리언 선의 출발과 도착에 따라서 열렸다. 이 갤리언 선은 1년에 한 번 왕복을 했다. 일본해의 태풍을 피해야 했기 때문에 마닐라에서 7월과 8월 사이에 출발하여 12월과 1월 사이에 아카풀코에 도착했다. 처음에는 1595년에 마드리드에서 제정된 법에 따라, 종종 300톤짜리 갤리언 선 2척이 아비소를 대동하고 운항을 했다. 나중에는 더 큰 갤리언(1720년에 560톤) 1척만 운항을 했지만, 때때로 엄청나게 큰 갤리언 선들이 동원되기도 했다. 영국군에게 나포된 트리니다드 호는 무려 2,000톤에 달했다.[10] 에스코리알 궁전과 마닐라 사이의 외교 우편은 갤리언 선이 담당하게 되어, 펠리페 2세가 마드리드에서 작성한 편지에 대한 답장이 2년 만에 오는 경우도 있었다!

은과 비단의 교환

마닐라는 중국-아시아와 아메리카-유럽 통화 체계를 중개함으로써 막대한 부를 축적했다. 스페인인들이 필리핀에 도착했을 때, 금값은 은 값의 4배였다. 멕시코와 페루에서는 8-10배였다. 16세기 말경 중국에서는 5.5배, 일본에서는 10배 정도, 무굴 제국에서는 9배, 유럽에서는 12-15배였다. 따라서 멕시코 은으로 상품들을 대량으로 구입할 수 있었다.[11] 신세계 상인들은 카사바, 옥수수, 감자, 카카오의 종자를 수출했다. 코치닐, 바닐라, 페루 우앙카벨리카의 수은, 보석류, 멕시코 흑요석, 카리브 호박도 수출품에 들어갔다.

그러나 신세계 상인들은 다른 무엇보다 은을 주고 비단, 중국 자기와 칠기, 인도산 면제품, 향신료, 약재, 비취, 상아, 페르시아 양탄자를 구입했다. 중국 상인들, 즉 상글라이스('상업'을 뜻하는 단어 '상리[商利]'에서 왔다)가 무역을 지배하면서 마닐라의 파리안 구역에서 거래를 했다. 18세기 초엽까지는 일본 상인들과의 무역도 발전했다. 왜구들이 일본해를 항상 위협하고 있었지만 말이다. 마카오에서도 많은 상품이 건너왔다. 포르투갈 상관은 중국해 지역에 네덜란드인들이 도착하자(1602년) 매우 신속한 대응에 나서 1604년부터 이 지역에 대한 지배력을 강화했다. 세비야 상인들은 매우 강력한 로비에 의해서 마드리드 정부가 리마(페루)와 마닐라 사이의 직접 무역을 금지하도록 만들었다. 그동안 네덜란드인들은 동인도회사를 등에 업고, 세계 무역의 요지로 부상한 이 지역 진출을 점점 더 강화했다. 1635년 스페인은 고위 관리 페드로 데 키로가[12]를 필리핀에 파견하여 아메리카에 관한 법규를 엄격하게 준수시키려고 했다. 마닐라의 무역상들은 파업하고 갤리언 선에 상품 선적을 거부했다. 갤리언 선은 3년 동안이나 연속해서 빈손으로 아카풀코로 돌아가게 되었다.

1640년경 마닐라 무역이 붕괴되었다. 네덜란드인들은 상품을 인도와 남아프리카를 통과하는 항로로 운반했다. 아메리카의 은 생산은 크게 위축되었다. 일본은 쇄국을 선택했고, 네덜란드인들은 쇼군 정부의 허락하에서 무역 독점권을 장악했다. 모든 거래는 나가사키 항구의 데지마 섬에서만 이루어졌다. 거의 같은 시기에 명나라가 멸망했다(1644년). 17세기 중반의 위기 후에 마닐라는 아메리카 귀금속의 생산 증가 덕분에 재기하여 갤리언 선이 1815년까지 운항을 하게 된다. 마닐라의 갤리언 선은 제3의 비단길에 비교되었을 정도였다.

갤리언 선은 은 시장의 세계화를 특징짓는 요인이었다. 원통형 치즈 속에 숨기고 옷 안에 꿰매넣은 8레알 은화는 이윤을 남기려는 인간의 탐욕을 잘 보여준다.

38

알마덴 광산의 수은이 로마인, 칼리프, 푸거 가문, 로스차일드 가문의 관심을 끌었다

폼페이의 부유한 상인들은 베수비오 화산 언덕의 고급 빌라 벽을 붉은색 물감으로 장식했는데, 그 붉은색의 광채는 2,000년이 지난 현재에도 거의 그대로이다. 이 붉은색은 나폴리 지역의 소규모 광산과 스페인 남부의 대규모 알마덴 광산에서 나오는 진사(辰砂)로 만들어졌다. 알마덴 광산에서는 거의 1,600년 동안 수은을 추출했다. 기원전 3세기의 작가이며 아리스토텔레스가 총애하는 제자였던 테오프라스토스[1](371-288년 기원전)는 알마덴의 수은 이야기를 자세히 하면서 그 품질을 칭찬했다. 카르타고가 스페인을 정복한 목적의 하나는 그 남부의 은과 수은 광산을 장악하기 위한 것이었다. 로마는 이 지역을 차지하자 곧바로 수많은 강제노동 죄수들과 노예들을 보내 수은 생산을 극대화하려고 노력했다.

알마덴의 수은은 지중해 전역과 북유럽으로 수출되었다. 비트루비우스(기원전 1세기)는 『건축 10서(De Architectura)』[2]에서 수은 없이는 구리와 은에 금박을 제대로 입힐 수 없다고 썼다. 대 플리니우스는 『박물지』[3]에서 수은이 약제와 화장품으로 사용된다는 점을 지적했다. 또 로마인들의 토가를 붉게 물들이고, 매우 부유한 가문의 저택 벽을 칠하는 데에도 사용했다고 한다. 대 플리니우스는 수은의 유독성도 지적했다. 실제로 많은 미성년 노예들이 갱도와 진사 가열실에서 매우 유독한 가스의 방출 때문에 5년도 안 되어 죽어나갔다. 수은 광산은 황제의 소유물이었고 로마 군단의 특수부대가 지켰다. 나중에 무어인들이 이 지역을 점령한 후에는 광산은 칼리프의 소유물이 되었다. 알마덴(Almadén)이라는 단어는 아랍어로 '금속'을 의미하고, 이 지역의 광산업에서 사용되는 많은 단어들이 아랍어에서 유래했다. 레콩키스타에 의해서 알마덴 시를 점령한 알폰소 7세(재위 1126-1157년)는 1151년 이 도시를 광산 지역과 함께 칼라트라바(1158년에 창설된 스페인 최초의 기사단/역주) 기사들에게 하사했다.

알마덴 광산은 유럽 은과 아메리카 은 생산에 필수 요소가 되었다

알마덴 광산은 인류 역사 전체를 통틀어 세계 수은 생산량의 1/3 이상을 담당했다. 은행업을 하던 푸거 가문은 특히 수은에 관심이 많았다. 수은은 용도가 많았지만, 다른 무엇보다 매독에 효험이 있다고 파라켈수스(1493-1541년)가 주장했다.[4] 이런 점에서 수은은 카리브 제도에서 재배되는 열대 식물 유창목과 경쟁 관계였다. 카를 5세의 신성 로마 제국 황제 선출을 위한 자금을 댄 푸거 은행은 황제가 하사하는 생산 독점권을 얻으려고 노력했다. 푸거 가문은 이 호전적인 황제의 주요 은행가들 가운데 하나였다.[5] 푸거의 독점권은 1525년에서 1645년까지 유지되었다.

수은은 유럽 그리고 나중에는 옛날의 페루와 멕시코의 여러 광산에서 은을 추출하는 아말감 방식에서 핵심적인 역할을 담당했다. 이 새로운 추출 방식은 게오르기오스 아그리콜라(1494-1555년)가 『금속론(De Re Metallica)』[6]에서 이야기한 방식을 혁명적으로 바꾸었다. 시에나의 야금학 기술자 바노치오 비린구치오(1480-1539년)는 1540년 출간된 『야금학(De la Pirotecnica)』[7]에서 이 새로운 방식을 기술했다. 모두들 이것을 발명한 사람이 이 뛰어난 기술자라고 믿는데, 사실은 다르다. 비린구치오는 이 기술을 사기 위해서 25두카트짜리 다이아몬드를 박은 반지를 주고 또 이 방식의 적용에서 나오는 이윤의 8퍼센트를 지급하기로 약속했다고 밝혔다. 발명가는 베로나의 기술자인 토마소 쿠사노와 조바난토니오 마우로였다. 그들은 이미 1505년부터 은 추출을 위해서 불이 아니라 수은을 사용했다.[8]

푸거 가문은 독일 기술자들을 알마덴 광산에 파견했다. 알마덴 광산은 1539-1573년 엄청난 호황을 구가하며, 1497년에 발견된 슬로베니아의 이드리야 광산과 경쟁하게 된다. 이드리야 광산이 발견되자마자 푸거 가문은 10만 두카트를 내고 그 채굴권을 확보했다.[9] 독일의 은행 가문들은 이 슬로베니아 광산에서 추출되는 수은 생산의 독점권을 서로 차지하려고 싸웠다. 획스테터, 바움가르트너, 헤르바르트, 호이크-란게나우어 같은 상인-은행가들이 이 수은 생산을 장악하려고 시도했다. 수은은 독일 지역의 은광에서 수요가 아주 컸기 때문이다.

푸거 가문은 펠리페 2세에게 노동자가 부족한 광산에 강제노동 죄수들을 보내라고 요청했다

신세계 광산들(포토시와 멕시코 광산)에서 은 생산이 증가함에 따라서 수은의 수요가 폭발했다. 알마덴의 수은 생산은 늘어났으나 광부와 노동자들이 떼죽음을 당했다. 푸거 가문은 수은 인도 약속의 시간을 지키지 못하게 되자, 펠리페 2세에게 광산에 강제노동 죄수들을 보내달라고 요청했다. 톨레도 감옥에 투옥되는 단기수들 가운데 젊고 건장한 30명을 골라 1566년부터 보내기 시작했다. 1583년 그 수가 40명으로 늘었다. 모든 광산 노동자들에게 매일 고기, 빵, 포도주를 먹여주었고, 강제노동 죄수들은 매년 웃옷, 짧은 바지, 긴 양말, 셔츠 두 벌, 구두 한 벌,

두건을 받았다. 의무실에서는 약사를 고용하여 진료와 치료를 했다.

그러나 사망률은 여전히 매우 높았기 때문에 죄수의 1/4은 형기를 채우지 못하고 죽었다. 모두 고통스러운 증상과 정신착란을 동반하는 심각한 수은 중독에 걸렸다. 강제노동 죄수들은 광산의 물빼기 작업에도 동원되었다. 4명이 쉬지 않고 300통의 물을 퍼내야 했으며 환자들도 일을 해야 했다. 자기 몫을 채우지 못하면 채찍질을 당했다.[10] 아프리카 노예무역의 성행과 함께 많은 사람들이 가련한 인생을 알마덴 광산에서 마쳤다. 한편 페루에서 1563년 우앙카벨리카 수은 광산[11]이 발견되어 1566년부터 채굴이 시작되었다.[12] 이 광산은 포토시 은광에서 직선거리로 1,200킬로미터 떨어져 있었다. 안데스 산맥의 고도 4,000미터가 넘는 포토시로 라마가 수은을 운반하는 데에는 3개월이 걸렸다.[13]

1645년 스페인 국가가 푸거의 채굴권을 환수하고 직접 광산 운영을 맡았다. 17세기 초부터 스페인은 2척의 특별선을 동원하여 아메리카에서 수은을 운반했다. 이 특별선들은 몇 차례 항해한 다음에 1724년 허리케인을 만나 사마나 만(현재의 도미니카 공화국)에서 침몰했다.[14] 1749년부터는 모든 중죄수들은 광산으로 보내졌다. 그러나 광산들이 그들을 모두 수용할 수 없게 되자 그 법령은 1751년 폐기되었다. 공기업이 광산을 관리하기가 너무 어려워지자 1833년 에스펠레타 데 부르데오스 사에 임대를 주었다.[15]

마침내 로스차일드 은행이 전 세계의 수은 생산과 배급의 독점권을 장악하려는 계획으로 1835년 알마덴 광산의 채굴권을 따냈다. 그 경매 과정은 많은 부정[16]으로 얼룩졌다. 이 영국은행이 재정적으로 도와준 덕택에 파산을 모면한 마드리드 정부는 보상을 해주어야 했다. 그러나 로스차일드 은행의 작전은 일시적인 성공에 그쳤다. 누에바 알마덴(1847년), 뉴 이드리아(1854년), 레딩톤(1861년), 설퍼 뱅크(1873년) 등지의 캘리포니아에서 대규모 광산들이 발견되는 바람에 로스차일드 은행의 계획은

곧 폐기되었다.[17]

제1차 세계대전 후에는 세계적인 광산이 새로 발견되었다. 이탈리아 몬테 아미아타의 옛날 화산[18]의 광산이 1920년에서 1960년 사이에 세계 공급량의 1/3을 생산했다.[19] 그러나 수은의 유독성으로 인한 새로운 국제 규범이 전 세계의 생산량을 급감시켰다. 옛 소련, 중국, 안데스 산맥의 광산에서 아직도 추출되는 모든 수은은 주로 라틴 아메리카에서 불법적인 금광꾼들에 의해서 사용되고 있다.

수은은 독성이 강한 제품이다. 광부와 노동자들은 끔찍하게 죽어나갔다. 그러나 시대를 막론하고 광산주들은 희생양들을 언제나 구할 수 있었다. 『이상한 나라의 앨리스』의 머리가 돈 모자장수는 가공의 인물이 아니다. 수은으로 처리한 모자의 펠트가 약간 머리를 돌게 했던 것이다.

39

징더전의 자기 공장은 6만 명의 노동자가 일했다

상하이에서 남서쪽으로 약 500킬로미터 떨어져 있는 징더전(景德鎭)은 10세기에서 18세기 사이에 세계 최대의 자기 산지였다. 그러나 징더전은 거의 알려지지 않은 이름이었고, 심지어 중국에서도 그랬다.[1] 장시성 푸량 현에 위치한 이 도시는 특히 자기 제조가 전문이었다. '도자기'는 점토나 고령토를 구워 만드는 모든 형태의 산물을 가리키는데, 토기(土器, earthen ware), 석기(炻器, stone-ware), 자기(磁器, porcelain)로 나눌 수 있다. 자기는 가장 높은 온도와 고령토를 필요로 한다. 징더전은 자기 생산에 필요한 특별한 조건들을 갖추고 있다. 이 도시는 깨끗한 물을 공급하는 산과 언덕으로 둘러싸여 있다. 그 지역의 소나무 숲은 가마(窯)에 필요한 땔감을 만드는 데에 사용된다. 주변의 풍부한 수자원 덕분에 물레방아로 에너지를 생산하고 목재를 뗏목으로 운반하며 완성된 제품을 배로 광저우와 난징까지 보낼 수 있었다. 이 지역에는 자기 생산에 필수적인 원료, 즉 백돈자와 고령토가 풍부하다. 16세기부터 자기를 만들려고 노력했던 유럽인들이 실패한 이유는 18세기 초까지 고령토를 구하지 못했기 때문이다. 징더전 부근에서 나오는 백돈자는 경질 자기 생산을 가능하게 했다.[2]

징더전은 당나라 시대부터 도자기를 생산하게 되어 남송 시대에 크게 번창한다. 북송의 비참한 멸망 이후 북방 도공들의 유입으로 노동자들의 기술 수준이 향상되었다. 남송 시대에 징더전에 대한 속담이 있다.

"세계 방방곡곡에서 도공들이 몰려오고 그들의 도자기는 전 세계로 팔려나간다." 원나라의 몽골 왕조에서는 자기 생산이 예외적으로 발전했다. 이 시대에는 옛날 백돈자 광산이 고갈되어 새로운 광산이 개발되었다. 여기에서 나오는 백돈자는 알루미늄 산화물이 더 적고 포타슘과 소듐은 더 많아서 작업하기가 불가능했다. 너무 연했기 때문이다. 그래서 고령토를 추가했다. 고령토는 징더전 부근의 마캉 산에서 나왔다.[3]

몽골인들과 그 기병을 위한 자기

원나라의 몽골 왕조는 아주 명확한 두 가지 이유 때문에 자기 생산을 늘리려고 했다. 첫 번째로는 원나라 왕조는 비단길을 보호하는[4] '몽골의 평화' 덕에 크게 발전한 무역의 틀 안에서 아주 비싼 자기들을 최대한 많이 팔아서 귀금속을 비축하려고 했다. 두 번째로는 이 왕조는 초원에서 활동하는 기병들의 유목민 전통 때문에, 식사와 위생용 도구가 가능한 한 가벼워야 했다. 자기는 금속보다 훨씬 더 가볍고 나무 그릇처럼 물에 젖지 않았다. 자기는 원나라 경기병의 전략적 장비가 된 것이다.[5] 1278년 푸량자국(浮梁磁局 : 징더전은 한때 푸량이라고 불렸다/역주)이 설립되어 황실용 최고 자기를 선별하고 가마에 세금을 부과하는 임무를 맡게 되었다.

마르코 폴로는 자기 이야기를 자세히 했지만,[6] 징더전의 가마들에 가 보지는 않았다. 그는 '자기'를 이야기하면서 '포르첼라나(porcellana)'라는 단어를 사용했다. 이 단어는 속어에서 동물 암컷의 성기를 가리키는 데에 사용된다.[7] 또 "예전에 호화스러운 식기와 그릇을 만드는 데에 사용되었던, 영롱한 오색의 빛나고 윤이 나는 조가비", 즉 자패(紫貝)를 의미하기도 했다. 이 단어는 유럽에서 작은 조가비와 여성 성기를 같이 의미했다. 실제로 중세 유럽에서는 자기를 조가비로 만든다고 믿었다.[8]

명나라, 자기, 징더전의 융성

마르코 폴로의 여행 조금 후에 자기 가마들은 매우 분화된 작업 방식에 의존했다. 시카고 도살장에서 동물을 분해하는 라인에서처럼 말이다. 자동차 왕 헨리 포드(1863~1947년)가 모방하여 자동차 공장에 도입한 이 방식을 테일러(1856~1915년)가 잘 연구하여 기술한 것이다(테일러리즘).[9] 역설적으로 징더전은 지리적 위치 덕에 사회적 혼란과 중국 왕조들의 교체에서도 보호될 수 있었다. 홍건적(紅巾賊)의 난 이후 명나라가 원나라를 물리치고 난징을 수도로 했고, 그후 베이징으로 천도했다. 명나라는 자기 생산을 적극적으로 장려했다.[10] 아랍, 페르시아, 인도, 일본 상인들이 중국 남쪽의 항구들로 들어와서 자기를 구입했다. 유럽인의 인도양과 중국해 진출은 자기 시장의 구조를 근본적으로 변화시켰다.

막대한 양의 은(독일과 아메리카 광산들)을 보유한 유럽인들은 많은 자기를 구입할 능력이 있어서 예전의 경쟁국들을 거의 일소해버렸다. 마카오에 기지를 둔 포르투갈인들은 중국 항구로 캐럭 선들을 보내 자기를 선적하여 일본, 마닐라(마닐라-아카풀코 항로를 운행하는 스페인의 큰 갤리언 선이 대기했다), 인도의 항구들, 아라비아 반도 오만의 무스카트, 리스본으로 수출했다. 리스본에서는 유럽 전역으로 자기를 보냈다. 더 경험이 많고 더 잘 조직된 네덜란드와 영국의 동인도회사들이 중국에 진출함으로써 포르투갈인들의 상권이 약해지는 동시에 중국 자기 수요는 폭증했다. 중국 자기는 대개 징더전에서 생산되어 광저우를 통해서 수출되었다.[11] 자기의 도시에서는 수천 개의 가마가 밤낮으로 쉬지 않고 자기를 만들어냈다. 도공은 5만 내지 6만에 달했다고 추정되는데, 그들은 가족과 스승-도제 관계에 기초하는 강력한 동업조합 집단을 이루고 있었다.

청나라와 자기의 주문 생산

명나라의 위기와 멸망으로 중국 자기 산업이 중대한 난관에 봉착하자 조선과 일본의 자기 생산이 활성화되었다. 일본은 고령토가 많이 매장된 아리타(有田)의 가마들에서 집중적으로 자기를 생산하여 남부의 항구인 이마리(伊万里)에서 수출했다.[12]

일본의 조선 침략에는 조선 도공들을 확보하려는 목적도 있었다. 조선 도공들이 포로가 되어 일본의 도요지로 끌려가서 자기를 만들게 된 것이다.* 그러나 건국 초기의 혼란을 극복한 청나라는 중국 자기 산업, 특히 징더전의 자기 생산을 되살렸다. 징더전은 인구가 60만이 넘었고 외국 상인들이 아주 많았다고 한다. 외국 상인들은 징더전 가마들이 유럽에서 아주 수요가 높은 형태와 장식의 자기를 주문 생산하도록 했다. 도공들은 아주 다른 3가지 유형의 시장을 위한 자기들을 만들었다. 황실 전용 자기(최상품), 수출용 자기(중상품), 국내시장용 자기(하품이며 아주 싼 값)가 그것이다. 황제의 행정부는 도공들에게 부역을 부과하여, 일부 도공들은 보수 없이 일정한 기간 동안 황실요에서 작업해야 했다.

유럽에서는 자체적으로 자기를 생산하려는 시도가 성공하지 못했고, 베네치아-무라노의 유리 장인들은 자기와 약간 닮은 유백 유리 제품들을 만들기 시작했다.[13] 작센 선제후 아우구스트 2세(1670-1733년)는 유럽 자기를 반드시 만들려고 결심했다. 그는 과학자 에렌프리트 발터 폰 취른하우스(1651-1708년)에게 이 임무를 맡겼다. 취른하우스는 실험실을 쾨니크슈타인 요새(드레스덴) 안에 설치했다. 그 요새에 갇혀 있던 연금술사 요한 프리드리히 뵈트거(1682-1719년)도 자기 연구에 종사하

---

* 조선 도공 이삼평이 1610년에 큐슈 지방의 아리타에서 고령토를 발견함으로써 일본은 자기 생산이 가능해졌고, 그뒤 급속도로 양질의 자기를 대량 생산하게 되었다. 명과 청의 교체기에 국가적 혼란으로 징더진이 폐쇄되어 유럽 수출이 불가능해진 중국 자기를 일본 자기가 대체하기도 했다/역주

게 되었다. 실험실은 알베르트슈타인 요새로 이전되어 첫 번째 자기 제조소가 만들어졌다. 자기 제조소의 정문에는 '비밀을 무덤까지'라는 표어가 새겨져 있었다. 1709년 마이센에 유럽 최초의 공장이 세워졌는데, 그 이유는 여기서 자기의 원료인 고령토 광산이 발견되었기 때문이다.[14] 그사이에 포교를 위해서 징더전에 파견된 예수회 신부 프랑수아 그자비에 당트르콜(1664-1741년)이 중국 문물(의학, 식물학, 관습)을 연구했는데, 그 가운데 자기 제조법도 있었다.[15]

징더전은 특히 태평천국(太平天國)의 난(1851-1864년 장기간 지속되어 중국에 치명적인 타격을 가한 내란)으로 결정타를 맞게 되어 황실 요가 폐쇄되고 280개 가마가 20여 개로 줄어들었다. 일본의 침략과 국공내전(國共內戰, 1927-1936년, 1946-1949년)은 엎친 데에 덮친 격으로 전국의 가마 1/3을 파괴했다. 그러나 1985년 이후 중국의 경제발전으로 징더전의 자기 산업이 부활하여 지금은 가족 단위로 운영하는 공장들이 번창하고 있다.[16]

자기는 중국의 수많은 산업 비밀 가운데 하나였다. 그러나 이제는 그 노하우와 미감을 전 세계 박물관에서 만날 수 있다. 명-청 교체기에 자기 생산이 혼란에 빠짐으로써 중국의 독점적 지위가 상실되어 일본의 이마리 자기 산업이 발전하게 된다. 아주 오랫동안 지속되는 독점은 거의 없는 법이다.

40

오악사카는 코치닐의 중심 산지로서
사략선과 투기꾼의 관심을 끌었다

직물 염색에 사용된 붉은 물감은 1523년까지는 여러 물질들 덕에 만들어졌다. 그 가운데 첫 번째 물질인 꼭두서니는 기원전 3세기 이래 인도 그리고 유럽의 모래가 많은 땅에서 풍부하게 자랐다. 지중해 동부 지역은 뿔고둥을 사용했다. 뿔고둥(뿔고둥 속[屬]의 연체동물을 으깨서 만들었다)은 아주 비싼 염료인 자줏빛 물감의 원료였다. 로마 황제, 군 고위층, 원로원 의원, 성직자들만이 붉은색 옷을 입을 수 있었다. 네로 황제는 자줏빛으로 염색한 옷을 입거나 개인적으로 그 장사를 하는 사람에게는 모두 사형을 선고했다. 대 플리니우스는 그것이 만들어지는 과정을 자세히 설명했다. 진사(아주 비싼 수은 광석)는 주로 로마인(예컨대 폼페이의 저택들 장식), 마야인, 중국인들이 사용했다. 그다음에는 케르메스 염료가 사용되었다. 이것은 케르메스 참나무 잎에 기생하는 벌레인 연지벌레의 알을 으깨서 만들었다.[1]

마지막으로 브라질나무가 있다. 이것은 브라질에서 발견되기 전까지는 인도양 지역에서 구했다. 페르시아를 거쳐 들어온 브라질나무는 베네치아 상인들이 유럽에서 유통시켰다. 1500년 브라질을 발견한 포르투갈 콩키스타도르들은 이 새로운 지역을 '진실한 십자가의 땅'이라고 불렀다. 이 지역은 곧 '붉은 앵무새들의 땅'이라고 개명되었다. 이는 베네치아인 조반니 마테오 크레티코의 1501년 편지 그리고 베네치아 상인

마리노 사누토와 지롤라모 프리울리의 일기가 전하는 정보에서 확인된다.[2] 10여 년 뒤에 이 지역은 브라질나무가 많다는 이유로 브라질이라고 불리게 된다.

에르난 코르테스가 멕시코에 상륙한 지(1519년) 불과 4년 후에 첫 번째 붉은색 코치닐 염료가 세비야 항구에 도착했다. 코치닐 염료는 말린 원료 형태였는데, 스페인인들은 '그라나'라고 불렀다. 멕시코 남부 틀락스칼라와 오악사카 주민들의 아주 빛나는 빨간색 옷에 깊은 인상을 받은 콩키스타도르들은 이 염료의 중요성을 간파했다. 스페인 상인들이 식민지에 도착한 후에 1540년부터 대규모의 염료 무역이 자리 잡기 시작했다. 처음에 '그라나'는 케르메스 염료보다 더 비쌌지만, 염색 능력은 10배에 달했다.

노팔레로스와 스페인의 독점

코치닐 연지벌레는 선인장에 기생하며 번식이 왕성한 벌레이다. 암컷들이 알을 낳기 전(더 좋은 품질의 붉은색)이나 직후에 잡아야 한다. 최종 염료 1파운드를 얻으려면 약 7만 마리가 필요하고, 선인장 1에이커당 200파운드 정도가 나온다. 따라서 1년에 3번 이루어지는 수확에서 에이커 당 1,400만 마리를 잡아야 한다. 선인장과 그 벌레들을 잘 보살펴야 함은 물론이다(햇빛이 너무 강해서도 안 되고 땅에 습기가 너무 많아서도 안 된다). 노팔레로스(nopaleros)는 선인장을 길러서 홍색 염료를 생산하는 농부들이다. 그들은 매우 숙련되어 있기 때문에 정복자들도 그들을 함부로 다루지 못했다. 그러나 그들은 너무나 반복적인 작업 때문에 용설란으로 담그는 알코올 도수 6-8도의 풀케 주(酒)를 엄청 많이 마시게 되었다.

코치닐 염료 생산은 베라크루스로 가는 길에 위치한 틀락스칼라에서 주로 이루어졌다. 베라크루스에서는 코치닐 염료를 갤리언 선에 실어 스페인으로 보냈다. 나중에는 오악사카 지역이 주된 산지가 되었다. 코치닐 염료는 스페인 국고에서 은 다음의 두 번째 세원(稅源)이었다. 스페인 국세청 관리들은 '알발라'(판매세), '아베리아'(갤리언 선이 대서양을 건너는 동안 스페인 해군의 보호를 받기 위해서 내는 세금), 알모하리파스고(수출입세)를 징수했다. 제품 가격의 약 25퍼센트를 세금으로 걷는 셈이었다.[3]

스페인 정부만 코치닐 염료 덕을 본 것은 아니었다. 염료 제조자들과 상인들이 코치닐 염료 사용을 장려하고 그 무역에 뛰어들었다. 이탈리아 북부와 중부 그리고 플랑드르의 직물 생산 중심지들이 케르메스 염료 대신 코치닐 염료를 사용하게 되었다. 제노바의 장인들은 케르메스 염료 사용을 고집하다가 손님들이 줄어들자 1550년 옛날 기술을 버리고 신기술을 선택했다. 베네치아는 16세기 후반부터 자국 업계의 압력으로 코치닐 염료 사용을 금지했다. 그러나 20년간의 싸움 끝에 베네치아의 염료 산업계 전체가 코치닐 염료를 사용하게 되었다. 코치닐 염료는 유럽에서 널리 유통되었고 중동으로 수출되어 양탄자를 물들이고, 인도로 수출되어 캘리코와 면제품 생산에 사용되었다.[4]

투기와 사략선의 암약

세비야, 루앙, 안트베르펜만이 아니라 이탈리아의 직물 생산 중심지들이 많은 양의 코치닐 염료 재고를 확보하려고 했다. 그러자 상인들이 과도한 투기에 뛰어들었다. 1585년에 카포니 가문(피렌체의 상인 가문[5])과 부르고스의 말루엔다스 가문(비단 무역을 전문으로 하는 강력한 상인 가문. 개종한 유대인들이었다[6])이 시장에서 연합하여 카르텔을 형성했다. 그들은 코치닐 염료의 모든 재고를 사들여서, 카리브에서 새로운 코치닐 염료를 싣고 오는 선단이 도착할 때까지 가격을 오르게 만들었다. 그리고 비슷한 투기 작전들이 조금 더 작은 규모로 반복되었다. 펠리페 2세는 외국인들이 코치닐 염료 거래를 장악하는 것을 원하지 않았다. 부분적으로라도 말이다. 그는 서인도 제도의 코치닐을 외국인들에게 수출하는 것을 금지시켰다. 1614년 펠리페 3세(재위 1598-1621년)는 외국인들이 선인장 밭과 코치닐 염료 생산지를 방문하는 것도 금지하고 위반자는 사형에 처했다.

사략선과 해적들도 코치닐 염료에 관심이 많았다. 상당수의 스페인 선박들이 영국 해적들에게 습격당했다. 에섹스 백작(1565-1601년)은 이 분야에서 영웅이 되었다. 그는 1587년 코치닐 염료 27톤을 실은 스페인 배를 나포하여 런던으로 끌고 갔다.[7] 이 덕에 영국은 몇 년간의 코치닐 염료 수요를 충당할 수 있었다. 이 '습격'을 높이 평가한 엘리자베스 1세는 2년간 코치닐 수입을 금지하는 칙령을 선포했다.

첩보전과 호프 은행의 투기

스페인인들은 코치닐 염료의 제조 비밀을 보호하려고 노력했다. 그들은 이 빨간색 염료가 누에 알을 짜서 만든다는 정보를 흘렸다. 또 살아 있는 연지벌레 수출을 금지했다. 파리와 런던은 거의 두 세기 동안 코치닐 염료의 제조 비밀을 알아내려고 노력했고 많은 첩자들을 동원했다. 1710년대에 네덜란드 과학자 안톤 판 레이우엔훅(1632-1723년)이 현미경을 사용하여 다리가 6개이고 날개가 2개인 연지벌레라는 것을 밝혀냈다.[8] 프랑스 식물학자 니콜라 조셉 티에리 드 메농빌(1739-1780년)이 카탈루냐 의사 행세를 하면서 비밀리에 오악사카로 갔다. 그는 연지벌레 재배와 코치닐 염료 제조 기술을 배운 후에 벌레들을 생-도맹그*로

---

* 생-도맹그(Saint-Domingue) : 1697-1804년 카리브 해 이스파니올라 섬의 서쪽 1/3을 차지

옮겨서 포르토프랭스(프랑스인들이 1749년 생도맹그의 수도로 건설한 도시로 오늘날 아이티의 수도/역주) 식물원에서 번식시키는 데에 성공했다. 그러나 그가 죽은 다음에 식물원은 폐허가 되었다.[9] 왕립런던학회가 많은 비용을 들여 멕시코에서 가져온 소중한 연지벌레들도 마찬가지 운명이었다. 기생충이라면 질색하는 수석 정원사가 그 벌레들을 선인장에서 꼼꼼하게 제거해버렸던 것이다. 네덜란드인들만이 자바에서 코치닐 염료 제조에 성공하게 된다.

1787년 외국 채권 투자를 전문으로 하는 네덜란드 호프 은행의 수장은 헨리 호프(1735-1811년)였다. 이 은행가는 연지벌레 수확량이 줄어들어 유럽의 코치닐 염료 재고가 크게 감소할 것이라고 예상했다. 그는 대은행 베어링스의 지원을 받아, 주로 카디스, 런던, 암스테르담에 저장된 코치닐 염료 수천 톤을 구입했다. 그는 마르세유, 루앙, 함부르크, 이탈리아, 상트페테르부르크에서도 구입했다. 그가 코치닐 염료 구입을 위해서 동원한 자금은 거의 200만 플로린에 달했다. 그러나 이 투기는 재앙으로 끝나고 말았다. 코치닐 염료 재고가 헨리 호프가 예측했던 것보다 더 많았기 때문이다. 당시의 경제신문들이 전하는 것처럼,[10] 엄청난 손실을 입은 호프 은행은 파산에 직면할 정도였다.

코치닐 염료의 모험은 1856년 영국의 화학자 윌리엄 헨리 퍼킨(1838-1907년)이 약관 18세에 최초의 합성 염료인 아닐린을 발견함으로써 끝난다. BASF 사를 중심으로 한 독일 산업계는 여러 가지 인공 염료들을 전문적으로 생산하게 된다. 그 대신 코치닐 염료는 영국군이 근위병의 붉은색 윗도리를 염색하는 데에 아직도 많이 사용되고 있다. 그리고 코치닐 염료는 식료품(사탕, 소다, 대형 소시지, 타라마 등) 착색과 화장품 제조에도 사용되고 있다(입술연지, 크림 등).

인간은 모든 것에 대해서 투기를 한다. 아마 무지개에도 투기를 하려고 할 것이다. 염료의 산업생산 기술의 진보 때문에 얼마나 많은 경제적 비극이 일어났던가?

41

호프-팍토렌이 독일 군주들의 골동품실과
전쟁을 위한 자금을 빌려주었다

정기시장의 도시였던 프랑크푸르트는 특히 15세기부터 차츰 금융 그리고 국제 결제와 채무 미불금의 결제를 전문으로 하게 되었다. 이런 관행들은 '메스콘트로부흐(Messcontrobuch)'라고 불렸다. 이것은 독일어 단어와 이탈리아어 단어의 기묘한 혼합인데, 결제가 상호(相互) 구좌에서 상쇄되는 출납 방식에 의해서 이루어진다는 것을 가리킨다.[1] 예컨대 푸거 가문은 아우크스부르크에 본사를 두고 있으면서도 프랑크푸르트 시장에서 철, 은, 구리 대금을 결제하는 것이다.[2] 많은 용병 부대들도 전투의 대가와 군수품(무기, 말, 식량, 소금, 흉갑, 짐수레 등) 구입비를 프랑크푸르트 시장에서 지급받았다.

프랑크푸르트 정기시장의 첫 번째 주간에 채권자들은 채무자들에게 증서를 제시하고 두 번째 주간에 미불금을 수령했다. 이런 거래들이 모두 이탈리아식의 기한 대출 기법에 의존한 것은 아니었다. 많은 경우에서 지불은 '전액 결제' 방식으로 이루어졌다. 실제로 이 지역 은행들은 기한 대출이라는 더 복잡한 방식의 거래를 제안할 수 있을 만큼 강력하지 못했다. 기한 대출 방식은 롬바르디아인, 리옹인, 바이에른 은행가들이 장악하고 있었다. 금융이나 거래에서 분쟁이 발생하면 당사자들은 지역 법원에 제소했다. 법원은 판결을 내리기 전에 상인과 금융가들에게 기술적인 의견을 제공하기를 요청했다(전문가들은 '의견'이라는 의미의 이탈리아어 단어 parére를 썼는데, 이 단어는 상업 독일어에서 그대로 사용되었다).

프랑크푸르트 거래소와 환시장 설립

독일에서 거래소는 이탈리아와 플랑드르의 기존 거래소들을 모델로 삼아 설립되었다. 그것은 상인, 금융가, 중개인이 서로 만나서 상품, 자본, 화폐, 귀금속을 거래하는 장소였다. 최초의 독일 거래소는 쾰른(1553년), 함부르크(1558년), 뉘른베르크와 뤼베크(1605년), 쾨니히스베르크(1609년), 라이프치히(1635년)에서 출현했다.

프랑크푸르트 거래소는 상인 82명의 참여로 1582년에 설립되었지만, 실제로는 1589년부터 가동되기 시작했다.[3] 48명의 중개인 가운데 6명만이 프랑크푸르트 출신이었다. 그것은 이 거래소가 지역 자본과 강력한 은행가들을 아직 끌어들이지 못했다는 증거이다. 본질적으로 루터교파였던 프랑크푸르트는 종교적인 차원에서는 상대적으로 개방적이었으나, 1460년부터 유대인 주민들을 위한 게토가 만들어졌다. 도시의 동쪽 끝에 위치한 구역인 유덴가스였다. 시당국은 1533년 개신교의 종교개혁을 공식적으로 인정하여 15년 동안 가톨릭교는 금지되었다. 그 반면 정기시장 기간에는 사법당국의 수배를 받는 사람들도 도시 안에서 자유롭게 장사와 사업을 할 수 있었다. 프랑크푸르트는 거의 '무방비 도시'였던 셈이다.

프랑크푸르트 거래소는 공식적으로 환시장이 됨으로써[4] 한 번 더 크게 발전한다. 환시장 참여를 신청한 82개 금융 회사 가운데 22개가 이탈리아 회사였다. 이는 베네치아, 제노바, 피렌체, 루카, 밀라노의 이탈리아 은행가들이 중요한 비중을 차지하고 있었다는 것을 확인시켜준다. 그들 가운데에는 밀라노 북부의 알프스 지역 출신 은행가들인 마즈노니와 브렌타노가 있었다. 프랑크푸르트 환시장은 아주 정확한 날짜에 현금으로 결제하거나 아니면 대출을 갱신하는 방식으로 채무와 채권을 상쇄시켰다. 이 시장은 차츰 도시의 상인 시장, 특히 '가을 시장'으로부터 독립하게 되었다. 따라서 1618년 크레모나의 한 은행가가 '프랑크푸르트에서 발행하고 베네치아에서 현금으로 바꾸다'라고 기록한 것처럼,[5] 환어음이 프랑크푸르트에서 발행되어 베네치아에서 제시되는 경우가 빈번하게 되었다.

중요한 금융시장 기간에 많은 프랑크푸르트 은행가들이 피아첸차에 모이곤 했다. 제노바 금융의 절정기에 피아첸차 금융시장은 유럽 전체의 환어음을 교환하고 결제하는 가장 중요한 장소가 되었다. 프랑크푸르트 은행가들이 독일 북부의 다른 은행가들을 위해서 거래하고, 롬바르디아의 은행가들과 어음과 채권을 매매하는 경우가 빈번해졌다. 당시에 유명한 아우크스부르크와 뉘른베르크의 퍼스티언(면직물/역주)을 생산하는 독일의 강력한 직물산업에 필요한 면사를 주로 공급한 것은 이탈리아 상인들이었다. 나중에 프랑크푸르트 은행가들은 호프-팍토렌(Hof-Faktoren, 궁정 은행가들)이 되어 군주들과 독일의 작은 국가들에 대한 대출을 전문으로 하게 된다.[6]

궁정 은행가들

끔찍했던 30년 전쟁(1618-1648년)[7]은 중부 유럽 전역을 유린하여 주민들은 기근, 고통, 죽음에 시달렸다.[8] 북부와 남부 유럽 사이의 교역량이 현저하게 감소하고, 수백만 에퀴와 탈러(유럽에서 15-19세기에 통용된 은화/역주)가 전쟁 비용과 용병 봉급으로 탕진되었다. 가옥, 인프라, 농업, 가축이 파괴된 것은 차치하고라도 말이다.[9] 이 힘겨루기에 참가한 국가와 군주들은 항상 돈에 쪼들렸기 때문에 은행가들에게 의존하게 되었다. 은행가들만이 정규군, 용병, 첩자, 뇌물, 군수품. 식량을 위한 비용을 전액 지불할 능력이 있었다.[10] 30년 전쟁이 마무리된 1648년의 베스트팔렌 조약 이후 몇몇 프랑크푸르트 은행가들은 막대한 손해를 보고 유럽 국가들의 재편에 따르는 대가를 치러야 했다. 그러나 다른 은행가들은 아주 중요한 전략적인 선택을 했다. 그들은 독일의 작은 국가들과 공국들의 금융을 전담하게 되었다. 이것은 이윤이 많이 남는 사업이었다. 실제로 이 작은 정치 단위들은 계속 빚을 지게 되었기 때문에 상대적으로 높은 이율을 마다하지 않았다. 특히 그들의 존립이 위협을 받을 때 말이다. 이 분야의 진짜 전문가들은 유대인 은행가들이었다. 이들이 호프-팍토렌, 즉 궁정 은행가들이 된 것이다.[11] 이들은 독일 지역의 여러 도시들에 위치한 다양한 궁정들의 사치를 위한 지출의 재원을 미리 제공할 수 있었다. 바로크 시대 독일의 작은 국가들의 모든 군주와 총독들은 사치경쟁에서 서로 앞을 다투었다. 심지어는 유럽의 주요 궁정들과 경쟁하는 경우도 있었다. 분더카메른(골동품실[12]), 오페라하우스, 대형 도서관, 유럽 학자와 지식인들 접대가 돈이 필요한 군주의 변덕에 포함되었다.

이 분야에서 가장 잘 알려진 이름은 새뮤얼 오펜하이머(1630-1703년)인데, 그는 같은 이름의 은행 총수였다.[13] 또 베이트몬,[14] 모리츠,[15] 메츨러[16] 그리고 '붉은 방패'의 가문 로스차일드[17]도 전성기를 구가했다. 이 대형 은행들은 유럽의 수많은 국가, 왕국, 공국들의 채권 투자가 전문이었다. 이 시장에서는 프랑크푸르트 은행가들이 강자였다. 쾰른 은행가들은 신생 산업 투자에 뛰어들었고, 함부르크 은행가들은 무역, 조선소, 국제 결제를 전문으로 하게 되었다.

베이트몬 은행은 1778-1796년에 오스트리아 황실을 위한 54번의 채권 발행에 총 3,000만 플로린을 투자했다. 같은 기간에 프랑크푸르트의 다른 은행들은 1억 플로린이 넘는 금액을 투자했는데, 바이에른, 덴마크, 프로이센, 오스트리아 그리고 독일의 작은 공국들의 채권에 투자한 것이다. 프랑크푸르트 금융시장은 나폴레옹의 암스테르담 점령 덕을 보았고 프랑스의 왕정복고기에는 더욱 발전했다. 1837년 프랑크푸르트에서는 무려 118개의 은행이 성업 중이었는데, 그 대부분이 독일 영방국가들의 채권과 국제채권을 운영하고 있었다.

프랑크푸르트는 쇠퇴를 겪은 후에 '방크푸르트'가 된다

1866년 오스트리아의 패배 이후 프랑크푸르트는 프로이센에 합병되었고 독일 통일이 시작되면서 이 도시는 경제권을 베를린에게 내주게 된다. 제국의 수도가 된 베를린은 대형 은행들의 설립과 증권거래소를 활용할 수 있게 되었다. 이에 대한 대응으로 프랑크푸르트 은행가들은 이 지역 금융의 역동성을 과시하기 위해서 1871년 프랑크푸르트 은행연합을 설립했으나, 이 은행은 15년 후 독일은행에 흡수당한다. 프랑크푸르트는 1870년 보불전쟁의 승리 그리고 대규모 국채 투자로 다시 빛을 보지만, 그것은 어두운 하늘에서 도시의 쇠퇴를 예고하는 섬광에 불과했다. 급속도로 산업화하는 독일의 다른 주요 도시들에서는 독일식 모델의 은행산업이 발전했다.

프랑크푸르트는 독일 최대 금융시장의 자리를 베를린에게 내어주고 말았다. 프랑크푸르트는 제3제국 붕괴 이후에야 비로소 자기 자리를 점진적으로 되찾아갈 수 있었다.[18] 그러나 큰 핸디캡을 극복해야만 했다. 프랑크푸르트는 주요 국제 금융시장들에 비해 작은 도시이고 언어 문제로 손해를 보았다. 국제금융과 무역시장에서는 독일어를 사용하지 않았기 때문이다. 더구나 국채에 대한 독일 정부의 과세 정책이 프랑크푸르트 증권거래소에 불리하게 작용하여, 증권거래의 중심이 런던과 룩셈부르크로 옮겨가게 되었다. 그 대신 유럽 중앙은행(ECB) 본부가 프랑크푸르트에 위치하게 되면서 이 도시는 재기할 수 있었고, 주요 국제 금융도시의 하나로 올라서게 되었다.

군주는 항상 은행가의 도움을 필요로 한다. 은행가는 군주의 공적인 업무만 도와주는 것이 아니다. 군주는 사적인 일에서 은행가의 도움이 더 절실하다. 골동품실은 오늘날로 말하자면 축구팀, 예술후원사업, 특별한 예술작품 구입과 같은 것이다. 군주의 힘을 과시하기 위한 것이라는 점에서 말이다.

42

일본 국세청은 쌀 고쿠로 출납을 기록했다.
이것이 정기 거래*를 장려했다

일본은 아주 발전된 화폐제도를 갖춘 적이 한 번도 없었다. 오랫동안
그리고 특히 에도 시대에 세무 부서 사람들은 출납을 '고쿠(石)'로 기록
해서 많은 세금이 이 도량형 단위로 납부되었다.[1] 이 도량형 단위는 전
국적으로 통용되었다. 고쿠는 성인 남자가 1년 동안 먹고 살기 위해서
필요하다고 측정된 쌀의 양이다. '마스(升)'는 성인 남자가 하루 먹는 데
에 필요한 쌀의 양이다. 쌀 한 고쿠는 180.39리터에 해당하고, 이 곡물
의 특유한 무게를 고려하면 대략 150킬로그램이었다. 고쿠는 또한 배의
크기를 재는 도량형 단위였다. 작은 배들은 적재량이 50고쿠(약 7.5톤),
큰 배들은 1,000고쿠(150톤)가 넘었다. 일본 배들은 외국의 캐럭 선이나
갤리언 선에 비해 아주 작았다. 일본의 쇄국 기간은 상당히 길었다. 이
기간에는 나가사키 항의 데시마 섬에 국한된 네덜란드인들과의 교역을
제외하면,[2] 외부와의 교류가 거의 없었다.

고쿠로 계산되는 부와 수입

농부들은 세금을 쌀로 납부했다. 에도 시대(江戶時代)의 조세 당국은

한(藩)을 고쿠다카(石高)로 계산되는 재산으로 평가했다. 가장 작은 한은 1만 고쿠였다. 쇼군의 직할 영지를 제외하고 가장 큰 한은 102만5,000 고쿠였다. 이 원칙은 쌀 농사를 하지 않는 지역들에도 적용되었다. 이런 지역들은 너무 북쪽(홋카이도 섬)이거나 너무 산이 많은 곳(도호쿠 지역)이었다. 세금은 쌀 수확량의 40퍼센트 정도였는데, 생산에 큰 영향을 미치는 기후변수도, 가격변동도 고려하지 않았다. 각 마을의 촌장은 일정량의 쌀을 납부해야 했으므로, 이것을 농민들에게서 얻기 위한 방도를 궁리했다. 세금의 압박은 모든 한에서 똑같지는 않았다.

중앙권력(幕府)[3]은 한이 납부해야 하는 고쿠다카를 계산하기 위해서 두 가지 방식을 사용했다. 첫 번째는 매년 생산량을 조사하는 방식(게미[檢見])이었다. 이 방식은 조사를 담당하는 검사관과 관리들의 부패[4]를 조장했다. 그들이 지방으로 내려가면 그 지역 책임자들이 호화로운 식사, 축제, 선물만이 아니라 그들을 즐겁게 해줄 여자들까지 제공함으로써 수확 실태를 직접 조사하지 못하도록 만들었다. 두 번째 방식(조멘[定免])은 이전 수확량들의 평균을 그다음 3년 동안 적용하는 것이었다. 당연히 농민들은 이 두 가지 방식 덕에 생산성 향상에 대한 과세를 피할 수 있었다. 이런 제도적인 '속임수' 덕에 에도 시대의 일본 농업은 높은 성장률을 기록할 수 있었다. 수확량과 생산성이 거의 정기적으로 상승하고 쌀과 다른 식품 생산을 위한 경작지가 계속 확대되었다. 세무서에 납부한 쌀은 저장되어 시장(특히 오사카 시장)으로 운반된 다음 전국으로 재분배되었다. 일부는 막부의 저장 중심지들로 배달되었다. 이런 방식은 국내 운송 시스템과 효과적인 항구 네트워크를 발전시켰을 뿐만 아니라 지역마다 상품을 해상으로 운송하는 능력을 갖추게 만들었다.

쌀, 금, 은, 구리

도쿠가와 막부(德川幕府)는 언제나 수입 증대를 도모했기 때문에 한에 자의적이고 임시적인 세금[5]을 부과할 때가 빈번했다. 그러면 농민은 세금 인상을 감당하기 위해서 생산량과 생산성을 증가시켜야 했다. 도쿠가와 막부는 권력을 장악하자 화폐 주조는 부분적으로만 중앙이 담당했다. 그 대신 도쿠가와 막부는 화폐 가치를 자주 조작했는데, 이는 위험한 인플레이션을 초래했다. 더구나 에도(江戸 : 현재의 도쿄) 지역에서 통용되는 화폐는 주로 금화 코반(小判 : 쌀 한 고쿠가 1코반이다)인 반면, 교토-오사카(카미가타[上方]) 지역에서는 이와미 은광[6]이 가까워서 주로 은이 통용되는 사실 때문에 문제가 더욱 복잡해졌다. 동전은 소매와 일상 거래에서 사용되었다. 일본은 화산 지질 덕에 금, 은, 구리 광산이 많다. 한(藩)은 지역의 지폐를 발행하는 권한을 부여받았지만, 지폐는 자기 지역 밖에서는 잘 통용되지 않았다.[7] 상당량의 은이 중국으로 밀수출되었는데 이는 에도 시대 말기에 더욱 심해졌다.[8] 중국은 언제나 은을 필요로 했다. 그래서 쌀이 일본 화폐제도의 토대가 되었고, 사무라이의 급여도 쌀로 지급할 정도였다.

오사카-도지마의 쌀 정기 거래

도쿠가와의 에도 시대에 일본 경제 전체는 쌀 수확과 가격에 크게 좌우되었다. 국가재정의 90퍼센트 이상이 쌀값에 직결되어 있었다. 모든 지역이 쌀로 세금을 납부했기 때문이다.[9] 이는 쌀값이 높으면 다이묘(大名 : 1만 고쿠다카 이상의 영지를 가진 봉건 영주)와 쇼군이 많은 조세수입을 올린다는 의미이다.[10] 반대의 경우에는 그들의 수입이 급격히 줄어들어 대개는 농민들에 대한 조세 압박을 대폭 강화하지 않을 수 없었다.

당연히 농민반란이 빈번했다. 농민반란이 나쁜 기후 조건, 전염병, 재를 동반하는 화산 분출과 겹쳐지면 파국적인 기근을 초래했다. 교토의 대기근(1732년 메뚜기떼의 대대적인 내습에 의해서 발생했다), 덴메이(天明 : 1783-1785년)의 대기근, 덴포(天保 : 1833-1836년)의 대기근이 그랬다.[11]

도쿠가와 요시무네가 1716년에 쇼군이 되어 국가재정의 개혁을 시도했다.[12] 1720년대에는 풍년이 들어 쌀값이 하락했다. 1729년 쌀값은 1721년의 40퍼센트에 불과했다. 쇼군의 대응은 신속했다. 그는 오사카의 도지마(堂島) 쌀 시장의 존재를 공식화하기로 결정했다. 도지마 쌀 시장은 이미 100년이 넘었다. 쇼군은 거래소의 투기가 쌀값을 상승시키기를 희망했다. 비록 인위적으로라도 말이다. 일본의 제2도시이고 상업적 수도인 오사카는 비옥한 평야에 위치한다. 이 지역은 농업의 허파로 '일본의 곡창'이라고 불린다. 쇼군의 세무서들은 납세자들이 납부하는 모든 쌀을 모아서 오사카 시장으로 보낸다. 여기서 쌀이 판매되어 최종 소비자들에게 보내졌다.

일본에서 상인들은 존경받지 못했다. 상인은 공자의 철학, 즉 유교에서 대우를 하지 않기 때문이다. 상인은 투기를 하는 노름꾼에 비교되었고, 아주 부자가 되더라도 사회계급의 맨 아래에 위치했다. 시장 역시 부정적으로 인식되었다. 상인은 일본 봉건사회의 7퍼센트 정도였고, 농민은 70퍼센트가 넘었다.

매우 근대적인 시장 조직

도지마 시장은 조직이 잘 되어 있었다.[13] 쌀을 저장하는 91개의 도매상이 입하되는 쌀 현물에 대해서 소유 증명서를 발급했다. 이 보증서가 도지마의 현금 시장에서 양도와 거래의 대상이었다. 상인들은 경매를 통해서 이 보증서를 구입하고, 상품 교환가치의 1/3을 즉석에서 지급했다. 그들은 10여 일 후에 이 보증서를 양도하거나 아니면 그다음 20일 동안에 쌀값 전액을 지급하고 쌀을 현물로 인수할 수 있었다. 쌀은 다른 곳으로 발송할 수도 있었고 보관소에 보관할 수도 있었다. 보관소는 쇼군의 소유이므로 보관료를 받지 않았다. 상인들은 쌀을 나중에 인수하는 조건으로 보증서를 구입할 수도 있었다. 보관소는 정해진 날짜에 쌀을 인도하기로 약속하고 상인은 교환가치 전액을 즉시 지급했다. 상인은 인수일에 쌀 그리고 자신이 보관소에 빌려준 자금에 대한 이자를 받았다. 보관소는 쌀을 공급할 수 없는 경우에는 증명서를 발급해주었다. 이것은 즉시 인도를 위한 교환권으로 상인이 팔 수 있었다.[14] 1,300명의 상인이 이 기한이 있는 보증서 그리고 현금과 교환하는 보증서를 함께 거래했다. 그들은 최신 정보를 얻기 위해서 비둘기, 봉화와 깃발 신호 등의 '정교한' 통신수단을 사용했다. 일본은 산악 지형이기 때문에 파발마에 의한 통신이 극히 어려웠다.

상인이 현물 없이 매각한 미래의 계약을 이행하려고 쌀을 빌려야 하는 경우에, 현금이 부족하면 이율이 하루에 2.5퍼센트까지 오르기도 했다. 거래소의 회기가 끝날 때마다 어음교환소는 모든 거래를 결산하는 임무를 수행했다. 교환소는 이윤을 남긴 상인에게는 대부를 허락하고 돈을 지불했으며, 손해를 본 상인은 부채를 청산하도록 했다.[15] 투기가 매우 활발했다. 1749년 일본 전체의 쌀 생산량은 3만 톤에 불과했는데, 거래량은 11만 톤을 넘었다.[16]

정기 거래는 8시, 현금 거래는 10시에 시작되었다. 각 거래마다 거래소 직원이 나무 곤봉을 쳐서 시각을 알리고 가격을 확인했다. 현금 거래는 정오에 끝나고 정기 거래는 14시까지 계속된다. 끝나기 전에 직원들이 심지에 불을 붙이고 그 심지가 꺼지는 순간 거래가 종료된다. 거래가 주로 이루어지는 기간은 1년에 3번 있었다. 1월 4일–4월 27일, 5월 7일–

10월 8일, 10월 17일-12월 23일. 각 기간은 10일 정도의 휴식기에 의해서 분리된다.[17] 이 기간들은 지역의 지리적 위치에 따라서 달라지는 수확 날짜를 반영한다(북부 지역의 수확은 훨씬 더 늦다).

일본 전역의 이자율이 도지마에서 정해졌다

1720년부터 쌀 시장 주위에서 대출 시장이 발전하기 시작했다. 쇼군과 다이묘들은 항상 현금이 필요했기 때문에 쌀을 팔아서 자금을 구하려고 했다. 그러나 그들은 곡물이 없는 경우가 잦았다. 그런 경우에 그들은, 나중에 세금으로 납부될 쌀을 담보로 돈을 빌렸다. 이율은 연 12-15퍼센트 사이에서 움직였다.

초보적인 은행업계가 형성되기 시작했다. 이 업계는 미곡상, 중개인, 크게 치부하여 은행가가 되기 위해서 장사를 포기한 이전의 미곡상들로 구성되었다. 쇄국[18]이라는 고립주의에 속박된 일본이 난관에 봉착하자, 은행업계에 대한 정치권력의 의존이 심화되었다.[19] 도지마 시장은 메이지 시대(明治時代) 초기인 1868년 재편되었고, 1939년 완전히 폐쇄된다.

일본의 역사를 보면 이 나라가 금융 분야에서는 그렇게 개혁적이 아니었다는 것을 알 수 있다. 그 반면 정기 거래의 발달 그리고 차트 분석(가격 변동 그래프의 해석)에서 '봉(峯) 차트'*의 발명은 두 가지 중요한 혁명이었다.

---

* 봉 차트(candle chart) : 일정 기간 동안의 주가(가격)의 변동을 막대 그래프로 작성한 것이다. 일본인들은 로소쿠(蠟燭)라고 한다/역주

43

철제 대포와 범선 제조가
영국 남부의 숲들을 파괴했다

보즈워스 전투는 장미전쟁(1455-1485년)의 마지막에서 두 번째 충돌이었다. 15세기 후반의 이 영국 내전은 랭커스터 가문과 요크 가문의 맞대결이었다.[1] 보즈워스 전투는 1485년 8월 22일에 벌어졌다. 전투는 랭커스터 가문의 수장인 리치몬드 백작 헨리의 승리로 끝났고, 그는 튜더 왕조의 제1대 국왕 곧 헨리 7세(재위 1485-1509년)가 되었다.[2] 시간이 훨씬 지난 후에 스코틀랜드인들의 침략 위협에 직면한 헨리 7세는 청동제 대포의 포탄을 철로 만드는 것을 허락했다. 훨씬 더 효과적인 이 포탄이 페드레로스(pedreros, 투석포)가 발사하는 돌 포탄을 대체하게 되었다. 대포는 여전히 '건스톤즈(gunstones, 투석포)'라고 불렸다. 1496년 세워진 뉴브리지 주조소가 영국 최초의 대포 주조소였다.

그러나 영국에서 대포 주조가 크게 발전한 것은 헨리 8세가 즉위한 1509년 이후이다. 영국이 1512년부터 프랑스와 전쟁을 벌인 것이 결정적으로 작용했다. 대포 주조는 윌드 지역에 집중되어 있었다. 이 지역은 주조소에서 사용하는 목탄을 만드는 데에 절대적으로 필요한 큰 숲으로 뒤덮여 있었다. 윌드(p. 172 참조) 지역에는 철광산도 있었다. 이 광산들은 로마 제국의 영국 철 생산의 중심이었다.[3]

1523년 헨리 8세는 이탈리아인 대포 주조공 체세나의 아르칸젤로와 라파엘레 아르카노까지 초청했다. 왕의 출납부에는 '광산의 달인' 프란체스코와 그 자식들에게 지급을 했다는 기록이 있다. 프란체스코와 라파엘레는 같은 사람이라고 여겨진다. 프란체스코는 1502년 체사레 보르자의 명령으로 체세나 시의 성벽을 개축하는 작업[4]을 맡은 레오나르도 다 빈치와 함께 작업한 기술자이다. 프란체스코 일가는 대포 화약 제조와 청동제 대포 주조의 전문가 자격으로 런던에 정착했다. 청동제 대포는 현재의 플리트 가(街) 아래쪽에서 제작되었다.[5]

왕은 메헬렌을 비롯한 플랑드르의 다른 대포 생산지들로부터의 수입에 전적으로 의존하는 것을 원하지 않았다. 철제 대포들의 최초 주조는 1543년에야 이루어졌다. 왕의 특허를 받은 청동제 대포 주조공인 윌리엄 레빗(1495-1554년)은 1543년 벅스티드(이스트서식스의 윌드 지역에 위치/역주)에 새로운 철제 대포 주조소를 설립하고 전문가를 한 사람 더 데려왔다. 이 사람은 런던에서 왕을 위해서 대포를 주조한 적이 있는 이전의 종 주조공 피터 보드였다. 1548년 다른 철제 대포 주조소들이 서식스와 켄트에 건립되었다.[6]

영국의 명문가들이 대포 제조에 뛰어들다

영국의 명문가들이 철제 대포 산업에 뛰어들었다. 불린, 시드니, 하워드, 네빌, 더들리, 새크빌 가문은 윌드에 소유지가 있었다. 이 산업은 물과 에너지(목탄의 재료인 땔나무)가 필수적이었고, 운반을 위해서 건장한 남자, 도로, 짐수레가 많이 있어야 했다. 주조소 인근 주민들은 불평하고 항의했다. 연기 때문에 호흡이 곤란해졌고, 목탄, 통나무, 철광석, 대포를 운반하는 짐수레들로 도로가 혼잡해졌기 때문이다. 옛날의 로마 도로가 주로 이용되었다.[7] 나무를 확보하는 문제로 심각한 갈등이 야기되었다. 주조소는 좋은 품질의 나무가 필요했고, 조선소는 배 한 척을 건조하는 데에 평균 4,000그루를 사용했다. 수많은 대포와 강력한 해군을 보유하려고 했던 헨리 8세 때문에 갈등은 더욱 커졌다. 헨리 8세는 대포와 해군을 위해서, 교회 그리고 영국 국교회 분리 이후 폐쇄된 수도원 800개의 재산을 쏟아부었다.[8]

헨리 8세의 사망(1547년) 이후에는 서머싯 공작(1500-1552년)이 섭정의 권한을 장악했다. 공작은 군인이었으므로 대포와 군함 생산을 계속 우선시했다. 목재 값이 15년 만에 두 배로 뛰었고,[9] 에드워드 6세(재위 1547-1553년)는 월드 숲의 나무는 가옥, 풍차, 다리, 민간 선박, 수레바퀴, 농기구 제작에 사용할 수 없다는 결정을 내렸다. 그 나무는 군사용(대포와 군함)으로만 사용할 수 있었다. 모든 주조소가 목탄 생산 시설을 인근에 보유하려고 노력했다. 목탄 운반 과정에서 손실이 너무 많이 발생했기 때문이다. 형편없는 도로로 말미암아 수레의 짐이 파손되는 경우가 다반사였다.

1558년 엘리자베스 1세(재위 1558-1603년)가 즉위했을 때는 나무를 목탄 만드는 데에 사용하는 것을 제한하는 법이 제정되기도 했다. 그러나 월드 숲은 제외되었다. 1575년경 여왕은 월드 지역에 다른 주조소들의 건립을 장려했다. 대포 제작으로 인해서 어려움을 겪는 주민들의 강력한 항의는 물론이고 대포의 외국 수출(불법인 경우가 자주 있었다)에 대한 증언들이 속출하자, 주조업자들을 런던으로 소환해서 해명을 듣기로 했다. 소환된 77명 가운데 토머스 그레셤(1519-1579년)이라는 이름이 있었다. 그는 여왕을 위해서 일하는 유력한 상인이며 재정가였는데, 악화가 양화를 구축한다는 그레셤의 법칙(Gresham's Law)을 제안하기도 했다.[10]

1590년경 영국의 철 생산량은 1년에 9,000톤에 달했다. 월드 지역의 무분별한 벌채는 목재 가격의 부단한 상승으로 더욱 가속화되었다. 업자들은 영국 남부 전역과 웨일스 지방에서 유연탄을 구하려고 혈안이 되었다.[11] 월드 지역의 쇠퇴는 1610년경에 시작된다. 중부 지방에서 생산된 철이 훨씬 더 경쟁력이 있는 가격으로 런던에서 팔렸기 때문이다. 더구나 스웨덴 제품과의 가차없는 경쟁이 시작되어 윌드 지역의 위기는 더욱 심화되었다. 스웨덴은 양질의 철, 삼림, 인력이 풍부했다.[12] 스웨덴제 대포는 영국으로 수출되었는데, 가격이 영국제와 같거나 더 낮기도 했다.[13] 물론 구스타브-아돌프 2세(재위 1611-1632년)의 스웨덴 군대가 17세기 전반에 연전연승한 것을 스웨덴제 대포로만 설명할 수는 없을 것이다. '북방의 사자'는 군사력은 아주 제한되어 있었으나, 혁명적인 전투 기법을 구사했다. 그것은 보병과 포병이 기병을 지원하는 방식이었는데, 포병은 가벼운 가죽 대포(구리로 만든 내강을 철로 둘러싸고 가죽으로 덮은 작은 대포로 아주 가벼웠다/역주)도 사용했다.[14]

윌드 지역은 석탄 광산이 없었기 때문에 더욱 큰 타격을 받게 되었다. 평균적으로 석탄은 목탄보다 열량이 2배 더 크다. 따라서 석탄을 사용하는 주조소는 더 싼 값으로 에너지를 얻을 수 있었다. 그러나 윌드에서 생산된 대포들은 찰스 1세(재위 1625-1649년)에게 큰 도움을 주게 된다. 찰스 1세는 왕실 보석의 일부를 담보로 내놓고 네덜란드 재정가들에게 돈을 빌렸다. 영국 왕실의 보석은 반출이 금지되어 있었기 때문에, 찰스 1세가 담보로 제공한 보석은 왕비 헨리에타 마리아(1609-1669년)가 몸소 네덜란드로 가서 넘겨주었다. 그러나 찰스 1세가 부채를 상환해야 할 시점에 국고는 비어 있었다. 그는 1628년 네덜란드에 대포 4,000톤, 곧 4,000문 가량을 12만 파운드를 받고 매각하기로 결정했다. 그는 이 돈으로 네덜란드 부채 그리고 덴마크 왕으로부터 얻은 빚을 갚았다. 덴마크 왕은 영국 왕실의 목걸이를 담보로 받았었다.[15]

윌드의 대포 산업은 7년 전쟁(1756-1763년)의 종식 그리고 대포 구입가를 낮게 책정한 영국 포병국의 결정으로 결정타를 맞게 된다. 1759년 설립된 캐론 회사가 1764년 영국군 대포의 주 공급자가 되었다.[15] 윌드의 많은 주조업자들은 도산했다. 그들은 스코틀랜드 무연탄과 코크스

(석탄으로 만든 연료)를 사용하지 않는 탓에 더 이상 경쟁력이 없었다. 스코틀랜드 중부 캐론 강의 이름을 딴 캐론 회사 공장에서는 코크스를 사용했다. 이 공장들은 캐론 강가에 위치해 있었기 때문에 원자재를 반입하고 제조된 대포를 반출하기가 쉬워서 상대적으로 저렴한 운송비 혜택을 보았다.

국내총생산(GDP) 성장의 신화는 한 나라의 미래를 크게 해칠 위험이 있다. 현재 몇몇 신흥국들은 국내총생산 증가의 양과 질의 관계에 대해서 고심하고 있다. 예를 들면, 중국을 비롯한 일부 신흥국들은 자국의 오염 수준을 낮추고 더 지속가능한 발전의 사회적 비용을 치르는 대신, 성장률을 하향 조정하기로 결정했다.

44

인도-중국-일본을 무대로 하는
포르투갈 삼각무역의 축인 마카오와 용연향

이탈리아 예수회 신부 자코모 로(1593-1638년)는 포르투갈의 마카오 상관(商館)을 지켜낸 영웅 가운데 한 사람이다. 마카오는 중국 남부의 반도로 광저우에서 145킬로미터 떨어져 있다. 네덜란드 동인도회사는 마카오 상관을 빼앗고 싶어서 안달이 났다. 일본의 히라도 항구에 자리 잡은 이 회사 직원들이 나가사키 상관에 자리 잡은 포르투갈 상인들의 활약에 제대로 대항하지 못했기 때문이다.[1] 네덜란드인들은 마카오를 4번이나 맹렬하게 공격했지만, 3번 실패했다(1601년, 1603년, 1607년). 1622년 6월의 네 번째 공격(배 13척에 1,300명, 그 가운데 800명이 상륙할 참이었다)은 성공할 수도 있었다. 수학에 능통한 로 신부가 포르투갈 포병의 사격을 지휘했다. 행운이었는지 아니면 천재의 솜씨였는지는 모르지만, 포르투갈 포병이 화약과 폭발물을 적재한 네덜란드 배의 탄약고를 정통으로 가격했다. 네덜란드 함대의 인적, 물적 손실은 처참한 수준이었다. 네덜란드 동인도회사의 군대는 포로들을 남겨두고 퇴각하지 않을 수 없었다.[2] 이 승리는 노예들을 해방시킴으로써 축하되었고, 세례 요한의 축일(6월 24일)에 기념식을 거행하는 국가적인 축제가 되었다.

포르투갈 상인들은 상당 기간 중국과 갈등 관계를 겪은 후에 명나라 황제로부터 마카오 기항을 허락받았다(1521년). 교역을 하고 필수품을 사들일 권리는 부여받았지만, 내륙으로는 들어갈 수 없었다. 포르투갈이 중국인들의 왜구 퇴치를 지원함으로써 관계가 개선되었다. 왜구들은 중국의 해안 지역을 유린하고 교역을 방해했다.[3] 왜구들이 사오싱 지역(양쯔 강 하구)을 위협했기 때문에 중국 황제는 일본과의 교역을 제한시켰다.

그러자 포르투갈인들이 베이징과 일본 막부 사이의 중개 역할을 담당했다. 그들은 마카오의 남쪽 구역에 창고를 세우는 허가를 얻었고, 1557년 황제는 1년에 은 500냥(1냥은 약 37.5그램/역주)을 바치는 조건으로 포르투갈인들의 마카오 거주를 마침내 승인했다.[4] 어떤 기록에 따르면 실제로는 그 액수의 100배였다고 한다. 그러나 황제가 포르투갈인들을 받아들인 데에는 더 미묘하고 은밀한 이유가 있었다. 포르투갈인들이 가정제(嘉靖帝, 재위 1522–1567년)에게 정기적으로 용연향(龍涎香)을 상납했기 때문이었다. 용연향은 모잠비크 해안, 특히 소팔라 지역에서 채취하는 향유고래의 토사물인데, 포르투갈인들이 거의 독점하고 있었다. 용연향은 아주 진귀한 물건으로 강력한 최음제라고 알려져 있었다.[5]

중국-포르투갈 무역의 축

미래의 홍콩 항에서 70킬로미터 떨어진 마카오[6]는 마카오-말라카-고아-리스본, 광저우-마카오-나가사키, 마카오-마닐라-멕시코 이 3개의 통상로가 만나는 곳이었다. 첫 번째 통상로에서는 포르투갈 캐럭 선들이 리스본에서 오는 길에 무기(일본 통일을 위해서 싸우는 막부의 아시 가루용 화승총), 서적(기술과 종교), 유럽 사치품, 은, 아프리카 남동 해안의 소팔라의 금, 스페인 진사(알마덴 광산) 그리고 상인, 포르투갈 관리, 성직자를 비롯한 승객을 수송했다. 이 배들이 돌아갈 때에는 비단, 자기, 진주, 향신료, 염료 그리고 고아 또는 리스본으로 직접 가는 예수회 신부와 관리를 비롯한 승객을 싣고 갔다. 갤리언 선과 캐럭 선은 베트남 항구 호이안(포르투갈인들은 파이포라고 불렀다) 옆에 잠시 기항했다. 호이안은 현재의 다낭에서 20킬로미터 정도 떨어져 있는 곳이다. 그러나 여기는 포르투갈 배들에게는 흘수가 너무 얕았기 때문에 이 배들은 투란(다낭)에 정박했고, 수많은 중국과 일본의 정크 선들이 해안을 따라다니며 분주하게 움직였다.[7]

두 번째 통상로는 특별히 이윤이 컸다. 1583-1591년 중동, 인도양, 인도, 동남아시아를 여행한 영국인 랄프 피치(1550-1611년)는 비단, 자기, 사향, 중국의 한약재가 은(일본의 이와미 은광), 구리(막부가 관리하는 아시오 광산), 초석과 교환되었다고 기록했다. 랄프 피치는 나중에 런던으로 돌아온 다음에는 영국 동인도회사의 고문[8]이 되었다. 항저우의 상인 야오스린의 기록에 의하면, 일본은 사치품 수입을 주로 중국에 의존했다고 한다. 항저우에서 제조되는 사치품, 징더전의 자기, 후저우의 비단과 수단, 장저우의 새틴, 쑹장의 면직물이 그것이다. 쇼군 히데요시는 일본이 조선을 침략하기(1592-1598년의 임진왜란과 정유재란/역주)[9] 전에 전쟁 준비에 유용한 모든 물자들을 비축하기 위해서,[10] 일본 상인들에게 마카오와 아시아 다른 항구들로부터의 수입허가(주홍빛 인장으로 확인했다)를 내주기 시작했다.

세 번째 통상로는 스페인 펠리페 2세의 포르투갈 왕국 합병(1580년)의 산물이었다.[11] 갤리언 선과 캐럭 선들이 1571년부터 스페인의 주요 창고가 된 마닐라로 향했다. 여기서 포르투갈 상인들은 스페인령 멕시코와 페루로 갈 비단, 자기(중국과 일본), 칠기, 상아를 내려놓았다. 이 모든 제품들은 말레이시아 주석괴(塊) 그리고 인도네시아와 필리핀의 값비싼 목재와 함께 마닐라의 갤리언 선에 선적되어 멕시코로 향했다. 아카풀코에서 떠나는 대형 갤리언 선(최대 2,000톤)은 태평양을 건너 마닐라에 사카테카스와 포토시 광산의 은, 우앙카벨리카의 수은, 도블라(dobla) 금화[12] 그리고 특히 많은 8레알 은화[13]를 내려놓았다. 8레알 은화야말로 아시아 무역의 진정한 윤활유였다.[14]

동인도회사들의 성공과 마카오의 비극적인 쇠퇴

마카오 상관은 쇼군 도쿠가와 이에미쓰(1604-1651년)가 쇄국을 명령할 때까지 번창했다. 쇼군은 일본인들의 외국 여행을 금지하고 교역을 크게 축소시켰다. 나가사키 맞은편에 있는 데지마 인공섬으로 활동이 한정된 네덜란드 상인들을 통해서만 수입과 수출이 허용되었다. 이 덕에 나가사키는 일본에서 가장 중요한 항구가 되었다. 푸치니의 「나비부인」의 무대가 바로 나가사키이다. 여주인공은 단도로 목을 찔러서 자결한다.

마카오 무역의 쇠퇴는 영국과 네덜란드 동인도회사의 득세,[15] 포르투갈 제국의 몰락, 1755년의 리스본 지진, 아편전쟁(1840-1842년), 영국인들의 홍콩 정착(1842년)에 의해서 더욱 가속화되었다.[16] 중국은 아편전쟁의 패배로 외국 상인들에게 상관을 개방하게 되었다. 많은 상인들이 차츰 마카오 상관을 떠나서, 국제적인 큰 은행들이 들어서고 흘수가 더 깊은 홍콩 그리고 상하이에 정착했다.

마카오는 해적, 가톨릭 신부, 매춘부, 파타카의 도시로 전락했다. 남중국해를 누비고 다니지만 제대로 무장하지 않음으로써 자체 방어 능력이 없는 정크 선들이 여러 세기 전부터 해적들의 먹잇감이 되었다. 예수회[17]와 도미니쿠스 회는 마카오를 아시아 선교의 전초기지로 삼았다. 성 바울 대성당의 바로크 양식 정면은 화재로 파괴된 이 거대한 성당의 비통한 잔해이다. 오랫동안 매춘과 도박은 아시아의 타락의 소굴이 된 마카오에 도착하는 선원과 여행자들의 환상을 자극했다. 1894년부터 마카오는 자체 통화, 곧 파타카(pataca)를 사용하기로 결정했다. 파타카는 브라질을 비롯한 포르투갈 식민지들에서 사용하기 위해서 만든 옛날 화폐였다. 1901년 리스본은 국립 해외 은행들의 파타카 지폐 발행을 허용했다. 지폐는 1906년에 도입되었다.[18]

그러나 식민지에서는 모두 은화 사용을 선호했다. 19세기 전반기에 마카오 상관은 쿨리 중개무역에 나섰다. 쿨리는 양심 없는 상인들이 브라질의 광대한 농지, 카리브의 농장, 미국과 안데스 산지의 운하와 철도 공사장에 '수출하는' 새로운 반(半)노예들이었다.[19]

현재 마카오는 아시아의 도박의 대명사가 되었다. 그러나 4세기 동안 마카오는 유럽-중국-일본 교역의 중심으로 첫 번째 세계화의 축이었다.

45

일본의 은이 막부를 강화시키고
세계 무역의 발달을 촉진했다

오랫동안 일본 상인들은 상당량의 은을 함유한 구리 광석을 중국으로 수출했다. 광부들이 구리와 은을 분리할 줄 몰랐기 때문이다. 이 작업은 명나라에서 이루어졌다. 쇼군들의 호전성에서 비롯된 여러 다이묘들 사이의 내전(戰國時代)이 거의 2세기 동안이나 일본을 살육과 방화로 피폐하게 만들자, 무사들은 재원을 확보하려고 나서지 않을 수 없었다. 은이 제일 중요한 재원이었다.[1] 따라서 새로운 은광을 찾아내고 은 생산을 위한 기술적 해결책을 모색하는 노력이 대대적으로 전개되었다.

1526년 조선 맞은편의 일본 남쪽 하카타에 근거지를 둔 상인 가미야 주테이는 1306년 발견된 이와미 은광을 다시 열었다. 1533년 주테이는 2명의 조선 기술자(계주와 소탄)를 초치했다. 그들은 하이후키 방식(회취법)을 도입하여 납-은 광석을 처리함으로써 은 생산량을 증가시켰다.[2] 이 방식은 콜럼버스 이전 시대의 페루와 멕시코 광부들이 사용했던 것과 똑같다. 1542년부터 다이묘 오우치 요시타카는 이쿠노(교토에서 100킬로미터 정도 떨어져 있고 고베 소고기로 유명한 타지마 지역) 광산에서 이 방식을 사용하도록 결정했다. 더 작은 다른 광산들도 이 방식을 채택한 결과, 항상 은을 필요로 하는 중국에 대한 수출이 1540-1550년대 말에 아주 빠르게 증가했다.[3] 마카오 상관을 장악한 포르투갈인들의 중개 덕에 중국과의 교역은 눈에 띄게 늘어갔다. 핵심은 중국 비단과 일본

은을 교환하는 것이었다.

이 시기에 다이묘들 사이의 전쟁이 마지막 불꽃을 피우기 시작했다. 다이묘들은 전쟁 비용을 은광 그리고 농민과 가신들이 쌀로 납부하는 세금으로 충당했다. 예컨대 오우치 요시카타를 계승한 다이묘 노부나가는 몇몇 은광을 장악하고 세금 수입이 발생하는 은 교역까지 통제하게 되었다.

1568년 그는 혼슈 섬의 중앙 지역을 정복하는 동안 이쿠노 광산(구리와 은)을 점령하는 데에 성공했다. 더구나 이 전쟁의 대가로 포르투갈인들이 수출하는 화승총을 구입할 수 있었다. 노부나가의 보병은 최초로 이 총기를 사용하여 적군 기병과 창병들의 공격을 저지할 수 있었다. 노부나가는 유럽과 똑같은 전투 기법을 사용했다. 1568년 그는 교토를 점령하고 불교 사원들을 조직적으로 약탈함으로써 금 보물을 차지했다. 그러나 노부나가는 이와미 은광 그리고 사도 섬(혼슈 섬의 서부), 아시오(혼슈 섬 중앙부에 위치한 큰 구리광산), 아니(혼슈 섬 북부의 구리광산)를 점령하지 못했다.[4] 이와미 광산을 차지하는 데에 성공한 사람은 다이묘 모리 모토나리(1497-1571년)였다.[5]

일본은 세계 은 공급의 1/3을 차지했다

1580년대부터 일본의 은 생산에 아말감 기법이 도입되었다. 은광석을 수은으로 처리하게 되자 일본의 은 생산은 크게 증가했다. 스페인의 한 예수회 선교사는 1592년 안트베르펜에서 출간한 일본 지도에서 최초로 이와미 지역에 은광산이 있다는 것을 표기했다. 라틴 아메리카 대륙에 포토시 은광이 있었다면, 아시아에는 이와미 은광이 있었다. 이 시기에 이와미 은광은 세계 은 생산의 1/5을 차지했고, 일본은 세계 은 공급의 1/3을 점유했다. 포르투갈인들이 일본을 '은의 섬'이라고 묘사할 정도였다.

일본의 은 생산 급증, 강력한 막부에 의한 전국의 정치적 통일, 몰락이 가속화되기 이전의 중국 명나라의 재개방 정책, 스페인인들이 통제하는 필리핀과의 항로 개설(마닐라의 갤리언 선), 네덜란드와 영국 동인도회사의 무역 활동 개시는 동아시아 무역의 약진과 일본 경제성장을 위한 이상적인 조건들을 만들었다. 일본은 기나긴 전쟁과 기근을 겪었을 뿐만 아니라 잦은 대지진으로 피폐해져 있었다.[6]

은은 세계화된 무역의 첫 번째 재정적 동력이라고 할 수 있다. 모든 상인들과 다양한 민족들이 받아들이는 은은 주로 세 지역에서 생산되었다. 은은 중부 유럽(독일 은행가들의 통제 하에서 베네치아와 제노바 그리고 나중에는 포르투갈인들과 스페인인들이 공급했다), 아메리카(스페인 제국이 통제하는 멕시코와 포토시의 은광), 동아시아(일본 막부와 중국 명나라의 은광) 사이에서 유통되었다. 아메리카 광산들의 은은 세비야와 유럽으로, 그리고 마닐라를 거쳐 중국으로 보내졌다. 유럽 상인들은 리스본과 런던의 은을 인도와 중국으로 수송했다.

일본 은은 포르투갈, 네덜란드, 스페인 상인들에 의해서 중국과 동남아시아에서 유통되었다. 이 은으로 금속과 직물(중국산과 인도산), 칠기와 자기, 서양의 무기와 서적(특히 네덜란드제), 향신료와 값비싼 목재, 염료와 의약품 등을 구입했다. 그러나 은은 다른 무엇보다 비단을 구입하는 데에 사용되었다. 생사와 비단[7]을 구분하지 않고 사들였다. 일본 상인들은 최상품 비단을 가장 먼저 천황의 정장을 위해서 바쳐야 할 의무가 있었다. '천황의 비단'이라는 명칭은 최고급 제품을 가리킨다. 또 천황은 고급 생사에 대한 선매권(전체 물량의 평균 20퍼센트를 특별 가격으로)을 보유하고 있었다. 이 고급 생사는 교토-니시진의 초기 산업 지대에서 가공되었다.[8]

상관과 항구들이 급속하게 발전했다. 광저우는 동남아시아와 베트남의 다낭, 호이안 항구와 교역했다.[9] 항저우는 류큐 섬(상하이 맞은편)과 교역하고 일본의 히라도와 나가사키 항구는 중국, 조선, 마닐라와 교역했다.[10] 마카오(아마콘)는 이 모든 교역의 중심지였다. 외국에 진출한 일본인의 상업지역(니혼 마치)은 수가 많고 규모가 커서 강력한 일본인 디아스포라를 형성했다.

명나라의 위기, 일본의 고립주의, 포르투갈-스페인 무역의 몰락

이 목가적인 구도는 일련의 사건들에 의해서 조금씩 흔들리다가 마침내 완전히 파괴되었다. 명나라가 위기에 빠졌다. 1618년부터 만주족들이 명나라의 북쪽 국경을 본격적으로 위협하기 시작했다. 황제는 병사들에게 지급할 은이 부족했고,[11] 거의 모든 국경 도시들이 적군에 의해서 유린당했다. 일본 막부는 기나긴 고립주의(쇄국)를 선택했다. 1635년 막부는 일본 상인과 선박들에게 국제 무역을 금지시키고, 1639년 서양 상인들 중에서는 네덜란드인들만을 받아들이고 그들의 교역을 나가사키의 인공섬 데지마에 한정시키기로 결정했다.[12] 포르투갈의 제해권 쇠퇴는 마카오 무역에도 악영향을 끼쳤다. 본국의 거듭된 파산으로 직격탄을 맞은 스페인 상인들이 마닐라에서 가져오는 '아메리카 은'이 갈수록 줄어들었다. 그 반면 네덜란드와 영국 동인도회사는 번창했지만, 세계적으로 유통되던 은의 전성시대는 마감되었다.[13]

일본의 '포토시'라고 부를 수 있는 이와미 은광은 이 나라를 세계의 금융 네트워크 속으로 편입시켰다. 그러나 일본이 고립주의를 선택함으로써 이 네트워크가 차단되었다. 일본은 동아시아 지역 강대국의 역할을 포기하기로 결정한 것이다.

46

오스만 제국은 목재 부족으로
제대로 성장하지 못했다

제한된 목재 공급이 오스만 제국의 성장과 도약을 가로막았다. 500여 년 전에도 이집트와 바그다드의 칼리프국들이 똑같은 문제로 타격을 받았고, 파라오 시대의 이집트 제국 역시 이 문제 때문에 확장이 제한되었다. 그 반면 코르도바 칼리프국은 이베리아 반도(시에라 모레나와 네바다)의 목재가 있었고, 영국과 스칸디나비아에서 목재를 수입할 수 있었다. 코르도바 칼리프국의 경제와 군대는 목재 부족으로 어려움을 겪었지만 그 정도가 덜했었다.[1]

오스만 제국은 흑해의 남부 지역, 루마니아, 마르마라 해의 연안, 시리아, 레바논, 알바니아, 튀니지의 능선, 페스의 원경을 형성하는 삼림지대(피르, 마모라, 아틀라스 산맥), 모로코 남쪽의 소아틀라스 산맥에 광활한 삼림을 보유하고 있었다. 그 반면 이집트 지역과 예전의 메소포타미아 지역에는 숲이 없어서 질이 크게 떨어지는 목재밖에 구하지 못했다. 오스만 제국은 예니체리(오스만 제국의 정예 보병 부대)와 중포병(重砲兵)을 보내 발칸, 다뉴브 강 유역과 카르파티아 산맥을 점령하여 목재를 제공하는 새로운 지역들을 장악하려고 부단히 노력했다. 고급 목재는 이스탄불과 알렉산드리아의 조선소로 보냈다. 이런 목재(특히 아나톨리아산)의 일부는 유프라테스 강에서 뗏목으로 바스라 조선소로 보내기도 했다. 바스라 조선소는 홍해, 페르시아 만, 인도양에서 작전을 수행하는 함대의 선박들을 전문적으로 건조했다. 또 동부 아프리카 해안과 인도양에서 직접 구입한 최고급 목재(티크, 흑단, 백단향)를 바스라에 보내기도 했다.[2] 배 한 척을 건조하려면 통나무 3,000-4,000개(품질이 우수하고 길며 특히 수령이 오래된 통나무)가 필요했다. 1571년의 레판토 해전 후에 양측의 함대(스페인-베네치아 연합 함대와 오스만 함대)를 재편성하고 강화하기 위해서 약 25만 그루[3]를 벌목했다고 추산한다.

적지의 벌목을 위한 특공 작전

따라서 오스만 제국은 목재를 절약해야만 했다. 그렇지 않으면 상대적으로 높은 가격으로 수입을 해야 했다. 목재 운반은 어렵고 인적, 물적 자원을 많이 동원해야 한다. 오스만 행정부는 목재 생산을 감독하는 데에 신경을 많이 썼고 몇몇 지역의 삼림을 보호하는 부서를 만들기도 했다. 오래 전부터 아주 명확한 법규를 만들고 '공공 삼림부'[4]와 같은 삼림 부서를 발전시킨 베네치아처럼 말이다. 이런 직무는 예니체리가 담당했다. 그들은 큰 나무들을 관리하고 무허가 벌목을 단속하는 삼림 감독관이 되었다. 금지 구역에서 벌목하다가 잡힌 자들은 모두 중죄인으로 취급되어 곧바로 갤리 선으로 보내졌다.

삼림 부서가 벌목이 가능하다고 결정하면, 물소와 황소가 끄는 수레를 동반한 기나긴 수송대가 조직되어 통나무들을 항구로 운반했다. 항구에서 통나무들은 거대한 선박에 실려 주요 조선소들로 향했다. 뗏목을 만들어 강으로 보내는 방식도 선호했다. 가능하다면 말이다.[5] 핵심 자재인 목재의 부족에 직면한 군인들은 적국의 바닷가에 위치한 숲으로 벌목하러 가는 특공작전을 하기도 했다. 기습은 최소한의 시간 안에 끝나야 했다. 적군이 아군을 추격하거나 사로잡기 전에 퇴각해야 했기 때문이다. 이런 작전들은 오스만인들만이 아니라 베네치아인들도 자주 사용했다. 베네치아인들은 특히 달마티아 해안을 노렸다.[6] 베네치아는 오스만 제국의 이런 기습과 대규모 목재 구입에 각별히 신경을 썼다.

외국에 주재하는 베네치아 대사와 영사들은 목재 시장의 의심스러운 동향을 낱낱이 10인 위원회에 보고했다. 첩자와 상인들 역시 이런 정보를 공화국의 최고 책임자들에게 보냈다.[7] 이 모든 정보원들이 대포와 무기 시장의 모든 동향도 베네치아에 알렸다.[8] 레판토 해전의 승리는 베네치아가 (동맹국들과 함께) 오스만 제국의 전쟁준비와 군사행동을 예측하고 대응할 시간을 번 덕택이었다.

30년 전쟁은 오스만 제국과 베네치아에 많은 문제를 일으켰다. 중부 유럽의 목재 수요가 급증하고(대포를 주조하기 위한 목탄, 초석, 다른 군사 시설, 방어시설, 수레 등을 만들기 위해서) 목재의 상업적 유통이 대단히 어려워지자 가격이 폭등했다. 베네치아와 이스탄불은 다른 지역에서 목재를 구해야만 했다.[9] 발트 해 지역과 북유럽의 목재는 대부분 네덜란드 선박에 의해서 운반되었다. 나중에는 영국 선박이 운반을 담당했다. 주요 선적항은 그단스크(단치히)였지만, 스칸디나비아 반도의 항구들도 이용했다. 이 모든 교역로들이 30년 전쟁에 연결된 군사적, 정치적 사건들 때문에 크게 손상되었다.[10] 오스만 행정부는 세금을 목재로 납부하는 방식도 동원했다. 숲을 보유한 사람은 목재로 세금을 납부할 수 있었다. 그러나 이런 목재 납부에 적용된 가격은 이 원자재의 상업적 가치의 1/5-1/4에 불과했다. 그러므로 삼림 소유자들은 목재로 세금을 내기보다는 시장에서 파는 것을 훨씬 더 선호했다.[11]

초석과 대포 주조용 땔나무

초석 1톤 생산에는 15-20톤의 땔나무가 필요했다. 17세기 전반기에 오스만 제국이 초석 생산을 위해서 1년간 소비한 나무의 양은 주민

10-20만 도시의 소비량과 맞먹었다. 오스만 제국의 중포병을 위한 대포 제조 역시 많은 땔나무가 필요했다. 목탄을 만들어야 했기 때문이다. 목탄이 만들어지면, 이스탄불의 토파네[12]와 다른 주조소들로 운반되었다. 그 가운데 발로나(현재의 알바니아)와 프레베자(그리스의 이피로스)는 발칸 반도의 나무와 광산 덕을 보았다.[13] 오스만 제국의 모든 제철업이 목탄에 좌우되었음은 물론이다. 인도의 오츠의 강철[14]로 만드는 유명한 다마스쿠스의 도검과 사브르 제조에도 많은 땔나무가 필요했다. 800킬로그램의 정련된 철을 얻기 위해서는 40톤의 연료(목탄)가 있어야 했다.[15]

9세기부터 유럽과 지중해 지역에서 말편자 제조 때문에 철 소비가 폭발적으로 늘었다는 점도 명심해야 한다. 대장장이가 철을 녹이려면 구리와 청동을 녹이는 것보다 온도가 40퍼센트 더 높아야 하므로 땔나무 소비가 급증한다. 건물 분야도 아주 많은 나무가 필요하다. 아나톨리아, 발칸 반도, 마그레브는 지진대였기 때문에 많은 집을 나무로 지어야 했다.[16] 게다가 불의 산업(도자기, 유리, 설탕, 비단, 직물 염색), 병기창, 제철업은 땔나무를 얻기 위해서 언제나 서로 경쟁을 했다. 이 분야들의 생산이 오스만 제국에서 차츰 감소한 것은 목재를 구하기가 어려워졌기 때문이라고 할 수 있다.

화폐 주조에도 땔나무가 많이 필요했다는 점도 잊어서는 안 된다. 이스탄불 그리고 광산을 보유한 지역들[17]의 조폐소에서 알틴(금화), 악세, 디르함, 쿠루쉬(은화), 망기르(동전)가 주조되었다. 그럼에도 불구하고 언제나 화폐 공급이 충분하지 않았기 때문에 많은 외국 화폐들(특히 스페인의 8레알 은화와 베네치아의 두카트 금화)이 오스만 제국에서 통용되었다. 몇몇 지역은 나무들의 자연적인 보충 속도보다 빠르게 벌채가 이루어져서 문제가 더욱 악화되었다.

이런 현상은 일찍이 키프로스 섬에서도 일어났다. 이 섬에서 파라오 시대에 구리 생산을 위해서 시작된 벌채는 모든 후대 거주자들에 의해

서 가속화되어 섬의 삼림에 재앙을 일으키게 되었다.[18]

많은 나라들이 원자재는 거의 없지만, 기술과 연구개발에 의해서 이 결함을 보충할 수 있었다. 그런 나라들은 노하우 수출에 의해서 원자재 부족을 크게 만회했다.

47

네덜란드인들은 조가비를 주고 구입한 맨해튼 섬을
영국인들에게 넘겨주고 육두구 섬을 대신 받았다

1511년 포르투갈인들이 반다 제도에 도착했다. 10개의 화산섬으로 이루어진 이 제도는 인도네시아 한복판의 미기후(微氣候) 지역이다.[1] 이 제도는 해안이 매우 들쑥날쑥하기 때문에 접안이 아주 어렵다. 포르투갈 선장 가르시아는 1529년 반다 제도로 갔지만, 너무 적대적인 주민들 때문에 임무를 포기하고 돌아갔다. 이 제도의 한 섬에서는 육두구(肉荳蔲)를 재배하고 있었다. 그러나 아주 비싼 이 향신료는 인도네시아 서부나 말라카에서 구하는 것이 훨씬 더 용이했다.

스페인 제국의 포르투갈 합병으로 포르투갈인들의 무역이 퇴조한 틈을 타서 네덜란드인들이 1599년 반다 제도에 상륙했다. 3년 후에는 네덜란드 동인도회사가 설립되어 번개같이 빠른 속도로 번창하기 시작한다. 매우 노련한 상인들로 구성된 암스테르담의 동인도회사 집행부는 육두구 생산을 독점하기 위해서는 반다 제도, 특히 런이라는 작은 섬(길이 3킬로미터에 너비 1킬로미터)을 장악해야 한다는 것을 깨달았다. 영국 동인도회사의 몇몇 선원들이 1603년 런 섬 주민들과 거래를 하기 위해서, 네덜란드 상인들이 지급하는 육두구 가격보다 훨씬 더 높은 가격을 제시했다. 1615년 900명의 네덜란드인들이 아이 섬을 침략하자 영국인들이 반격에 나서 네덜란드인 200명을 죽였다. 1616년 성탄절에 영국 동인도회사의 선장 너새니얼 코트호프(1585-1620년)가 런 섬에 상륙하여, 주민들이 제임스 1세(재위 1603-1625년)에 대한 항복 문서에 서명하게 만드는 데에 성공했다. 런던으로서는 런 섬은 이제 영국 땅이었다. 코트호프는 네덜란드인들의 공격에 대비하여 요새를 건설하기 시작했다.

네덜란드 동인도회사는 지체하지 않고 런 섬의 재정복을 위해서 군대를 보냈다. 섬은 4년이 넘는 포위전 끝에야 함락되었다. 살아남은 영국인들은 섬에서 떠났다.[2] 동인도회사의 네덜란드인들은 결단력, 다시 말해서 잔인성을 유감없이 발휘했다. 1621년 런 섬과 몇몇 인근 섬들의 거의 모든 주민들을 몰살시켜버린 것이다.[3] 이 만행은 네덜란드 동인도회사의 가장 비극적이고 가장 암울한 역사의 하나이다. 런 섬은 노예들, 네덜란드 식민자들 그리고 학살의 생존자들로 다시 채워졌다. 네덜란드인들은 육두구 나무를 재배하기 위해서 지역 농민들의 경험이 필요했던 것이다.[4]

육두구 : 가장 비싼 향신료의 하나

육두구는 인간의 상상력을 자극하는 향신료의 하나이다. 그러나 많은 양을 사용하면 치명적이다. 최음제로 간주되기도 하는 육두구는 많은 약효가 있다고 믿어졌는데, 대개는 입증이 되었다. 육두구는 방부제와 기력 보강제로 사용될 뿐만 아니라 류머티즘, 설사, 호흡 곤란을 치료할 수 있었다. 그리고 강장, 진통 완화와 해소 효과가 있는 것이 확실하다. 매우 괴로운 환경에서 유럽으로 실려 가던 노예들이 고통을 진정시키려고 몰래 육두구를 먹다가 들키면 혹독한 벌을 받았다. 또 이 향신료는 분만을 쉽게 하는 데에도 쓰였다. 엘리자베스 여왕의 의사들은 육두구가 흑사병을 예방해준다고 기록하기도 했다.

그뿐만이 아니다. 육두구는 그 껍질(육두구를 덮어서 보호해준다)과 함께 요리의 나쁜 냄새를 없애는 데에도 사용되었다.[5] 고기에 육두구를 박아놓으면 더 오래 보관할 수 있다.

16-18세기에 육두구 가격은 하늘 높은 줄 모르고 치솟았다. 네덜란드 동인도회사는 암스테르담의 육두구 창고에 불을 질러 유럽 전역에서 그 가격이 폭등하도록 유도하기도 했다. 유럽 대륙은 특히 육두구를 좋아했다. 육두구 수요는 인도가 유럽보다 두 배나 많았지만 말이다.[6] 평균적으로, 런 섬의 구입가는 유럽 시장에서는 200내지 300배로 뛰었다.

독점권을 장악하기 위한 네덜란드인들의 투쟁

영국과 네덜란드는 17세기와 18세기에 대개는 바다에서 벌인 4번의 전쟁에서 대결했다.[7]* 세계 무역의 패권을 강화하기 위한 전쟁이었는데 그 핵심은 향신료 교역이라고 볼 수도 있다. 두 번째 전쟁에서 영국인들이 아메리카의 네덜란드 영토를 점령했는데, 여기에 맨해튼 섬도 들어 있었다. 뉴욕 만은 1524년 이탈리아 탐험가 조반니 다 베라차노[8](1485-1528년)가 발견했다. 베라차노는 프랑스 왕 프랑수아 1세에게 봉사했다.

그 반도는 1609년 네덜란드 서인도회사를 위해서 일하는 영국 탐험가 헨리 허드슨(1611년 사망)에 의해서 다시 발견되었다.[9] 허드슨은 강에 자기 이름을 붙이고, 반도 끝의 작은 마을을 뉴 암스테르담이라고 불렀다. 맨해튼 섬의 남부는 동물 가죽과 유럽 상품들을 교환하는 시장이 되었다. 1626년 서인도회사의 뉴 네덜란드 지사장 페터 미노이트(1580-1638년)가 레나페족 인디언들에게 이 반도를 구입했다. 대금 60 네덜란드 휠던(1279-2002년까지 통용된 네덜란드의 화폐/역주)은 조가

---

* Anglo-Dutch Wars : 제1차(1652-1654년), 제2차(1665-1667년), 제3차(1672-1674년), 제4차(1780-1784년). 처음 세 차례의 전쟁은 세계 무역 패권을 위한 전쟁이었고, 네 번째는 미국 독립 전쟁에 네덜란드가 개입함으로써 일어났다. 이 전쟁들은 제2차 전쟁을 제외하고는 영국이 승리함으로써 네덜란드는 세계사에서 뒷전으로 밀려나게 된다/역주

비 염주로 지급되었다고 한다. 이 조가비들은 아메리카 동부의 인디언 부족들이 의식에서 사용하는 것이었다.

1664년 영국인들은 항구를 봉쇄하고 맨해튼을 점령했다. 그들은 요크 공작 겸 올버니 공작(영국 왕 제임스 2세는 1644-1685년 요크 공작 겸 올버니 공작이었다/역주)을 기리기 위해서 도시 이름을 뉴욕으로 바꾸었다.[10] 종전과 함께 체결된 브레다 조약(1667년)에 따라서 영국인들은 뉴욕을, 네덜란드인들은 런 섬을 차지했다. 네덜란드인들은 이 조약에 크게 만족했다고 한다! 협상 중에 영국 대표는 수리남 설탕 공장과 뉴욕의 교환을 제안했다. 1664년 초에 수리남을 점령한 네덜란드인들은 영국의 제안을 거부했다.

암스테르담에서는 브레다 조약 체결을 성대한 축제로 축하하기까지 했다. 흑사병과 1666년의 런던 대화재[11]로 약해진 영국에 대해서 네덜란드가 승리를 거두었기 때문이다. 더구나 동인도회사 사람들은 럼과 수리남을 지킨 것에 대해서 자부심이 대단했다고 한다. 브레다 평화조약은 7월 31일에 체결되었지만, 연락 지연으로 인해서 영불해협과 북해에서는 9월 5일, 다른 유럽 바다들에서는 10월 5일, 적도 북쪽의 아프리카 해안에서는 11월 2일, 세계의 다른 지역에서는 그다음 해 4월 24일에야 발효하게 되었다.

제3차 영국-네덜란드 전쟁에서는 네덜란드인들이 1673년 뉴욕을 탈환했다. 이 전쟁을 종식시킨 1674년 2월의 웨스트민스터 평화조약은 뉴욕은 영국인들, 수리남과 반다 제도는 네덜란드인들의 소유라는 것을 확인했다.

네덜란드인들의 치명적인 과오였던가? 나중에 보면, 암스테르담의 생각이 짧은 선택이었다고 말할 수 있다. 그러나 누구도 맨해튼 반도의 눈부신 미래를 예상하지 못했다. 뉴욕은 에이레 운하를 건설하기 전까지는 보스턴 그리고 필라델피아와 치열하게 경쟁했다. 서동 통로(랙스-뉴욕) 그리고 미시시피 강을 통하는 북남 통로의 개통은 뉴욕의 미래를 위해서 결정적인 발판이 되었다.

48

정부가 창문, 모자, 가발 등
모든 것에 세금을 매기면……

동서고금을 막론하고 중앙정부와 지방정부는 똑같은 문제를 해결해야 한다. 시민들로부터 돈을 최대한 걷어서 국가, 지방, 도시 그리고 왕과 황제의 궁정들을 위한 지출을 충당하는 문제 말이다. 언제나 세금은 한편으로는 통치자와 정치 책임자들, 다른 한편으로는 세금을 납부해야 하는 시민들, 이 양측의 분쟁의 대상이었다. 정부는 점점 더 많은 돈을 구하려고 하고, 세금을 납부해야 하는 사람들은 모든 수단을 동원하여 이 압박을 줄이거나 회피하려고 노력한다. 이런 이유 때문에 세무부서는 돈을 최대한 걷기 위해서 일련의 새로운 세금들을 고안해냈다. 물론 정부가 넘어서는 안 되는 한계가 있다. 그렇지 않으면 돈이 훨씬 덜 걷히게 된다. 로마 속주들의 총독들이 세금과 간접세를 올리자고 요청하자 티베리우스 황제(재위 14-37년)는 대답했다. "좋은 양치기는 양의 털을 깎지 껍질을 벗기지 않는다."[1]

세리들은 거의 언제나 증오의 대상이었다. 대표적인 예는 수메르 라가시의 세금 폭동이었다(기원전 40세기경의 메소포타미아). 세금 징수를 담당하는 사람들이 모두 살해당했다. 수메르의 오래된 격언에 따르면, "주인은 모시거나 왕은 섬길 수 있지만, 가장 무서운 사람은 세리이다."[2]

"돈에서는 냄새가 나지 않는다"

고대 이집트에서는 요리에 사용하는 기름에 세금을 매겼다. 이런 종류의 기름을 파는 사람은 오직 파라오뿐인데, 파라오는 독점권을 가지고 있었다. 구매자가 이 기름을 재사용하는 것은 허용되지 않았다. 세금을 내지 않아도 되기 때문이었다.

"돈에서는 냄새가 나지 않는다." 베스파시아누스 황제(재위 69-79년)가 오줌에 세금을 매기는 것을 비판하는 아들 티투스에게 답한 말이다. 당시 오줌은 옷감 처리와 표백, 가죽 무두질, 치아 위생, 약제에 사용되었다. 오줌 구입자는 세금을 내야 했다.[3*] 살육과 과대망상증으로 유명한 카라칼라 황제(재위 211-217년)는 212년 아주 중요한 칙령(안토니누스 칙령)을 공포했다. 제국의 모든 주민들에게 로마 시민권을 부여한다는 내용이었다. 이는 모든 사람들이 세금, 특히 상속세를 내야 한다는 의미이기도 했다. 로마 조세당국으로서는 '쥐어짤 손님'이 새로 2,500만 명이나 생긴 것이다.[4] 상속세는 막대한 수입원이 되어 그 덕에 로마 제국은 3세기의 격렬한 위기(225-284년)를 10-20년 늦출 수 있었다.[5]

소금세에서 비누세까지

로마는 소금세를 부과했는데, 이것은 소금 거래가 중요한 활동인 중국에 존재하는 소금세와 비슷했다. 주민들은 소금을 반드시 구해야 했기 때문에 소금에 대한 모든 형태의 세금을 증오했다. 소금은 인간 식생활에 필수적인 요소(인체가 꼭 섭취해야 하고 음식 맛을 내는 데에 사용한다)인 동시에 동물 사육에도 필요하다. 더구나 소금은 부패하기 쉬운

---

* 공중화장실에서 볼일을 보는 사람들에게 세금을 징수한 것이 아니라, 그 오줌을 구입하는 업자들(특히 가죽 가공업자들)에게 징수했다/역주

식품(특히 육류, 생선, 치즈)을 보존하는 데에 사용되었다. 식료품을 차게 보관하고 급속 냉동하는 방식이 발명되기 전까지는 말이다.

프랑스에서 소금세는 루이 9세(재위 1226-1270년)가 임시세로 도입했다(1246년). 필리프 4세(재위 1285-1314년)가 다시 부과한(1286년) 소금세는 필리프 6세(재위 1328-1350년)에 의해서 상시세의 형태로 확정되었다(1343년). 이때 국가의 소금 전매권이 확립되고 소금 창고가 설립되었다. 소금세 징수를 담당하는 징세청부업자들은 국고에 일정액을 선납하고, 그것(징세 업무의 대가인 이윤을 붙여서)을 주민들에게서 회수했으므로 주민들은 착취의 대상이 되었다. 당연히 프랑스 전역에서 소금 밀수가 성행하게 되었는데, 주로 알프스 산맥을 통해서 이루어졌다.[6] 프랑스 혁명이 일어난 이유 가운데 하나가 소금세라고 믿는 역사가들이 많다. 프랑스의 소금세는 1790년 혁명세력에 의해서 폐지되었다.

인도에서 간디가 주도한 독립운동은 소금세에 대한 반발을 이용했다. 1930년의 소금 사티아그라하(행진)는 영국으로부터 독립을 쟁취하기 위한 것이었다.[7]

중세 유럽에서는 비누 구입에 대한 특별세가 부과되었고, 영국에서는 이 세금이 1835년까지 징수되었다. 영국 왕 헨리 1세(재위 1100-1135년)는 기사들의 전쟁 불참을 용인하는 대신 그들에게 '군역세(軍役稅, scutage)'를 부과했다. 이 세금은 그렇게 무겁지는 않았는데, 존 왕(재위 1199-1216년)이 즉위하자마자 300퍼센트 인상함으로써 참전의 의무를 면하려는 귀족들의 격렬한 반발을 야기했다. 이러한 왕의 권한을 제한하려는 반발이 1215년의 마그나 카르타(Magna Carta) 채택으로 귀결되었다고 믿는 법학자들이 있다.

1535년 영국 왕 헨리 8세는 자신은 멋진 턱수염을 기르면서도 턱수염을 기르는 남자들에게 세금을 부과했다.[8] 이 세금은 남자의 사회적 지위에 따라서 조정되었다. 선친의 아이디어를 따라서 엘리자베스 1세도 턱수염세를 제정했는데, 2주일 이상 깎지 않은 턱수염이 과세 대상이었다.

러시아에서는 17세기 말에 표트르 1세(재위 1682-1725년)가 신민들에게 면도를 강요하기 위해서 턱수염세를 도입했다. 위생을 위해서 또 서유럽의 유행을 따르기 위해서 턱수염을 깎도록 하겠다는 '공식적인' 목적을 내세웠다. 이 세금은 귀족과 고위 공무원은 100루블이나 되었고 농민은 0.5코페이카(재정 러시아에서 1루블은 100코페이카였다/역주)에 불과했다. 콧수염을 기른 표트르 1세는 수도 모스크바(상트페테르부르크는 1712년 러시아의 수도가 된다) 입구에, 누구에게나 턱수염을 깎아주는 임무를 맡은 전문 이발사들을 배치하라고 명령했다. 그는 익살꾼들의 도움을 받아 몸소 턱수염을 깎기도 했다. 또 청동 동전을 주조하여, 턱수염을 기르기를 원하는 남자들이 구입하여 몸에 지니고 다니게 하기까지 했다. 동전의 한 면에는 러시아 독수리, 다른 면에는 콧수염과 턱수염을 기른 남자가 새겨져 있었다.[9] 이 동전은 화폐처럼 정식으로 통용되기 시작했다. 턱수염 면도에 가장 강하게 반발했던 사람들은 러시아 정교회 성직자들이었다. 그들이 정부에 너무나 강력한 압력을 행사한 결과, 그들에게는 턱수염세가 면제되었다.[10]

항상 신규 자금을 원했던 올리버 크롬웰(1599-1658년)은 가장 완강한 반대자들인 왕당파에게 세금을 부과했다. 왕당파는 소유지의 10퍼센트에 해당하는 금액을 세금으로 납부해야 했고, 이 수입은 다름 아닌 왕당파 탄압에 사용되었다. 영국에서는 16세기 이래 도박용 카드와 주사위에 특별세를 부과했다. 정부는 1710년부터 이 세금을 대폭 올려버렸다. 도박꾼들은 이 세금을 피하기 위해서 집에서 만든 카드를 쓰는 등 온갖 수법을 동원했다(영국 정부는 이 세금을 1960년에야 폐지했다). 또 1660년부터 굴뚝에 세금을 매겼다(가구마다 1년에 2실링).[11] 난방을 해야 하는 주민들은 가짜 벽을 세워 그 안에 굴뚝을 숨겨 세금을 피했다. 굴뚝세는 1689년에 폐지되었다.

창문과 가발용 분에 대한 세금

영국에서는 1696년부터 창문에 세금을 매겼다. 루이 14세(재위 1643-1715년)와의 전쟁을 위한 자금이 필요했던 영국 정부는 급전을 마련하기 위해서 '창문세'를 도입했다. 가옥당 2실링이었고 창문 수에 따라서 추가분을 내야 했다. 창문 9개까지는 면제, 10-20개는 4실링, 20개가 넘으면 8실링이었다. 한 스코틀랜드인 목사는 면제를 요청하면서 편지에 빛과 공기에 대한 부당한 세금이라고 썼다.[12] 가옥을 소유한 주민들의 반응은 즉각적이었다. 창문들을 폐쇄하고 벽으로 막아버린 것이다. 창문세와 그에 대한 대응은 두 가지 결과를 낳았다. 우선 공중건강이 크게 악화되었다. 자동적으로 위생 수준이 떨어지고 결핵을 비롯한 많은 질병이 더 쉽게 전파되었다. 그 대신 예술이 발전하게 되었다. 눈속임 기법이 도시 가옥의 모든 계층에 보급되었다.[13] 런던 정부는 사회비용과 의료비용이 크게 증대하자 1851년에야 창문세를 폐지하기로 결정했다.

파산에 직면한 1798년의 프랑스도 비슷한 조치를 취했다. 부동산에 새로운 세금을 부과하기로 결심한 재무장관 도미니크 라멜(1760-1829년)은 문과 창문 수를 과세 기준으로 삼았다. 이 세금은 1926년까지 부과되었다.[14]

헨리 펠럼(1694-1754년)의 휘그당 정부는 1745년 새로운 세금을 만들었다. 큰 촛대, 예술품, 이중 유리창을 보유한 부자들이 주요 과세 대상이었다. 유리 장인들은 유리 공장을 아일랜드로 이전했다. 아일랜드는 영국의 일부였지만, 유리세가 훨씬 더 적었기 때문이다. 그러나 유리세는 유리 제조에 큰 영향을 미쳤다. 세금에 대한 대응으로 유리업계는 얇고 가벼운 유리제품 제조에 집중하게 되었다. 가난한 가정에서는 유리 창문을 포기하는 바람에 가옥의 위생 상태가 극도로 악화되었다. 100년 후인 1845년 의료지 『랜싯(*The Lancet*)』에는 이런 기사가 실렸다. "유리에 대한 중과세(유리 가격의 3퍼센트)는 위생의 관점에서 정부가 국민에게 부과한 세금 가운데 가장 잔인한 것 가운데 하나이다. 도시 주거 내부의 빛 결핍이 비위생적 환경의 주범이라고 누구나 인정한다."[15]

프랑스와의 전쟁을 위한 벽돌세

1784년 영국은 미국 식민지 반란에 대한 새로운 전쟁을 시작했다. 예산 적자와 공공부채가 폭발적으로 증가했다. 신임 총리 소(小) 피트(1759-1806년)는 벽돌에 새로운 세금을 부과했다. 벽돌 1,000개에 4실링이었다. 벽돌 제조업계는 즉각 대응에 나서 더 큰 벽돌을 만들었다. 그러자 정부가 반격에 나서서 벽돌의 최대 크기를 250세제곱센티미터로 정해버렸다. 영국은 프랑스와의 전쟁 기간에 벽돌세를 세 차례에 걸쳐서 1794년, 1797년, 1805년에 올렸다. 1805년 벽돌세는 1,000개에 5실링 10펜스까지 올라갔다.[16] 많은 지역에서 새 집을 지을 때 벽돌 대신 나무를 사용하게 되었다.[17]

그리고 영국 정부가 1784년 모자세를 제정하자 모자 제조상들은 모자를 지칭하는 온갖 이름들을 지어냈다. 이 단어 전쟁은 모자 제조상들의 패배로 끝났다. 1804년 런던은 남녀가 자신을 보호하거나 더 우아해 보이려고 머리에 쓰는 모든 덮개에 세금을 부과하기로 결정했다. 그러나 1811년 이 세금은 폐지되었다.

1795년 영국 의회는 신규 자금을 구하기 위해서 새로운 세금을 도입했다.[18] 향수를 뿌린 가발용 분에 1년에 1기니를 부과한 것이다. 면제자 명단은 매우 길었다. 왕가와 그 시종들, 병사와 하사관들, 연소득이 100파운드 미만인 성직자들 등이 제외되었다. 감히 가발을 쓸 수 있는 사람들은 '푼돈과 가깝지 않은' 분들이었다. 이 세금은 대체적으로 받아들여졌다. 항의가 속출하고 익살스러운 삽화들이 쏟아져 나왔지만 말이다.

실제로 그것은 유행의 규범을 서서히 바꾸었다. 1812년 세금 납부자는 4만6,684명이었지만, 1855년에는 997명으로 줄었고, 1869년 이 세금은 폐지되었다.[19]

영국에서는 1789년부터 양초에도 과세를 했다. 시민들은 세금을 내고 면허를 얻지 않으면, 자체적으로 양초를 만드는 것이 허용되지 않았다. 1831년 이 세금이 폐지되자 영국 가정에서는 양초 소비가 급증했다.

1885년 캐나다는 대대적인 철도, 운하, 댐 건설을 위해서 이민을 온 중국인들에게 인두세(Chinese Head Tax)를 부과했다. 이 세금으로 캐나다로 이주하는 중국인들의 수가 줄어들었다. 중국인 인두세는 이 노동자들의 입국을 자유화한 법에 의해서 1923년 폐지되었다.

프랑스의 옛 속담은 "죽음과 세금만이 영원한 것이다"라고 강조했다. 인류의 역사는 세금을 올리려는 온갖 시도로 점철되어 있으며, 또한 그것은 반란과 혁명에 불을 지피기도 했다.

49

17세기의 기온 저하는
기근과 정치적, 사회적 불안을 야기했다

1635-1665년에 당시 알려진 4개 대륙에서 반란이 50여 번이나 일어났다. 그리고 혁명이 일어나고 정치체제가 바뀌었다. 이 모든 사건들은 국가들 사이의 갈등은 물론 내전을 조장하는 경우가 매우 많았다. 민중과 사회의 이러한 움직임의 주요 원인의 하나가 곡물가격 상승이다.[1] 그것은 현저한 기후 악화에 기인했다. 겨울은 아주 춥고 여름은 매우 습하고 일조량이 크게 부족했다. 기후학자들은 이 기간을 아주 분명하게 확인하고 '소빙하기'라고 불렀다. 지구에는 이와 유사한 현상들이 이미 여러 번 나타났다. 3세기(로마 제국의 위기 그리고 페르시아, 인도 쿠샨, 중국 한나라와 같은 제국들의 몰락), 11세기 초(모든 아랍 과학자들이 지적한 끔찍했던 1010년이 칼리프국들의 쇠퇴를 앞당겼다), 14세기 초(대흑사병 이전에 유럽을 유린한 대기근[2])가 그러했다.

마운더 극소기

17세기에 전 세계의 기온 하강은 여러 요인에 기인하는데, 그 하나가 태양 활동의 변화였다. '마운더 극소기(Maunder minimum)'는 태양 흑점들의 수가 비정상적으로 적어진 1645-1715년을 가리킨다. 마운더 극소기 1세기 후에 '돌턴 극소기(Dalton minimum)'가 나타났다. 이런 극소기 기간들과는 별도로, 약 11년의 태양 주기에 따라서 태양 흑점의 수가 변하는 현상이 매우 분명하게 일어났다.[3] 기후의 역사가들은 이런 현상에 강력한 화산 활동을 추가한다. 화산이 장기간 격렬하게 분출하여 대기 속에 상당량의 화산재를 퍼뜨림으로써 태양 광선을 약화시키고 황산화물을 크게 증가시켰다. 특히 1638-1644년에 태평양 지역에서 12번의 화산 분출이 있었다는 것은 잘 알려져 있다. 당시 조선의 천문학자들은 "마치 대기에 분가루가 있는 것처럼 하늘이 어둡고 잿빛이었다"고 지적했다.[4] 그뿐만 아니라 엘니뇨(El Niño)라는 주기적 현상이 유달리 극심했다. 정상적인 해에는 남부와 동부 아시아에서 비가 작물의 수확에 도움이 되었다. 엘니뇨가 발생하면, 비가 중부와 남부 아메리카에서 홍수를 일으켰고 아시아 전역에서는 가뭄을 불러왔다.

1675년 6월 26일 파리에서 세비녜 부인(1626-1696년)은 딸 그리냥 부인(1646-1705년)에게 편지를 썼다. "끔찍하게 춥다. 난방을 해야 할 정도이다. 프로방스에서는 6월에 춥지 않았던 것 같다."[5] 『페르시아인의 편지(*Lettres Persanes*)』에서 기후 이야기를 했던 몽테스키외(1689-1755년)는 『법의 정신(*De l'esprit des lois*)』에서는 기후가 정치에 영향을 미치는 점을 더 강하게 지적했다.[6] 볼테르(1694-1778년)는 17세기의 반란들이 잘못된 행정, 종교, 아주 나쁜 기후가 결합된 결과라고 주장했다.[7]

식량 가격의 폭등과 농민반란

농작물의 참담한 수확량이 기근을 유발하고 농민들로 하여금 가축을 도살하게 만들었다. 가축을 먹일 수 있는 여력이 없었기 때문이다. 전쟁들이 잉여 식량의 이동을 가로막았고(30년 전쟁으로 한자 동맹의 밀 수출이 제한되었다) 전염병이 돌고(특히 이탈리아에서 심했던 1630년의 흑사병) 사회가 종교적인 발작 상태를 일으켜 죄인과 희생양을 찾아낸다는 구실로 몇몇 종교적 소수 집단을 박해하고 마녀 사냥을 일삼게 되었다. 스코틀랜드에서 1649년과 1650년은 기근이 심각했고, 이 시기에 이 나라의 전체 역사를 통틀어 마녀 처형이 가장 많이 이루어졌다.

이미 크게 약화된 명나라는 1635년 민란으로 크게 뒤흔들렸다. 그다음 해에는 프랑스 페리고르의 농민반란과 오스트리아 남부의 농민봉기가 이어졌다. 1637년에는 코사크의 폭동, 스코틀랜드 반란,[8] 마드리드의 세금 압력에 대한 포르투갈 남부의 에보라 봉기,[9] 카탈루냐의 분리 운동(1651년에야 진압된다), 도쿠가와 막부 치하의 농민반란이 줄을 이었다. 특히 일본의 농민반란은 반도들의 학살로 마감되었다.[10] 1639년(1639년 6월 1일 유럽에서의 '불길한' 일식)과 1641년 사이에 중국인들은 마닐라에서 반란을 일으켰고, 노르망디의 부랑자들은 소금세에 반대하는 폭동을 일으켰다.[11] 또 포르투갈 왕정복고전쟁의 일환으로 스페인인들을 겨냥한 모잠비크의 몸바사, 인도의 고아, 실론의 포르투갈인 폭동이 있었고 카탈루냐 폭동, 흉작과 기근으로 야기된 1641년의 아일랜드 반란,[12] 안달루시아의 메디나 시도니아 공작*(1602–1664년)의 음모도 있었다. 1642년에는 올리버 크롬웰이 지휘하는 의회파(의회 지지자들) 그리고 찰스 1세를 지지하며 '기사당원'이라고 불렸던 왕당파 사이의 영국 내전(1642–1647년)이 일어났다.[13] 이 내전은 영국의 아메리카 식민지로 수출되어 식민지인들도 참가하게 되었다.

명나라 멸망과 이스탄불의 혼란

1644년 아시아에서는 중대한 사건이 일어났다. 붕괴가 임박한 명나라가 군사들의 급여를 지급하지 못하고 베이징이 만주족에게 넘어간 것

---

* 1641년 안달루시아 귀족들이 스페인으로부터의 안달루시아 분리 독립을 기도하는 음모를 꾸몄다가 발각되어 실패하고 말았다. 메디나 시도니아 공작이 이 음모의 한 주동자였다/역주

이다. 만주족은 굶주린 한족 농민들이 일으킨 반란(이자성의 반란/역주)의 덕을 보았다.[14]

1647-1648년에는 기후가 유달리 나빴다. 이 2년간에는 주로 도시에서 반란이 일어났다. 나폴리, 시칠리아, 프랑스의 프롱드 난, 러시아(세계에서 가장 큰 나라)의 모스크바와 다른 도시들, 그리고 백러시아, 우크라이나, 폴란드 도시들에서 반란이 일어났다. 1648년에는 오스만 제국의 술탄 이브라힘 1세(재위 1640-1648년)가 폐위되었다. 정신병에 걸린 그는 이스탄불의 톱카프 궁전(p. 168 참조)의 하렘에 감금되었다. 제국의 경제가 점점 악화되면서 궁정에서 혁명이 일어났고 이브라힘 1세는 결국 교살되었다.[15]

1649년에는 또 한 사람의 군주가 살해당했다. 평판이 매우 나빴던 선박세를 다시 도입한 영국 왕 찰스 1세가 참수형을 당한 것이다. 대역죄로 재판을 받은 그는 크롬웰의 공화국 선포와 함께 처형되었다.[16]

1651년 쇼군 도쿠가와 이에미쓰의 사망 후에 도쿠가와 막부에 대한 쿠데타 계획이 발각되었다. 도쿠가와 막부는 기근과 세금에 시달리던 농민들의 반란으로 약해져 있었다. 섭정기에 두 명의 사무라이 유이 쇼세쓰(1605-1651년)와 마루바시 추야(1651년 사망)가 군대를 동원하여 수도 에도와 다른 주요 도시들을 습격하려고 했다. '게이안(慶安)의 변'의 주동자들은 많은 부하들과 함께 살육되었다.[17]

1651년에는 이스탄불과 안달루시아에서 봉기가 시작되었고, 독일어권 스위스에서 1653년의 농민전쟁이 시작되었다. 이 농민전쟁은 세금 인상, 기근, 남부 독일의 경제 회복이 주요 원인이었다. 30년 전쟁은 스위스 경제에 큰 호재였는데,[18] 이 전쟁을 종식시킨 베스트팔렌 평화조약(1648년)은 남부 독일의 경제를 회복시킴으로써 스위스 경제에 타격을 가했다.

이스탄불은 1656년 갑작스러운 화폐의 평가절하와 '새 화폐 거부' 이

후에 다시 무대에 등장했다. 상인들은 '빨강'이라고 불린 새 화폐를 거부했다. 일단의 예니체리들이 반란을 일으켰다. 오스만 제국은 베네치아와의 전쟁에 너무 많은 돈을 쓰는 바람에 재정 기반이 무너지면서, 크레타 전쟁* 종료 시에 예니체리들에게 급여를 지급하지 못했다. 바로 이때 아나톨리아 전역에서 사회적 불안을 조장하는 불만이 터져나왔다. 예니체리들은 어린 술탄(메흐메트 4세는 1648년 여섯 살의 나이로 즉위했다/역주)을 압박하여 이 사태에 책임이 있다고 여겨지는 많은 고위 관리들을 플라타너스에 목매달아 죽이게 했다(여기서 '플라타너스 사건'이라는 표현이 유래했다). 8년도 안 되는 기간에 10명의 총리대신이 차례로 임명되어, 흉작으로 가중된 제국의 문제들을 해결하려고 시도했지만, 실패하고 말았다.[19]

1658년에는 인도의 무굴 제국에서 샤 자한의 황위 계승을 위한 황자들의 내전이 일어났다(아우랑제브가 승리했다). 당시 인도는 세계 2위의 경제대국이었다.[20] 인도는 인도양에서 포르투갈, 스페인, 네덜란드, 영국 등의 각축에 기인한 경제적 균형의 변화로 흔들리고 있었다. 아주 불규칙한 계절풍으로 인한 극심한 흉작도 크게 작용했다. 마지막으로는 1665년에 부유한 아프리카의 콩고 왕국(1395년 건국)이 멸망했다. 앙골라를 포함하는 콩고 왕국은 격렬한 내전으로 분열되었다. 적도 이남의 아프리카 지역 기후가 근본적으로 바뀌고, 포르투갈인들이 앙골라 장악을 위해서 군사활동을 전개한 것이 내전에 더욱 불을 붙였다.[21]

기원전 2세기와 기원후 2세기 사이의 좋은 기후 덕에 제국들(로마, 페르시아, 쿠샨, 한나라)이 크게 성장했다. 그러나 2세기가 끝나고 20년도 지나지 않아서 기온이 내려가는 바람에 페르시아, 쿠샨, 한나라는 멸

---

* 1645-1669년. 오스만 제국과 베네치아 사이의 다섯 번째 전쟁으로 오스만 제국의 승리로 끝났지만, 오스만 제국의 퇴조를 촉발시켰다/역주

망하고, 로마는 3세기의 위기를 겪게 된다. 10세기 말의 온난화는 당나라를 무너뜨렸고 마야 문명권과 칼리프국들을 불안정하게 만들었다.

50

전쟁 자금을 마련하기 위해서
중앙은행을 설립했다

실제로 중앙은행 그리고 이에 해당하는 기관들은 모두 전쟁 자금 때문에 궁지에 몰린 나라의 재정을 지원하거나 전후의 채무를 장기로 전환하기 위해서 설립되었다. 최초의 중앙은행의 하나인 제노바의 산 조르지오 은행은 피사 그리고 베네치아와의 전쟁으로 국고를 탕진한 '오만한'(전성기의 제노바는 화려한 궁전과 저택이 많아서 '오만한' 도시라는 별명이 붙었다/역주) 제노바 공화국에 의해서 1407년 설립되었다.[1] 제노바의 채무는 이 해양 공화국을 집어삼킬 정도였다. 산 조르지오 은행은 채무를 장기로 전환하고 세금 수금(수금은 즉각 또는 소정 기한 후에 이루어졌다)에 의해서 보장되는 공채를 구입하는 임무를 맡았다. 마키아벨리[2]가 '국가 안의 국가'라고 부른 이 은행은 도시의 재정을 공고히 함으로써 제노바의 황금시대에 크게 기여했다.

베네치아에서는 1587년부터 리알토 은행[3]이 문을 열었고, 오스만 제국의 함대와 지중해 동부에서 벌이는 전쟁 그리고 '육지' 전쟁들 때문에 크게 흔들리는 도시의 재정을 지원하는 기능을 하게 되었다. 1619년 리알토 은행은 대체(對替)은행(Banco Giro)*의 '보조'를 받게 되었다. 대체은행은 납품업자들에게 국가의 대금을 지급하고 기업과 시민들이 국

---

* 초기의 환전은행은 보관은행이었으나, 이후 보관된 화폐를 단순한 대체방법을 이용하여 상인들 간에 서로 주고받을 수 있도록 하는 길이 열리면서 대체은행으로 발전했다/역주

고에 납부하는 돈을 수납하는 임무를 맡았다. 리알토 시장의 주랑 밑에 위치한 리알토 은행은 베네치아 국가가 보증하는 상인과 개인들의 예금도 받았다.[4] 리알토 은행은 '은행 최고 사법관'의 감독과 통제를 받았다.[5] 이 사법관은 판단의 독립성을 높이고 짬짜미를 근절하기 위해서 정기적으로 교체되었다. 리알토 은행은 나폴레옹이 베네치아를 점령할 때(1797년)까지 영업을 계속했다.

영국은행의 설립

다른 중앙은행들도 전쟁 중인 나라의 재정을 지원하기 위해서 설립되었다.[6] 1620-1721년 북유럽 나라들과 거의 항상 전쟁을 했던 스웨덴은 1688년 릭스방크(Riksbank)를 설립했다. 영국을 비롯한 아우크스부르크 동맹이 프랑스를 상대로 전쟁을 하는 기간(1688-1697년)인 1694년 영국은행이 설립되었다.[7] 1695년 7월 은행의 '수석 부총재' 마이클 고드프리는 참호에서 전사했는데, 윌리엄 3세(재위 1689-1702년)가 옆에 있었다. 두 사람은 영국군의 재정 상태에 대해서 이야기를 하려던 참이었다. 영국군 예산의 절반이 이 전쟁에 동원되었다. 당시 영국군은 루이 14세가 장악하고 있던 스페인령 네덜란드의 나무르 요새[8]를 공격 중이었다.

합스부르크 왕가의 중앙은행 격인 빈 시립 은행은 1706년 설립되었고, 그 이전인 1703년에 빈 대체은행(Wiener Giro-Bank)이 만들어졌다. 오스만 제국과의 기나긴 전쟁이 끝난 후에 설립된 대체은행은 합스부르크 왕가의 재정에 질서를 부여하는 임무를 맡았다.[9] 프리드리히 2세[10]는 왕국의 금고를 바닥나게 만든 7년 전쟁(1755-1763년)이 끝난 후인 1765년 왕립 프로이센 은행을 설립했다. 미국 연방은행을 정착시키려는 두 번의 실험(1791-1811년과 1816-1836년)은, 독립전쟁(1776-1783년)과 1812

년 전쟁(영국에 대한 제2차 독립전쟁이라고도 한다/역주)이라는 두 번의 큰 전쟁을 치른 아메리카 연방정부의 재정에 질서를 회복시키기 위한 것이었다. 나폴레옹 전쟁으로 프랑스 은행(1800년), 핀란드 은행(1811년), 네덜란드 은행(1814년)이 태어났다. 나폴레옹 전쟁이 끝났을 때 나라들의 재정을 지원하기 위해서 3개의 다른 은행, 오스트리아 은행(1816년), 노르웨이 은행(1816년), 덴마크 은행(1818년)이 설립되었다. 포르투갈 은행은 1846-1847년의 내전을 계기로 1846년에 설립되었다. 독일 제국(1817년), 일본(1882년), 이탈리아(1893년)의 중앙은행들은 독일과 이탈리아의 통일 그리고 일본의 체제 변화(에도 시대의 종말 한참 후)의 산물이었다. 그 반면 미국 연방준비제도(Federal Reserve System, 1913년)[11]는 구리 시장과 구리 광산 주식[12]에 대한 투기로 촉발된 1907년의 끔찍한 경제위기[13] 후에 탄생했다. 모든 은행은 전쟁들, 특히 제1차 세계대전과 제2차 세계대전의 재정에 깊숙이 개입하여, 시장에서 구매자가 충분하지 않은 국채를 적극 매입했다.

2007년 시작된 세계의 금융 위기는 주요 중앙은행과 통화정책의 핵심적인 역할을 다시 부각시켰다. 미약한 조세와 예산 정책 그리고 정치계의 복지부동에 직면한 중앙은행들이 정면 돌파를 선택한 것이다.

51

18세기 초 우역으로
유럽 가축의 절반이 죽었다

　우역(牛疫)은 소와 가축들, 물소, 야크 그리고 기린과 트라겔라푸스 속을 비롯한 다른 많은 종을 감염시키는 전염병으로 치사율이 높다. 이 병에 걸린 동물들에게는 고열, 전반적인 무력증, 콧물과 눈물 분비, 구강과 장 내부의 궤양이 나타난다. 그리고 이 모든 증상이 설사를 동반한다. 동물들은 탈수 증상이 빨리 일어나고 몸무게가 줄어든다. 첫 번째 증상을 보인 후 7-10일 만에 죽는 것이 보통이다.[1]

　아마도 우역에 기인한 대규모 동물 전염병에 대한 최초의 언급은 대략 3,000년 전에 나왔던 것 같다. 우역 전염병들과 그로 인한 손실은 로마 제국의 멸망, 샤를마뉴 대제의 기독교 유럽 정복, 프랑스 혁명, 러시아 빈곤화의 한 요인이 되었다.[2]

　로마의 오비디우스(기원전 43-기원후 17년)는 미노아 전쟁 기간에 역병이 소과 동물, 개, 새, 다른 동물 종들에 퍼져서 그리스 에지나 섬의 인구가 감소했다고 기록했다. 호메로스에 따르면,[3] 트로이 전쟁에서 그리스 진영에 역병이 퍼져 소과 동물, 개, 말 그리고 사람들까지 죽었다고 한다. 전쟁은 바이러스에 의한 사람과 동물 전염병의 전파에 이상적인 환경을 제공한다. 군대를 따라가는 동물들(일부는 신선한 고기를 얻기 위해서 도살하고 나머지는 수레와 대포를 끈다)은 자주 병에 걸린다. 동물들은 힘들고 비위생적인 조건하에서 이동함으로써 허약해져 전염

병에 쉽게 걸린다.[4]

헝가리 황소의 저주

13세기부터 푸스타 대초원(도나우 강과 티서 강 유역)[5]은, 서유럽 발전의 핵심 요인인 단백질의 주요 산지였다. 주요 소비지는 쾰른, 뉘른베르크, 베네치아와 같은 대도시들이 있는 라인 강 계곡과 이탈리아 베네토 지역이었다. 황소와 암소의 행렬은 헝가리 초원에서 출발하여 보헤미아와 독일 지역들 아니면 슬로베니아와 베네치아 지역으로 향했다. 16세기에 육류 수요가 증가하자, 소를 사육하는 다른 지역들도 가세하여 카르파티아 산맥, 흑해 그리고 심지어는 우크라이나에서 오는 동물 행렬들이 있었다고 한다. 우크라이나는 중요한 곡물 산지로서 아주 비옥한 '흑토 지대(체르노젬)'에 위치한 넓은 공간을 보유하고 있다.[6] 주요 소고기 시장은 빈, 뉘른베르크, 베네치아에 있었다. 베네치아는 이 동물들을 '헝가리의 황소'라고 불렀다. 1599년 우역에 걸린 헝가리 황소들이 베네치아와 파도바 시장에 도착했다. 베네치아 공화국은 즉각 대응에 나섰다. '헝가리의 황소' 수입을 전면금지하고 공화국이 다스리는 영토 통과도 금지시켰다. 이날 시장과 도살장을 감시하는 감독관이 임명됨으로써 수의 보건 경찰[7]이 출현하게 되었다.

전대미문의 동물 전염병이 1711년부터 전 유럽에서 발생하여 5년간 맹위를 떨쳤다. 가축의 치사율이 50-90퍼센트로 추정된다. 예를 들면, 1714년 프랑스 중부 볼룅(알리에 지역)의 한 가톨릭 신부는 소과 동물을 강타한 전염병의 결과를 관찰했다. "1712-1714년의 우역으로 유럽 가축의 90퍼센트가 죽었다."[8] 이런 정보는 메종-알포르 수의학교 크리스토프 드괴르스 교수에 의해서 확인되었다. 이 수의학교는 '농촌을 황폐하게 만드는' 전염병에 대항하기 위해서 1761년에 루이 15세가 리옹에 설립한 첫 번째 수의학교 다음으로 세워진 것이다(1765년). 병에 걸린 동물들이 헝가리 푸스타에서 한 번 더 도착했다. 처음에는 전염병이 베네토에서 퍼졌다. 1711년 8월 27일 소떼를 파도바 도살장으로 보냈다. 작은 마을에서 달아난 한 마리를 농부가 외양간에 두었다가 주인에게 돌려주었다. 1주일 후 외양간의 동물들은 단 한 마리만 제외하고 모두 죽었다.[9] 이탈리아 북부와 교황령에서도 전염병이 나타났다.

전염병 전파의 본거지인 동시에 수의학 연구의 본산인 이탈리아

이 전염병은 헝가리에서 시작되어 폴란드, 몰다비아, 크로아티아로 퍼졌지만,[10] 이탈리아가 서유럽 전파의 본거지가 되었다. 이탈리아에서 많은 독일 국가들, 프랑스 그리고 당시 서유럽의 주요 사육지였던 플랑드르와 영국으로 퍼져나갔기 때문이다. 이 전염병은 너무 심각해서 해결책을 찾아내기 위해서 과학자들이 신속하게 동원되었다. 수의학은 아리스토텔레스, 갈레노스, 베게티우스, 이븐 시나, 이븐 루시드, 파라켈수스, 카를로 루이니 이래로 거의 발전하지 못했지만 말이다.[11]

이탈리아에서는 뛰어난 수의사와 의사들이 이 전염병을 설명하고 치료약을 제안했는데, 특히 이 전염병이 사람에게도 전염되는지를 알아내려고 노력했다. 그 가운데서도 3명의 과학자가 핵심적인 역할을 했다. 유명한 파도바 대학의 저명한 교수 베르나르디노 라마치니[12]는 이미 1712년에 최초의 연구논문을 작성했다. 조반니 마리아 란치시는 교황 클레멘스 11세(재위 1700-1721년)의 주치의였다.[13] 파도바와 베네치아 대학에서 가르친 의사 카를로 프란체스코 코그로시는 유럽의 키니네(생약인 키나 나무 껍질에서 얻는 알칼로이드) 전문가로 1714년 우역에 대한 책을 내기도 했다.[14] 코그로시는 이렇게 썼다. "이 병은 생명이 있는 원자들을 매개로 병에 걸린 동물에서 건강한 동물로 전염된다. 그 원자들은 현미경 렌즈로만 식별할 수 있는 아니말리쿨라와 비슷하다."[15] 란치시는 병에 걸린 동물을 격리시키고 총기로 사살하고 동물이 살았던 외양간을 청소해야 한다고 제안했다. 병에 걸렸다고 의심이 드는 동물들도 마찬가지였다. 역설적으로, 란치시가 제안한 조치들은 교황령에서는 부분적으로만 시행되었다. 종교적인 이유 때문에 가축을 야수처럼 총기로 사살하기를 원하지 않았던 것이다. 교황청은 하느님이 가축을 보호해주시도록 집단 기도를 올려야 한다는 입장을 고수했다.

그 반면 영국은 1714년 플랑드르에서 전염병이 들어오자 아주 신속하게 대처했다. 영국인들은 이 병이 푸스타 초원에서 왔다는 것을 알고 있어서 '초원의 전염병'이라고 불렀다. 런던 정부는 이 전염병에 대항하기 위해서 기술을 발전시켰다. 조지 1세(재위 1714-1727년)와 그 주치의 토머스 베이츠는 란치시가 제안한 조치를 시행하고 다른 두 가지 원칙을 추가로 도입했다. 동물 사체는 매장하기 전에 반드시 소각해야 하고, 부분적으로라도 동물 주인에게 보상을 함으로써 숨기는 일이 없도록 했다.[16] 이런 조치가 차츰 유럽 대륙 전역으로 보급되었다.

우역으로 인한 엄청난 경제적 피해

우역의 전파는 유럽 전역에 재앙을 초래했고, 1348-1355년에 유럽 주민의 1/3을 몰살시킨 대흑사병에 비견될 만했다. 실제로 이 전염병은 농부와 사육인들의 보잘 것 없는 재산을 날려버렸다. 그들은 가축이 죽으면 부분적으로 보상받더라도 아주 빨리 파산하고 말았다. 더구나 이 전염병 때문에, 정기적으로 기근에 시달리게 되어 영양이 부족하고 위생적으로도 매우 취약한 주민을 위한 단백질 공급이 크게 줄었다. 우유 부족은 모든 유제품 전반에 위기를 초래했다. 우유는 어린이들과 노인들의 양식이었을 뿐만 아니라 치즈 생산에 필수적이었다. 치즈 생산은 우유처럼 상하기 쉬운 식품을 저장하고 보존하는 방식이었다. 가죽과 비누 생산도 원료의 부족으로 인해서 큰 타격을 받았다. 1713년 로마 지역에서는 헐값으로 가죽을 제공하기도 했지만 말이다.[17] 또 소과 동물들은 농사와 수송(민간과 군대)에서 폭넓게 사용되고 있었다.

이 전염병으로 인한 위기가 18세기의 1분기 동안에 경제와 발전에 미친 악영향은 매우 분명하다. 아메리카와의 교역과 직접 관계가 없던 유럽 지역들은, 아메리카나 인도 지역과의 교역에 깊숙이 연결된 '대서양' 유럽에 비해 성장이 크게 저조했다.[18] 마지막으로 1711-1716년의 유럽에서 일어난 전쟁의 수효를 살펴보면, 다른 시기들보다 전쟁이 더 적었다는 결론을 내릴 수 있다. 이런 현상은 특히 1700년대의 2분기부터 분명히 확인된다. 앞으로 인과관계가 입증되어야 할 필요가 있다. 그러나 전쟁의 감소는 동물 전염병에 의해서 부분적으로 설명될 수 있을 것 같다. 실제로 대북방전쟁(1700-1721년, 주요 교전국은 러시아, 스웨덴, 덴마크)은 이 재앙의 영향을 크게 받지 않은 나라들에서 전개되었다. 또 같은 시기에 벌어진 스페인 왕위계승전쟁은 전투들이 많지 않았다(1712년의 프랑스 북부 드냉 전투와 1713-1714년의 바르셀로나 포위전). 물론 전쟁을 너무나 좋아했던 루이 14세가 1715년에 사망한 사실을 잊어서는 안 될 것이다.

이 전염병이 유럽 전역에서 두 번째로 유행한 1740-1760년에는 약 2억 마리의 소가 희생되었다. 세 번째 유행은 나폴레옹 전쟁(1803-1815년)에 의해서 촉발된다.

유행병과 동물 전염병은 돌팔이 의사들의 치료를 받는 모든 주민들에게는 끔찍하기 짝이 없는 재앙이었다. 그런 돌팔이들을 공권력은 지원하고 교회는 용인하고 절망에 빠진 서민들은 존경했다. 하늘의 자비를 사기 위하여 얼마나 많은 신전과 종교 건물이 건립되었던가?

52

런던은 미국 지폐와 아시냐를 위조하고
나폴레옹은 적국들의 지폐를 위조했다

미국에는 "그건 콘티넨털(continental)만한 가치도 없어!"라는 오래된 대중적 표현이 있다. 그 물건이 가치가 없다는 의미이다.[1] 대영제국에 맞선 아메리카 13개 식민지의 독립전쟁이 시작되자, 런던은 식민지용 영국 파운드의 발행을 중단했다. 이미 1764년 런던은 여러 식민지 국가들의 지역 화폐 발행을 전면 금지시킨 바 있었다. 몇몇 미국 경제학자들은 이런 결정이 세금 문제보다 훨씬 더 중요한, 대영제국에 대한 반란의 촉매제였다고 생각한다.

1775년부터 '반도들'이 콘티넨털을 찍어내기 시작했다. 이 지폐는 아메리카 대륙에서는 통용되었지만, 유럽 수입품의 대금으로는 잘 받아들여지지 않았다. 혁명기에 대륙회의(Continental Congress)*는 교환가치가 2억4,155만2,780달러에 달하는 콘티넨털을 발행했다.[2] 영국의 대응은 조금 시간이 걸렸다. 뉴욕 만에 정박한 영국 군함 피닉스 호[3]에 설치한 '올드 레이디'(Old Lady : 영국은행을 가리키는 금융인들의 은어)의 인쇄기가 콘티넨털 위폐를 찍어내기 시작한 것은 1778년부터였다.[4]

영국 첩자들은 이 위폐를 13개 식민지의 시장에 유통시키는 역할을

---

* 대륙회의 : 영국 본국의 고압적인 식민지 경영에 반발한 북아메리카 13개 주의 자치 의식이 높아지는 가운데 1774년부터 개최된 회의이다. 제2차 대륙회의(1775-1781년)는 유럽으로부터의 차입을 위해서 지폐 콘티넨털을 발행하기로 결정했다/역주

맡았다. 뉴욕은 오랫동안 영국인들이 장악했고, 이 도시의 설탕공장 건물들과 몇몇 선박은 '반도들'의 감옥으로 개조되었다. 그 수감 조건은 끔찍했다고 한다.[5] 위조범 중에서 데이비드 판스워스와 존 블레어는 아주 잘 알려진 예술가들이었다. 그들은 체포 당시에 위폐 1만 달러를 가지고 있었다.[6] 직접 이 사건을 담당한 조지 워싱턴은 고문을 해서 더 많은 정보를 얻어내자고 요구하기까지 했다. 그들은 콘티넨털을 위조한 죄로 교수형을 당했다.[7] 벤저민 프랭클린은 "위조 작업에 고용된 예술가들은 전문가들이었고, 이 작전이 콘티넨털의 가치 절하에 크게 기여했다"고 썼다.[8]

런던은 본격적인 경제전을 전개했다

영국 정부는 '경제' 전쟁으로 13개 식민지의 저항을 약화시킬 수 있을 것이라고 믿었다. 그래서 먼저 북아메리카 동해안 항구들의 수출입을 봉쇄했다. 또 영국은행들이 '반도들'에게 대출을 해주지 않도록 강력하게 권고했다. 마지막으로는 가짜 콘티넨털을 유통시켜 진짜 콘티넨털의 가치를 크게 떨어뜨렸다. 애덤 스미스는 1776년 출판된 『국부론(An Inquiry into the Nature and Causes of the Wealth of Nations)』에서 콘티넨털이 '채권자들에게 매우 부당한 것'이라면서 아주 강하게 비판했다.

콘티넨털은 불환지폐로서 '스페인 달러(Spanish milled dollars)'에 의해서 보증되었다.[9] 그러나 실제로는 누구도 이런 보증을 믿지 않아서 콘티넨털의 가치는 점점 더 떨어졌다. 스페인 달러는 1723-1826년에 멕시코에서 뛰어난 품질과 일정한 무게를 보장하는 최첨단 기계(milling machine. 여기서 milled라는 수식어가 나왔다/역주)로 주조한 8레알 은화를 가리킨다. 8레알 은화는 우수한 품질 덕에 전 세계에서 통용되었다.[10] 콘티넨털은 13개 식민지의 조세수입이 보증을 해야 했지만, 조세수입은 기대에 크게 못 미쳤다. 콘티넨털이 더욱 가치가 떨어지자 1778년 1월 상당수의 대륙회의 대표들이 뉴헤이븐에 모여 물가를 동결하기로 결정했다. 그러나 이 조치는 완전히 실패하여 물가가 폭등해버렸다. 1780년부터 콘티넨털의 가치는 액면가의 1/5에서 1/7 사이를 오르내리게 되었다. 조지 워싱턴 장군은 대륙회의 의장 존 제이(1745-1829년)에게 보낸 편지에서 "지폐 한 수레로 식량 한 수레를 사기가 어려울 정도입니다"라고 썼다.[11]

1780년 말경 콘티넨털의 가치는 액면가의 1/40으로 추락했다. 식민지의 재정 상태는 매우 취약했다. 대륙회의는 돈을 빌리고 사용할 권한은 있었지만, 세금을 걷을 권한은 없었다. 각 식민지가 여전히 독자적인 주권을 보유하고 있었기 때문이다.[12] 대륙회의는 콘티넨털 신권을 발행하는 수밖에 없었다. 1775-1780년의 신권 발행으로 전쟁 자금을 마련했다. 그러나 1780년 말에서 1783년 사이에 대륙회의는 외국으로부터의 차용과 징발에 의존하게 되었다.[13] 미국 역사학자들은 프랑스가 1779년 대륙회의에 거금을 빌려주지 않았더라면,[14] 미국혁명은 성공하지 못했을 것이라고 본다. 전쟁이 끝날 때까지 대륙회의는 총 6,700만 달러를 프랑스(최대 공급자), 스페인, 네덜란드 그리고 개인 투자자들에게서 빌렸다.[15]

1781년부터 군인들은 콘티넨털로 지급되는 급여를 거부했다. 그 가치가 액면가의 1/100으로까지 떨어졌기 때문이다. 3세기의 중대한 위기 기간의 로마 제국에서처럼 말이다.[16] 펜실베이니아 농부들은 콘티넨털을 받고는 곡물을 팔려고 하지 않았고, 영국 군인들의 금화와 은화만 받았다.[17]

콘티넨털 폐기

1783년부터 콘티넨털 지폐는 더 이상 발행되지 않았고, 2년 후 13개 식민지의 대륙회의는 달러를 새로운 연방정부의 통화로 결정했다. 1789년 식민지들은 헌법을 발효시켰고, 미합중국 제1은행(First Bank of the United States)은 1791년부터 업무를 시작했다. 이 은행은 모든 혼란을 제거하고 화폐제도를 재건하기 위해서 은행권을 발행하는 권한을 부여받았다.[18] 이 해에 콘티넨털은 미국 국채와 '후하게' 교환되었다. 액면가의 1/100을 쳐준 것이다. 드디어 1792년 연방 화폐제도가 확립되고, 당시 수도인 필라델피아에 조폐국(Mint)이 설립되었다.

런던은 프랑스 혁명을 방해하기 위해서 가짜 아시냐를 발행했다

런던은 혁명기 프랑스의 재정을 파괴하기 위해서 아시냐(assignat : 프랑스 혁명기에 발행된[1791-1797년] 불환지폐)를 위조하기로 결정했다.[19] 400명을 고용한 17개의 위폐 인쇄 공장은 온종일 가동되었다. 런던이 만든 위폐는 매우 정교하여 프랑스에서는 아무도 진짜 아시냐와 가짜를 구분하지 못했다. 1795년 5월까지 유통된 가짜 아시냐는 120-150억 프랑에 달하는 것으로 추산된다. 영국 역사가 토머스 더블데이(1790-1870년)는 『로버트 필 경의 정치 인생(A Political Life of Sir Robert Peel)』에서 1790년부터 가짜 아시냐를 찍어내던 스코틀랜드 제지공장을 방문한 이야기를 했다.[20] 가짜 아시냐는 브르타뉴의 항구들로 운반되어 방데 반란*군에게 넘겨졌다. 브르타뉴에서는 3명의 공무원이 아시냐의 위조여부를 검사하는 임무를 맡았는데, 그 가운데 한 명은 개인적으로 사용하기 위해서 가짜 아시냐를 인쇄시킨 죄로 1793년 11월 9일 콩코르드 광장의 단두대에서 처형되었다.[21] 아시냐의 유통량이 400억 프랑을 넘어서자 국민공회(프랑스 혁명기의 국회로 1792-1795년 활동했다/역주) 의원들

---

* 프랑스 혁명기에 발생한 왕당파의 반란으로 프랑스 서부 방데를 중심으로 1793-1796년에 벌어졌다/역주

은 인쇄 원판을 폐기하고 환어음을 발행했다. 이 환어음의 가치도 2년 후에 97퍼센트나 폭락하고 말았다.[22] 바라스(1755-1829년)의 회고록에 따르면, 총재정부(1795-1799년)는 가짜 파운드 제조로 반격했다고 한다.

나폴레옹과 파리 보지라르의 위조지폐 공장

1808년 초 나폴레옹은 대영제국, 오스트리아, 프로이센, 러시아 등 적국의 통화량에 영향을 미치기 위해서 영국과 똑같은 방식을 사용하기로 결심했다.[23] 작전은 1809년에 시작되었다. 통령정부(1799-1804년)와 제국(1804-1815년)의 막강한 경찰 총수인 조제프 푸셰[24](1759-1820년)가 비밀경찰 대장 피에르-마리 데마레[25](1764-1832년)와 공모하여, 프랑스와 교전 중인 국가들 화폐의 위폐를 인쇄하는 아주 은밀한 계획을 세웠다. 정부의 공식적인 판각사들을 개별적으로 경찰청에 소환하여 계획의 일부를 알려주었지만, 그들은 전체 계획을 결코 알 수가 없었다. 푸셰의 해임 후에는 후임자 사바리(로비고 공작[1744-1833년])가 작전을 계속 지휘했다. 모든 가담자들은 활동이 적발될 경우에 경찰로부터 보호해주는 통행증을 받았다. 이 통행증은 모든 경찰관에게 파리의 제국 경찰청에서 1810년 8월 1일자로 정식으로 서명된 서류를 제시하는 사람에 대해서는 모든 조사와 가택 수색을 중단하라고 명령하는 내용이었다.[26]

일당 9프랑이라는 높은 보수를 받는 작업자 각자에게 특정한 임무와 작업을 맡기는 방식이라서 전체 조직을 아는 판각사는 거의 없었다. 주 작업장은 파리 보지라르 길 25번지에 있었지만, 몇몇 원판들은 생-자크 포부르의 한 가옥에서 판각되었다. 여러 판각사들의 작품을 보지라르에서 모아서 '조립했다.' 보지라르는 수석 인쇄공 팽이 주관했다. 팽은 황제의 부속실 직원이며, 비서-기록 보관인인 아가통 장 프랑수아 팽[27](1778-1836년)의 형이었다. 팽이 위폐 제조의 기술 분야 전체를 조율했다.

나폴레옹이 최측근 뒤록(1772-1813년)을 대동하고 친히 보지라르 작업장을 방문하기도 했다. 그런데 1809년 10월 14일 프랑스는 오스트리아와 평화조약을 체결했다(대육군*의 1809년 7월 바그람 승전 후의 쉰브룬 평화조약). 군사적으로 절정기를 구가하던 나폴레옹은 메테르니히에게 오스트리아가 위폐의 침략을 당할 뻔했다고 알려주면서 그 폐기를 약속했다. 위폐는 3억 플로린에 달했다. 그러나 약간의 위폐는 폐기되지 않았고, 상당 기간 빈 은행은 프랑스인들이 위폐로 지급을 시도했다고 지적했다. 그 반면 파운드 위폐는 대영제국과 대륙에서 별 문제 없이 유통되었다. 그 품질이 완벽해서 영국은행의 가짜 파운드 추적은 거의 성공을 거두지 못했다.

1812년은 러시아 차례였다. 사바리는 위폐 공격을 개시했다. 국사원 위원이며 황제의 비서-통역으로 러시아 내 첩자조직[28]을 이끌었던 르로르뉴 디드빌(1780-1852년)이 전담했다. 그리고 1813년 여름에는 나폴레옹이 오스트리아 화폐의 위폐를 준비하라는 명령을 친히 내렸다. 오스트리아가 프랑스에 선전포고를 하기 전이었다.[29] 프로이센 화폐의 위폐도 인쇄했다. 그러나 위폐 판각사인 랄은 프로이센이 프랑스와 전쟁 중이 아니라는 이유로 위폐 제조를 거부했다.[30] 데마레는 다른 판각사의 도움을 구해야 했다.

경찰이 '공식' 위조범들의 작업장을 적발했다

경찰서장 파스키에가 보지라르 작업장을 적발했다. 그는 회고록에서 "문을 때려부수지 않을 수 없었다. 양측에서 부상자가 몇 명 발생했다. 가짜 지폐를 대규모로 제조하는 현장이었다. 러시아 은행의 지폐는 물

---

* 대육군(Grande Armée) : 나폴레옹이 영국을 비롯한 유럽 연합군과의 전쟁을 위해서 동원한 프랑스군을 중심으로 한 다국적 군대이다/역주

론이고 빈 은행의 지폐도 있었다"고 기록했다.[31] 로비고 공작은 즉각 경찰서장실로 달려가 이 사건을 잊어버려야 한다고 설명했다. 대육군이 25루블과 50루블 위폐로 군사작전을 수행하고, 장비, 식량, 동물용 사료를 구입한다는 것이었다.[32]

위폐 작전은 계속되다가 1813년 말경에 모든 암거래가 중단되었다. 러시아군은 파리에 입성하자마자 루블 위조에 사용된 모든 장비를 신속하게 회수하려고 했다. 그러나 사라비가 모든 장비를 파괴하라는 명령을 내린 뒤였다. 내무종교부 고위관리인 뵈뇨(1761–1835년)가 루이 18세에게 제출한 보고서에 따르면, 43만 오스트리아 플로린 위폐가 이탈리아로 보내졌고, 18만 플로린은 프랑스 은행가에게 넘겨주었고, 6만 플로린은 개인들에게 매각했다고 한다. 파운드 위폐(약 50만 파운드)는 샤를-루이 쉴마이스터(1770–1853년)와 루이-앙투안 포블레 드 부리엔(1769–1834년)이 주로 유통을 담당했다. 쉴마이스터는 나폴레옹이 종종 특별 임무를 맡긴 뛰어난 첩자였고,[33] 포블레는 나폴레옹의 친구로서 비서를 역임하고 함부르크에 상무관으로 파견되기도 했다. 뵈뇨는 러시아 화폐의 위폐가 유통되었는지는 정확히 밝히지 않았다.[34]

역사는 전쟁 자금을 구하고 적국의 경제를 교란시키려는 통화 조작으로 점철되어 있다. 예를 들면, 밀라노 공작 갈레아초 스포르차(1444–1476년)는 베네치아를 공격하는 군대를 동원하기 전에 1470–1476년에 베네치아 두카트의 위폐를 제조시켰다. 하기야 매우 근엄한 프리드리히 2세도 7년 전쟁(1756–1763년) 중에 적국들 화폐의 위폐를 주조하게 했을 정도였다.

53

성 조지 기병대가 나폴레옹에게 '대항했다'

1801-1815년 대영제국은 프랑스와의 전쟁을 위해서 140억 프랑이 조금 넘는 거금을 지출했고, 나폴레옹의 프랑스는 약 97억 프랑을 썼다. 이 140억 가운데 거의 60억은 막강한 해군, 70억은 육군, 10억이 조금 넘는 금액은 런던의 동맹국들에 지급되었다.[1] 동맹국들이 받은 지원금은 그냥 '성 조지 황금 기병대'라고 불렸다. 영국 국기의 성 조지 십자가를 상기시키는 우아한 표현이다. 이 표현이 용을 무찌르는 성 조지의 모습이 새겨진 영국 파운드 금화에서 유래했다고 주장하는 작가들이 있다. 그러나 로마의 판각사 베네데토 피스트루치(1783-1855년)가 디자인한 이 금화는 1817-1917년에 유통되었다. 그 이전의 영국 금화는 기니였다. 기니는 1665년에서 1814년 사이에 주로 아프리카 기니산 금으로 주조되었다.[2]

런던은 육군을 최대한 동원하면, 25만이 좀 넘는 병력을 운용할 수 있었다.[3] 최강 영국 해군은 1805년의 트라팔가 해전 당시에는 13만이었고, 1810년대에는 15만에 달했다.[4] 이에 비해, 나폴레옹은 1812년 65만의 군대로 러시아 원정에 나서 70만의 러시아 군대와 맞섰다.[5] 런던의 병력이 나폴레옹 군대에 비해 '소규모'라는 것을 금방 알 수 있다. 나폴레옹의 대육군은 여러 전선에 100만이 넘는 대군을 배치할 수 있었다.

그런데 영국 육군에는 많은 외국인 연대가 포함되어 있었다.[6] 물론 스코틀랜드 하일랜드(북부 고지) 사람들로 구성된 연대는 험난하고 불편한 지역에서 단련되어 많은 도움이 되었다.[7] 그들은 대개 머스킷으로 무장했다. 이밖에 가공할 라이플* 연대[8]가 있었다. 이들은 '마구잡이로' 사격하지 않고, 적진의 특정한 군인을 겨냥해서 사격할 준비가 된 최초의 보병이라고 할 수 있었다.[9] 런던은 피와 금 사이에서 분명한 선택을 했다. 소 피트 총리와 그 후임자들은 영국 시민들을 동원하는 것보다는, 동맹국들에 돈을 대는 것을 선호했다. 영국 인구는 나폴레옹의 프랑스가 지배한 나라들의 주민의 약 40퍼센트에 불과하다는 것을 잘 알고 있었기 때문이다.

영국의 러시아, 프로이센, 오스트리아에 대한 거액의 지원

동맹국들에 원조금을 지원하기 위한 첫 번째 협상은, 프랑스 혁명의 강력한 반대자인 예카테리나 2세(재위 1762-1796년)와 이루어졌다. 러시아는 병력 1만 명을 제공하는 대가로 60만 파운드를 요구했다. 프로이센 역시 거금을 원했다. 프리드리히 빌헬름 2세(재위 1786-1797년)는 병력 10만에 200만 파운드를 제시했다. 런던은 프로이센과 협상을 하고 1794년 4월 1일 협정을 체결했다. 프로이센은 런던으로부터 40만 파운드를 받고 병사 6만2,400명을 보내는 데에 동의했다. 여기에 매월 15만 파운드가 추가된다는 조건이었다. 그러나 프로이센은 4만 명만 파견했다. 뮐렌도르프 장군(1724-1816년)은 이들을 전투에 투입하기 전에 입금을 확인하는 프로이센 왕의 명령서를 기다렸다. 전보가 오지 않자 프로이센은 즉각 동맹에서 탈퇴했다. 프로이센군은 오스트리아군을 지원하지 않았고, 오스트리아군은 1794년 플뢰뤼스에서 주르당 장군(1762-1833년)에게 패배했다. 이 전투에서 프랑스 장교들이 적군의 동태를 살피기 위해서 최초의 정찰 기구(氣球)를 사용했다.[10] 오스트리아는 런던이

---

* 서양에서 소총은 화승총(아퀴버스), 머스킷, 라이플 순으로 발전했다/역주

특별대우를 하는 동맹국이었다. 빈은 예산적자를 메꾸기 위해서 차용을 간절히 원했다. 힘든 협상을 벌인 끝에 런던은 오스트리아가 독일에서 17만 군대를 유지한다는 약속을 받고 460만 파운드에 달하는 부채에 대해서 보증을 섰다.[11]

그러나 동맹국들에 대한 영국의 지원은, 마렝고(1800년 6월 이탈리아 피에몬테 마렝고 평원에서 벌어진 전투/역주)와 호헨린덴(1800년 12월 뮌헨 인근의 호헨린덴에서 벌어진 전투/역주)에서의 패배가 증명하는 것처럼, 실패로 끝났다. 소 피트 총리의 영국은 1차 대불동맹(1792-1797년)의 참가국들과 2차 대불동맹(1798-1802년)의 참가국들에 대한 지원금으로 각각 1,060만 파운드(당시 1파운드는 약 25프랑이었다)와 400만 파운드가 넘는 거금을 사용했다.[12]

협상과 유럽으로의 운반

나폴레옹에 대항하는 3차 대불동맹(1805년)을 결심한 소 피트는 동맹국들에 5백만 파운드와 단일한 지원금 '표준 비율'을 제시하게 되었다. '표준 비율'은 프랑스와 싸우는 군인 1인당 1년에 12.5파운드를 지원하는 것이었다. 이전에는, 네덜란드를 해방시키기 위해서 싸우는 군사들만이 이 야릇한 회계의 대상이 되었다. 지급은 월 단위로 하기로 했다. 계산은 10만 명이 참전하면 125만 파운드를 지급하는 식으로 이루어졌다.[13] 3차 동맹 협정은 1804년에 체결되었지만, 프랑스 대육군의 빛나는 승전들로 런던의 동맹국들은 힘든 시기를 맞게 되었다. 1805-1807년에 동맹국들은 1억900만 프랑이 넘는 지원금을 받았다.[14] 그러나 런던이 빈에 지급한 돈의 일부는 나폴레옹의 금고 속으로 들어갔다. 왜냐하면 나폴레옹이 오스트리아에 전쟁 배상금과 특별 분담금으로 1억 프랑을 부과했기 때문이다. 이 돈 잔치에 런던이 동맹국들에 돈을 꿔주고 그 국채를 매입하라고 시티(The City : 런던의 상업, 금융 중심 지구)의 은행들에 가한 압력을 추가해야 한다. 많은 돈이 금괴, 기니 금화, 신용장의 형태로 유럽에서 유통되었고, 나폴레옹의 대륙봉쇄를 피하기 위해서 여러 방식을 동원하여 운반되었다.

런던은 '손 안의 패를 전부 걸고' 영국 국채로도 지급했다

소 피트 사후의 영국 새 정부는 나폴레옹에게 대항하는 새로운 동맹을 결성하기 위한 협상을 재개했다. 런던은 오스트리아에 일부는 현금으로 일부는 영국 국채로 지급하겠다고 제안했다. 영국 국채는 보유국이 시장에서 매각해야 하는 국채이다. 그러나 나폴레옹의 바그람(빈 북동쪽/역주) 승전(1809년)이 모든 희망을 한 번에 날려버렸다. 런던은 이 전투에 118만7,500파운드(파운드의 프랑에 대한 가치가 떨어져서 2,400만 프랑 정도였다)를 투자했다. 영국이 빈에 지급한 돈의 일부는 한 번 더 나폴레옹의 금고 속으로 바로 들어갔다. 나폴레옹은 오스트리아에 배상금 8,500만 프랑을 지급하라고 요구했던 것이다.[15]

6차 대불동맹(1812-1814년)은 러시아, 프로이센, 베르나도테(1763-1844년, 나폴레옹 휘하 장군 출신으로 스웨덴 왕이 되어 나폴레옹의 개인적인 원수가 되었다), 오스트리아, 다수의 독일 소국들의 참가로 1812년에 결성되었다.[16] 런던은 파운드화의 가치가 28퍼센트나 떨어져서 모든 동맹국들에 줄 돈을 마련하기가 어려웠다. 그래서 현금, 영국 국채, 동맹어음(federative papers)으로 지급하게 되었다. 동맹어음은 제네바 경제학자로 프랑스 혁명과 나폴레옹을 강력하게 반대하고 재빨리 런던으로 망명한 프랑수아 디베르누아(1757-1842년)의 작품이다.[17] 동맹어음은 영국 국고 증서로 종전 시에 5퍼센트 이율로 지불하기로 했다. 따라서 나폴레옹의 수중으로 들어갈 염려가 있는 돈이 아니었다. 그뿐만 아니라 이 어음은 대영제국 내에서 구입하는 군수품을 사는 데에 사용될 수 있었다.

이 모든 군자금은 특별 수송대가 차례차례 운반했고, 런던은 슈트랄준트(포메라니아 서부)에 전용 창고까지 만들었다. 나폴레옹의 러시아 원정 실패 후에 모스크바는 매우 심각한 재정과 경제 상황에 직면했다. 런던은 쇼몽(프랑스 동부의 도시/역주) 협약 체결에 의해서 모스크바와 다른 동맹국들을 다시 지원해야 했다. 1814년 3월 1일 러시아, 오스트리아, 프로이센[18]과 체결한 이 협약으로 런던은 총 1억1,170만 프랑을 지급했다.[19]

엘바 섬에서 돌아온 나폴레옹은 동맹국들에 다시 심각한 위협이 되었다. 런던은 동맹국들에 돈과 군수품을 또 제공하기로 결정했다. 동맹국들은 값을 계속 올리고 불가능한 것을 요구하기까지 했다. 영국은 아주 신속하게 1억5,000만 프랑을 동원하는 데에 성공했다. 나폴레옹도 3,500만 프랑을 마련했지만,[20] 그 차이가 너무 컸다. 1815년 워털루에서의 전술적 실수로 나폴레옹의 모험은 종말을 고했다.[21]

나폴레옹 전쟁으로 영국은 국고가 탕진되었지만, 영국은행과 시티의 지원에 의지할 수 있었다. 시티는 나폴레옹 전쟁 기간에 상당한 자본을 축적했다. 막대한 규모의 예금이 유럽 대륙과 아메리카를 피해 계속 영국으로 유입된 덕택에 런던의 금융시장이 최대 수혜자가 되었다. 이 자금은 영국 국채를 구입하고 거대한 재정투자에 참여하는 데에 동원되었다. 여기서 핵심적인 역할을 수행한 것이 로스차일드 은행이다.[22] 암스테르담을 떠난 호프, 베어링스, 골드스미스, 함부르크에서 이전해온 슈뢰더 그리고 파리, 리옹, 제네바의 여러 은행을 비롯한 많은 은행들이 이 금융계의 무용담에 일익을 담당했지만, 뉴 코트에 위치한 로스차일드 은행이 영국 국고의 주된 금 공급자가 된다.[23]

런던은 동맹국들의 군대를 돈을 주고 동원하는 방식으로 전쟁을 하기로 결정했다. 동맹국들도 참전했으므로 그 군대는 용병은 아니었다. 어쨌든 런던 금융가의 힘 덕택에 영국은 전쟁을 아주 쉽게 치를 수 있었다. 제2차 세계대전 기간의 뉴욕 금융가도 그렇게 막강했다.

54

고래기름이 미국의 다섯 번째 산업이 되다

미국의 고래기름 산업은 절정에 달한 1855년경 국가의 산업 순위에서 5위를 차지했다. 1833년 미국 포경선은 392척이었는데, 1846년에는 735척으로 증가했다. 당시 전 세계의 포경선은 900척이었다.[1] 보스턴에서 남쪽으로 80킬로미터 떨어져 있는 고래잡이 도시 뉴 베드퍼드는 이 거대한 산업의 중심지가 되었다.[2] 19세기 중반에 뉴 베드퍼드는 미국에서 네 번째로 큰 항구였고, 고래기름 산업의 20퍼센트를 점유했다. 이 항구도시의 주민들은 1인당 소득이 미국 최고였다. 선주들은 선원들에게 급여를 주는 방식을 혁명적으로 바꾸었다. 선장에서 막내 선원까지 모두가 출선 횟수가 아니라 어획량에 따라서 보수를 받았다. 따라서 많이 잡아올수록 더 큰 돈을 벌었다.[3]

고래기름의 엄청난 성공

고래잡이의 역사는 이미 선사시대로 거슬러올라간다. 고래잡이에 대한 최초의 기록은 일본에서 나왔다. 가장 오래된 일본 역사서인 『고사기(古事記)』에 따르면, 고래 고기를 천황에게 대접했으며, 일본 뱃사람들이 고래 작살을 발명했다고 한다. 1853년 미국의 페리 제독(1794-1858년)이 도쿄에 경제 개방을 강요한 저 유명한 사건(흑선내항[黑船來航])의 목적 가운데 하나는, 미국 포경선단이 일본의 북서 태평양 항구

들에 기항할 수 있도록 하려는 것이었다.[4]

유럽에서는 1059년의 바스크 지역 문서가 고래잡이를 최초로 언급했다. 유럽의 고래잡이는 대서양 항로의 개방과 함께 크게 발전했다. 고래잡이는 돈벌이가 아주 잘 되었기 때문에 16세기부터 영국 회사(머스코비 회사 그리고 1세기 후에 그 말썽 많은 남해 회사), 네덜란드 회사(북해 회사), 덴마크 회사들이 생겨났다. 이 회사들은 풍부한 경험으로 인기가 높은 바스크 선원들을 많이 고용했다.

고래잡이는 선원들 사이의 경쟁에서 그 선원들이 속한 국가들 사이의 전쟁으로 발전하기도 했다.[5] 미국 독립전쟁에서 영국 해군은 뉴잉글랜드의 포경선들을 공격했다. 고래에서 나오는 제품들이 전략적으로 중요했기 때문이다. 고래기름은 호롱에 쓰였고 비계는 비누를 만드는 데에 사용되었다. 산업혁명은 고래잡이 산업을 크게 발전시켰다. 증기기관과 기관차에는 고래만이 제공할 수 있는 윤활제가 대량으로 필요했기 때문이다.

실제로 고래에서는 버리는 것이 거의 없다. 소금에 절여 보관하는 고기는 단백질과 지방의 중요한 공급원이다. 기름은 주로 윤활제로 사용하고 난방, 조명, 요리에도 쓴다. 고래 머리에서 추출되는 경랍(鯨蠟)은 양초 제조에 쓰고 약제에서 부형제(賦形劑)로 사용된다.[6] 용연향(龍涎香)은 향기를 유지시키고, 고래수염은 우산과 여성용 코르셋 제조에 사용한다. 건조시킨 내장은 동아줄의 훌륭한 원료이다.[7]

석유 생산 덕에 모면된 생태계의 재앙

19세기 중반 무렵 포경선들은 1년에 평균 1만5,000마리의 고래를 잡았는데, 이는 고래들에게는 재앙이었다. 고래기름 1갤런은 1.5에서 2달러 사이였다. 미국은 1856년 400-500만 갤런의 경랍과 600만-1,000만

갤런의 고래기름을 생산했다. 그러나 펜실베이니아 유전의 발견 덕에 고래 사냥에 따른 생태계의 재앙을 피할 수 있게 되었다. 1859년 미국의 석유 생산은 1년에 2,000배럴 미만이었다. 그러나 40년 후에는 17분마다 2,000배럴을 생산했다.[8] 이에 따라서 미국의 포경산업은 급속도로 쇠퇴했다.

그러나 위기는 이미 1850년대에 시작되었다. 미국의 급여 수준 때문에, 미국 배에 승선한 선원들은 그들보다 더 낮은 급여를 받는 노르웨이인들과 다른 나라의 선원들에 비해 경쟁력이 크게 떨어졌다. 1860-1880년에 미국인들의 급여는 1/3이 올랐으나, 노르웨이 선원들의 급여는 따라서 오르지 않았다.[9] 게다가 미국에서는 다른 산업분야들이 급성장하여 자본과 인력을 포경산업에서 빼앗아갔다. 철도, 석유, 철강 분야에 자본과 인력이 집중된 것이다. 마이클 디츠(1859년 특허)와 존 어빈(1861년 특허)의 석유 램프[10] 발명이 세상을 재빠르게 바꾸었다. 이미 1860년에 30개의 정유소가 원유를 정제하여 램프용 석유를 생산할 수 있었다. 1895년 고래기름은 1갤런에 40센트로 떨어졌지만, 케러신(kerosine[등유] : 미국인들은 램프용 석유를 이렇게 부른다)은 1갤런에 7센트에 불과했다. 미국 포경산업은 끝장난 것이다. 절정기가 지난 지 50년도 채 안되어서 포경선들의 90퍼센트가 용도 변경되거나 폐선이 되었다.[11] 1860년 9월 3일 신생 석유산업의 이익을 대변하던 출판물 『캘리포니아 파이어사이드 저널(*California Fireside Journal*)』은 "석유가 발견되지 않았더라면, 고래는 앞으로 10년 안에 멸종될 것이다"라고 썼다.

포경산업의 이 현기증나는 몰락은, 철도가 주요 교통망이 되는 바람에 도태된 역마차 수송 전문 회사들의 몰락을 상기시킨다.

55

러시아는 로스차일드 은행의 빚을 갚기 위해서 알래스카를 매각했다

1867년 3월 30일 워싱턴에서 러시아 공사 에두아르트 데 슈퇴클 남작 (1804-1892년)과 미국 국무장관 윌리엄 수어드(1801-1872년)는 협정서에 서명을 했다. 이 협정은 150만 제곱킬로미터의 땅덩어리 알래스카를 금화 720만 달러(1,100만 루블 금화)를 받고 양도하는 내용이었다. 1제곱킬로미터를 4.8달러 주고 산 것이었다. 많은 러시아인들이 가격이 너무 낮았기 때문에 차르 알렉산드르 2세(재위 1855-1881년)의 결정에 대해서 아주 난감해했다. 태평양 건너편의 미국 언론 역시 비판적이었다. 기자들은 이 매입을 신랄하게 공격했다. 많은 미국 의원들도 미국 정부의 실수(수어드의 아이스박스/역주)라고 단언했다. 미국의 군사력을 약화시킬 뿐만 아니라 가치도 없는 '눈 벌판'에 너무 많은 돈을 주는 바람에 연방 예산의 부담만 가중될 것이라는 주장이었다.[1] 100년 후 공화당 의원 테드 워시번(1941년생)은 미국의 알래스카 매입은 금, 비금속, 석유 발견 그리고 목재와 모피 생산 덕에 매입가의 425배에 달하는 이윤을 남겼다고 밝혔다.[2]

북태평양이 '러시아의 호수'였을 때

표트르 1세(재위 1682-1725년)가 러시아 제국의 발트 해 진출을 성공시키고, 예카테리나 2세가 북해의 북쪽 해안을 점령하기 훨씬 전부터,[3] 러시아인들은 오호츠크 해[4] 연안에서 살고 있었다. 이미 1567년에 두 명의 코사크 아타만(대장)이 시베리아를 횡단하여 베이징에 도착했다. 그들은 돌아와서 거대한 영토를 차지할 수 있다고 이야기했다. 벨리키 노브고로트의 스트로가노프 집안의 상인들은 모피 무역 전문으로 차르 이반 4세(재위 1547-1584년)로부터 서시베리아의 대부분 지역에 대한 독점권을 획득했다. 그들은 돈 강의 코사크들을 동원하여 쿠춤 칸(재위 1563-1598년, 15세기부터 16세기 말까지 서시베리아에 있던 몽골계 국가인 시비르 칸국의 마지막 칸)의 저항을 물리치고 동쪽으로 점령지를 확장하려고 시도했다. 1598년 칸의 사망으로 지역 주민들의 완강한 저항이 끝나고, 상인들은 베링 해 해안까지 진출하여 모피용 동물 사냥을 할 수 있게 되었다.

코사크 탐험가 시미엔 이바노비치 데즈네프(1605-1673년)가 1648년 아시아 대륙의 최동단을 발견함으로써, 이곳은 제임스 쿡(1728-1779년) 선장이 붙인 "이스트 곶"이라는 이름 대신 1898년부터 "데즈네프 곶"이라고 불리게 되었다.[5] 데즈네프의 배들은 베링 해협을 건넜다. 이 탐험 보고서는 상트페테르부르크 정부의 먼지투성이 사무실의 서류 더미 속에 파묻혀 있다가 1736년에야 발견되었다. 베링 해협이라는 이름을 붙인 비투스 베링(1681-1741년)의 첫 번째 탐험 이후 12년이 지나서였다. 비투스 베링은 덴마크 인으로 러시아 해군 장교가 되어 이반 이바노비치 베링이라고 불렸다. 베링의 결정적인 탐험 이전에도 다른 개척자들과 탐험가들이 쿠릴과 캄차카 섬들을 방문하고 점령하기도 했다. 러시아는 이 척박하기 짝이 없는 지역의 개발을 사냥꾼과 모피 상인들에게 맡겨두었고, 그들은 자주 알래스카로 건너갔다.

러시아-아메리카 회사 설립

1782년 러시아 상인 그리고리 셸레코프(1747-1795년)는, 중국의 최남단 광저우에서도 팔리는 캐나다 모피와의 경쟁을 위해서, 오호츠크에서 골리코프-셸레코프 회사를 설립했다. 캐나다 모피는 캐나다 동부, 희망봉, 인도양, 중국해라는 기나긴 여행을 거쳐 광저우로 들어왔다.[6] 회사는 알래스카 남쪽의 코디액 섬[7]을 개발하여 중요한 상관(商館)으로 만들었다. 1799년 차르 파벨 1세(재위 1796-1801년)가 러시아-아메리카 회사를 설립했다. 도매상이며 모험가인 알렉산드르 바라노프(1746-1819년)가 이 회사 사장이 되어 24개의 상관을 개설했다. 이 상관들은 캄차카 반도에서 캘리포니아 사이에 배치되었다. 당시 멕시코 소유이던 캘리포니아에는 샌프란시스코 북쪽 80킬로미터에 로스 요새를 세웠다. 이 상관들[8] 덕에 러시아-아메리카 회사는 북태평양의 상권을 강화했다.[9]

파벨 1세의 암살(1801년) 후에 신임 차르 알렉산드르 1세(재위 1801-1825년)는 개인 고문으로 니콜라이 레자노프(1764-1807년)를 임명했다. 레자노프는 이 지역을 발전시키고 샌드위치 섬들(하와이 제도)을 점령해서 러시아의 군사적이고 상업적인 기지로 만들어 아시아 시장들을 장악하려고 했다.

그러나 레자노프가 1807년 43살의 나이로 너무 일찍 사망하면서, 상트페테르부르크에서 그의 계획은 지지를 받지 못하게 되었다. 특히 러시아 정부는 런던의 '신경을 거슬리려고' 하지 않았다. 미국의 오리건과 캘리포니아를 합병하려던 계획도 포기했다. 러시아-아메리카 회사는 알래스카를 상세히 탐험하는 일에 집중했다. 1818년부터 러시아 정부는 교역 특허를 가지고 있던 상인들이 회사 경영에 개입하는 것을 금지시켰다. 1820년대에 모피 무역의 이윤이 줄어들기 시작했다. 1825년 미국은 아메리카 연안 지대에서 어업과 교역의 상호적 자유를 인정하는 협정에 서명했다. 그다음 해 런던은 상트페테르부르크 협정을 통해서 아메리카 러시아(실제적으로는 알래스카)의 국경을 인정하게 되었다.

협상과 알래스카 매각

러시아는 크림 전쟁(1853–1856년)으로 약화된 후에는 태평양 진출을 위해서 시베리아에 집중하고, 중국 정부로부터(1860년의 베이징 협정) 임해지역(아무르 강 하류와 우수리 강 하류 사이)을 얻었다. '동양 지배'를 의미하는 이름의 항구도시 블라디보스토크가 건립되어 군사와 상업의 중심지가 되었다. 재정 위기에 빠진 데다가 대영제국 해군[10]의 항구적인 위협을 두려워하는 러시아 제국은 이 거대한 '식민지'를 매각하여 돈을 구하려고 모든 수단을 동원했다. 특히 러시아는 아무런 보상을 받지 못하고 알래스카를 뺏기는 것만은 피하고 싶었다. 알렉산드르 2세의 밀사들은 영국인들과 미국인들에게 접근하여 알래스카 매각을 제안했다. 러시아는 런던이 큰 관심을 보이지 않았기 때문에 워싱턴에 집중하기로 했다. 그러나 남북전쟁(1861–1865년)이 발발하는 바람에 미국과의 모든 협상은 중단되지 않을 수 없었다.

그사이에 러시아는 1861년 농노제 폐지를 단행했다. 이 개혁은 2,300만에게 '자유를 주고' 농민과 농노들에게 토지를 분배하는 대신 그 토지 소유자들에게는 보상을 해주는 조치였다. 토지 보상을 위해서 많은 돈이 필요했던 러시아 정부는 로스차일드 은행에서 1,500만 파운드(이율 5퍼센트)를 빌렸다. 그러나 반환 시점에 돈이 부족했다. 1867년 3월 워싱턴 주재 러시아 공사 에두아르트 데 슈퇴클이 알래스카 매각 협상을 추진하는 임무를 맡았다.[11] 그는 미국 기자들과 유력 인사들에게 뇌물을 주는 데에 주력했다. 그는 총 14만4,000달러를 썼는데 그 가운데 3만 달러는 『데일리 모닝 크로니클(*Daily Morning Chronicles*)』에 주었다.

알래스카에는 1만 명이 조금 넘는 러시아인(2,500명은 러시아인이고 나머지는 알래스카인의 피가 섞인 러시아인), 약 5만 명의 이누이트족과 토착민들이 있었다. 러시아인들은 대개 항구에 위치한 상관 24개를 보유하고 있었다. 마침내 미국과 러시아의 협정이 체결되었다. 영토의 공식적인 인도는 1867년 10월 18일 싯카 시에서 이루어졌다. 이 날짜는 러시아인들이 사용하던 율리우스력을 그다음 날부터 대체한 그레고리력에 의거하여 계산되었다(당시 율리우스력은 그레고리력보다 10일 빨랐다). 그 반면 720만 달러는 조약 체결 약 1년 후인 1868년 8월 1일에 지급되었다. 미국 상원은 이 거래를 1867년 4월 9일 승인했고, 하원은 1868년 7월에야 113대 48로 승인했다.[12] 미국은 금이나 달러가 아니라 수표로 지불했다(독립전쟁 기간에 발행된 그린백[13*]). 달러는 그린백보다 가치가 높았다. 수표 원본은 국립 워싱턴 문서고에 보관되어 있다. 이상하게도 수표의 수취인은 에두아르트 데 슈퇴클 남작이었다!

1803년 나폴레옹은 현재 미국 영토의 22.3퍼센트에 달하는 루이지애나(214만4,520제곱킬로미터/역주)를 베어링스 은행의 도움을 얻어 미국에 매각했다. 베어링스 은행은 영국은행이었다(1995년 파산/역주). 1804년에 받은 매각 대금 1,500만 달러의 일부는 대육군과 아우스터리츠의 빛나는 승리**에 사용되었다.

---

* 그린백(Green back) : 민간은행이나 연방준비제도가 아니라 미국 정부가 찍어낸 지폐로 그 뒷면이 녹색이기 때문에 붙여진 이름이다. 그린백을 처음 발행한 대통령은 링컨이며, 그는 남북전쟁 자금을 마련하기 위해서 4억 달러에 달하는 그린백을 발행했다/역주
** 1805년 12월 아우스터리츠에서 나폴레옹군이 러시아-오스트리아 연합군을 격파한 전투/역주

56

마나우스의 과대망상증은
고무나무 씨앗의 밀반출에 의해서 산산조각 났다

아마존 지역의 거의 중앙에 위치한 마나우스(브라질)는 19세기 말 고무 붐의 혜택을 크게 본 대도시로서, 세계 최대의 과시적 부를 자랑했던 도시 가운데 하나였다.[1] 천연고무업계 거물들의 기상천외한 행동은 모든 상상을 초월했다. 그들은 대양용 요트로 큰 강을 항해하거나 말을 샴페인으로 목욕시키기도 했다.[2] 1982년 베르너 헤르초그 감독, 클라우스 킨스키와 클라우디아 카르디날레 주연의 「피츠카랄도」는 고무업계의 거물 페루인 카를로스 피츠카랄드(1862–1897년)와 고무 열풍의 실화를 다룬 영화이다.

마나우스의 오페라 하우스는 이 과대망상증의 기념물로 남아 있다. 1884년 마나우스 주 정부(아마조나스 정부)는 르네상스 양식에서 영감을 받은 이탈리아 건축가 셀레스티알 사카르딤의 설계안을 선정했다. 공사가 시작되었으나 여러 번 중단되었다. 지붕의 기와는 알자스, 루이 15세 시대 양식의 가구와 직물은 파리에서 가져왔다. 계단, 상, 기둥의 대리석은 이탈리아산이었고, 벽의 강철은 영국제였다. 샹들리에 32개(모두 188개 가운데)는 무라노에서 직접 실어온 것이었다. 오페라 하우스는 1896년 12월 31일 완공되었고, 1897년 1월 7일의 첫 번째 공연작은 아밀카레 폰키엘리(1834–1886년)의 「조콘다」였다.[3]

백색의 즙 : 3,000년이나 된 산물

콜럼버스 이전의 이 지역 문명은 파라고무나무에서 흘러나오는 이 야릇한 백색 즙을 다양한 용도로 사용해왔다. 버섯으로부터 발의 피부를 보호하고, 바구니를 방수 처리하고, 공을 만들어 '공놀이(juego de pe-lota)'를 했다.

공놀이는 두 팀이 맞붙는데, 높이 6-9미터의 벽에 박혀 있는 돌 고리 (치첸이트사*에서 볼 수 있는 것과 같은) 속으로 먼저 공을 통과시키는 팀이 이기는 방식이다.[4] 멘도사 코덱스**에 따르면, 아스텍 황제 목테수마 2세(재위 1502-1520년)는 멕시코 만 연안의 도시들에 매년 1만6,000개의 고무공을 조공으로 받칠 것을 요구했다고 한다. 공놀이는 종교의식의 하나였다. 이 종교의식은 신들의 영광을 위해서, 패배한 팀 전체 또는 최소한 그 대장의 참수로 종료되는 것이 관례였다. 종종 전쟁포로들이 이 공놀이에 자발적으로 참가했던 것은 이런 연유에서이다.[5] 콩키스타도르들은 고무를 사용할 줄 몰랐다. 고무는 온도에 매우 민감하고 나쁜 냄새가 났다. 그래서 고무는 200여 년 동안 유럽 궁정들의 골동품실에 보관되어 있었다.

천연고무의 대유행

프랑스 박물학자 샤를 마리 드 라 콩다민(1701-1774년)과 프랑수아 프레스노 드 라 가토디에르(1703-1770년)가 페루, 에콰도르, 기아나에

---

* 치첸이트사 : 멕시코 마야 문명의 고대 도시로 유타칸 반도의 종교 중심지였다/역주
** 멘도사 코덱스(Codex Mendoza)는 1521년 스페인의 멕시코 정복 14년 후에, 신성 로마 제국 황제이자 스페인 왕인 카를 5세에게 보여주기 위해서 제작되었다. 이 코덱스는 아스텍 통치자들의 치적과 아스텍 주민들의 일상생활 등을 그림문자로 기술하고 스페인어 설명과 주석을 첨부한 것이다. 이 코덱스는 그 제작을 의뢰한 누에바 에스파냐의 부왕(副王) 안토니오 데 멘도사(1495-1552년)의 이름을 따라서 '멘도사 코덱스'라고 불리게 되었다/역주

서 천연고무를 재발견했다(1736-1747년). 라 콩다민은 '카오츠쿠'*라고 불리는 이 물질에 대한 최초의 학문적인 기술을 시도했다. 과학자들과 기업가들이 고무 제품을 연구하여 천연고무의 지우는 능력을 발견했다. 그러나 19세기가 되어서야 비로소 고무를 더 폭넓게 사용할 수 있게 되었다.[6] 1823년 스코틀랜드 화학자 찰스 매킨토시(1766-1843년)가 방수 방법을 발명하여 최초의 우비를 제작했다. 특허를 낸 물질은 그 발명자의 이름을 따랐고, 대영제국에서는 매킨토시가 '우비(raincoat)'의 동의어가 되었을 정도이다. 1842년 미국인 찰스 굿이어(1800-1860년)가 가황(加黃) 방법을 발명하여 고무의 탄성을 개선시켜 온도 변화에 더 잘 저항하도록 만들었다. 1853년 미국인 하이램 허치슨(1808-1869년)이 찰스 굿이어의 특허를 매입하여 장화 제조에 고무를 사용했다. 1887년 북아일랜드 벨파스트의 수의사 존 보이드 던롭(1840-1921년)이 통고무 타이어를 대체하는 유연한 공기 타이어를 고안했다. 마침내 1892년 프랑스의 미슐랭 형제(에두아르 미슐랭[1859-1940년], 앙드레 미슐랭[1853-1931년])가 최초의 조립 가능한 자전거와 자동차용 타이어를 내놓았다.[7] 고무 수요는 산업과 가정에서 급증하다가 자동차 산업의 비약적인 발전 덕에 폭발적으로 증가한다.

고무 열풍으로 수 천 명이 아마존의 마나우스 지역으로 몰려들었다. 주로 소상인과 기업가들이었다. 고무 농장의 노동자들은 대개 인디오들이었다.[8] 고무 생산은 3단계로 이루어졌다. 우선 노동자들(세링게이루는 고무나무액을 채취하는 사람이라는 뜻이다/역주)이 나무를 절개하고 유액을 채취한다. 그들은 이것을 중개상(파트랑은 사장, 고용주라는 뜻이다/역주)에게 팔고 중개상은 자기 관할 지역의 유액을 모은다. 마지막으로는 도매상(아비아도르는 발송인이라는 뜻이다/역주)이 여러 지역의 유액을 받아서 마나우스에서 벨렝(아마존 강의 지류인 파라 강 연안의

* 카오츠쿠(caotchuqui): 케추아어의 cao는 '나무', tchuqui는 '눈물을 흘리다'를 뜻한다/역주

항구 도시/역주)으로 운반한 뒤에 국제적인 대기업에 판매한다.

대기업이 고무 유액을 미국, 리버풀, 유럽 항구들로 수출했다. 가격은 뉴욕과 런던에서 결정되었다.[9] 파트랑은 세링게이루가 자기 마을에서 생산 지역까지 가는 여행 경비 선금을 포함하는 노동계약을 제시한다. 그 선금은 노동에 의해서 점진적으로 상환하는 방식이다. 더구나 세링게이루들은 숲 속에서 지내야 하기 때문에 정기적인 보급품, 식량, 노동 도구가 필요했다. 이런 물품의 가격은 아주 비싼 운반비 그리고 파트랑의 엄청난 이윤[10]과 함께 급등했다. 정해진 생산량을 채우지 못하는 세링게이루들은 대개 채찍질 체벌을 받았다. '아라나의 낙인'이라는 말이 유행할 정도였다. 훌리오 세자르 아라나(1864-1952년)는 노동자들에게 매우 가혹한 생산업자였다. 이 '아라나의 낙인'은 살갖이 갈기갈기 찢어질 때까지 채찍질을 하는 벌을 가리켰다.[11]

고무 붐은 1870년에서 1910년까지 계속되었다. 그러나 브라질의 고무 생산에는 아주 분명한 두 가지 문제점이 있었다. 우선 고무나무들의 분포가 일정하지 않아서 세링게이루들이 먼 거리를 이동해야 했기 때문에 노동 생산성이 아주 낮았다. 둘째로는 소위 '바르제아(하천에 따른 낮은 평야/역주)' 현상이 골칫거리였다. 강이 사납게 범람했던 것이다(강 수위가 10-15미터까지 상승했다). 따라서 아마존 강 유역 가까이에 공장시설을 세우기가 어려웠다.[12] 천연고무 수요는 자동차 산업의 발전 덕에 폭발적으로 증가하여 마나우스에는 투기 열풍이 불어 고무업계의 거물들은 광란의 시절을 만끽할 수 있었다.[13] 그러나 프랑스의 벨 에포크(Belle Époque[1871-1914년])*와 우연히 일치하는 이 좋은 시절은 급격하게 막을 내리게 된다.

---

* '좋았던 시대'라는 뜻이다. 19세기 말에서 제1차 세계대전 직전까지 프랑스는 과거에 볼 수 없었던 풍요와 평화를 누렸는데, 이 시대를 나중에 아쉬워하며 붙인 이름이다.

파라고무나무 씨앗의 불법 반출과 포드랜디아의 실패

탐험가 헨리 알렉산더 위크맨 돌턴이 1876년 파라고무나무 씨앗 7만 개를 '훔쳤다.' 그는 런던 왕립식물원(일명 큐*) 원장 조지프 돌턴 후커 경(1817-1911년)을 설득하는 데에 성공했다. 자신이 파라고무나무 씨앗을 빼돌려서 식물원은 물론 당시 대영제국의 수많은 식민지에 뿌리면 나무가 자랄 것이라는 것이었다. 위크맨은 후커 경의 동의와 인도 정부의 위임을 받을 수 있었다. 그는 정말 운이 좋았다. 브라질 당국은 고무나무 독점을 지키려고 모든 노력을 기울였다.[14] 큰 배가 아마존의 상류 지역에 닻을 내리고 상품과 사람들을 내렸다. 이 배를 인도 정부의 이름으로 빌린 위크맨은 인디오들의 도움을 얻어 고무나무 씨앗을 미친 듯이 찾아다녔다. 그는 배에 씨앗을 실은 다음 벨렝으로 갔다. 출국 허가는 화물을 상세히 신고해야 받을 수 있었다. 그는 씨앗들이 영국 왕립식물원에서 사용할 식물학 표본이라고 신고했다. 출국허가가 떨어지자 배는 영국을 향해 출발했다. 화물의 일부는 콜롬보(스리랑카)와 싱가포르의 식물원 그리고 말레이시아, 바타비아(자카르타의 옛 이름/역주), 아프리카로 보내졌다.[15]

동남아시아는 고무나무 씨앗들의 이상적인 환경을 제공했다. 더구나 나무들을 규칙적인 간격으로 심어서 생산성을 극대화했다. 브라질의 독점 시대가 막 내린 것이다. 1910년부터 브라질의 고무 생산은 새로운 말레이시아 농장들의 강력한 경쟁에 직면하게 되었다. 말레이시아 농장들은 브라질보다 훨씬 더 저렴한 가격으로 고무유액을 제공했다.

더구나 1920년대에 초대형 천연고무 농장을 아마존 하구에서 960킬로미터 떨어진 파라 주에 건설하겠다는 헨리 포드의 시도마저 결국 실패하고 말았다. 말레이시아 고무 생산에 좌우되기를 원하지 않은 포드는

---

* 큐(Kew) : 런던 남서부 지역의 큐에 위치한 왕립식물원의 브랜드 네임이 큐이다/역주

'포드랜디아'라는 이름의 초대형 농장을 건설했다. 무려 700핵타르에 달하는 대지에 세링게이루들이 미국식으로 생활할 수 있는 시설을 갖추었다. 벌레들, 고무나무를 강타한 곰팡이 병, '미국식 생활방식'에 적응하지 못하는 노동자들 때문에 포드의 실험은 돈만 집어삼키는 구렁텅이로 변질되었다. 1945년 포드는 2,000만 달러를 날리고 농장을 폐쇄했다.[16]

비단, 종이, 수정, 레이스와 같은 제품들의 제조 비밀은 철저한 보호의 대상이었다. 그러나 그 비밀을 훔치려는 사람들은 독점을 깨기 위해서 모든 것을 할 각오가 되어 있었다.

57

1928년의 아크나카리 밀약이
반세기 동안 석유 값을 결정했다

1928년 세계 석유값은 60퍼센트나 폭락했다. 이 폭락은 1929년의 공황을 예상했기 때문이 아니었다. 폭발했던 석유 수요가 제1차 세계대전, 세계 강대국들을 강타한 산업 구조조정의 위기, 세계대전 기간에 추진된 연구와 투자의 결과로 시장에 나온 새로운 유전들 때문에 급감했기 때문이었다. 1900년 로열 더치 셸의 회장 자리에 오른 헨리 데터딩(1866-1939년)은 '석유산업의 나폴레옹'이라고 불리며 세계 최고의 권력자 가운데 한 사람이었다. 그는 아주 위험한 결정을 내렸다. 가장 경험이 많고 가장 무서운 두 명의 경쟁자인 스탠더드 오일 회장과 앵글로-페르시안* 회장에게 '거의 사악한' 협약을 제안하기로 한 것이다.[1]

세 사람은 공식적으로는 사냥을 한다고 발표하고 스코틀랜드 북부에 위치한 고성(古城)에서 회동했다. 고성 아크나카리(Achnacarry)는 도널드 월터 캐머런 경(1876-1951년)의 소유였다. 캐머런 경은 귀족 혈통의 25대 로치엘(Lochiel : 스코틀랜드의 씨족장)로 '여왕 전하의 캐머런 하일랜더스'라는 자기 이름이 붙은 연대의 연대장이었다.[2] 1928년 8월 27일 오후에 세 사람은 아주 짧게 사냥을 하고 저녁을 먹은 다음 성의 서재에 틀어박혔다. 그들은 아바나산 엽궐련을 연신 피우며 유명한 월리

---

* 오늘날 BP(British Petroleum)의 전신이다. 1908년 이란에서 대유전을 발견한 영국은 이란과 앵글로-페르시안 석유회사를 만들어 원유를 공동으로 채굴하기 시작했다/역주

엄 요새의 증류소에서 주조된 위스키를 몇 모금 마시기도 했지만, 토론은 소란스럽고 매우 힘들었다. 데터딩의 제안의 요지는 석유 공급을 더 잘 조절하기 위해서 카르텔을 결성하자는 것이었다. 로열 더치 회장에 따르면, 각 회사가 경쟁사들을 물리치고 시장 점유율을 높이려고 벌이는 제로섬 게임은 결국 모든 생산자−유통업자들에게 손해라는 것이었다. 따라서 경쟁은 불리한 결과만 초래할 것이다!

'7자매'가 철두철미 준수한 협약

밤늦게 세 사람은 협약에 합의했다. 협약문이 작성되어 9월 17일 서명되었다. 헨리 데터딩은 앵글로−페리시안 회장 존 캐드먼(1877−1941년) 그리고 뉴저지 스탠더드 오일 회장 월터 티글(1878−1962년)과 이해가 일치하는 점을 찾아내는 데에 성공한 것이다. 뉴저지 스탠더드 오일은 1911년 스탠더드 오일 그룹의 해체로 태어난 34개 회사 가운데 하나였다. 협약의 조항들은 대단히 명확했다. 협약에 참여한 회사는 시장 쿼터를 1928년 수준으로 유지하기로 약속하고, 수요의 변화에 따라서 시장 쿼터를 재조정한다고 명시한 조항을 덧붙였다. 모든 석유 가공 공장을 위한 신규 투자는 수요가 늘어나는 경우로 한정하고 기존 공장들을 공동으로 사용하기로 했다.

원가와 재판매 가격을 경쟁적으로 올리려는 모든 조치는 금지되었다. 그리고 석유가격을 결정하는 아주 복잡한 계산방식에도 합의했다. 우선 텍사스 만의 석유가격을 고려하고 여기에 모든 소비 중심지로의 운임을 추가해야 했다. 그러나 운임은 미국산 석유가 중동산 석유와 경쟁할 수 있도록 협정에 의해서 정하기로 했다.[3] 이러한 가격 결정 방식은 '걸프 플러스' 또는 '베이직 포인트 시스템'이라는 이름이 붙었다. 곧 캘리포니아 스탠더드 오일(소칼이 되었다가 셰브론이 된다), 뉴욕 스탠더드 오일

(소코니로 바뀌었다가 모빌이 되고 마지막으로 엑손모빌이 된다), 걸프 오일(나중에 셰브론에 흡수된다), 텍사코(셰브론에 합병된다) 이 4개 회사가 국제 카르텔에 가담했다.[4] 이 목록에서 엔리코 마테이(1906-1962년)가 명명한 '7자매(Seven Sisters)'라는 이름이 나왔다. 막강한 이탈리아 국영 석유회사 ENI의 회장이었던 마테이*는 아마도 카르텔 집단에 반대한 대가로 비행기 사고를 당했을 것이다.[5]

아르메니아의 중개인 캘루스트 굴뱅키언의 역할

유럽의 중환자였던 오스만 제국은 제1차 세계대전이 끝나자 여러 나라로 나누어졌다. 이에 따라서 중동 산유 지역들의 주인이 바뀌었다. 1916년의 사이크스-피코 협정**과 1920년의 산 레모 회의*** 덕에 파리와 런던이 미국을 '무시하고' 나누어 먹기에 성공했다.[6]

기업인이며 자선사업가인 캘루스트 굴뱅키언(1869-1955년)[7]이 무대에 등장하여 거의 모두가 만족하는 해결책을 찾아냈다. 캘루스트 굴뱅키언은 중동 지역에서의 중요한 협상을 여러 차례 성공시킨 경력으로 대단한 후광을 누리고 있었다. 그는 모든 일에 대해서 평균 5퍼센트의 중개료를 받는다고 해서 '미스터 5퍼센트'라고 불렸다. 세계대전 전에 그는 터키 석유회사를 설립했다. 그 자본 구성은 앵글로-페르시안 50퍼센트, 독일은행 25퍼센트, 로열 더치 셸 25퍼센트였다.[8] 1914년 독일은행과 셸은 각각 굴뱅키언에게 자본의 2.5퍼센트를 대가 없이 양도했다. 1928년

---

* 엔리코 마테이는 1962년 10월 27일 의문의 비행기 추락 사고로 사망했다/역주
** 사이크스-피코 협정(Sykes-Picot Agreement) : 1916년 5월 영국 대표 마크 사이크스(1879-1930년)와 프랑스 대표 프랑수아 조르주-피코(1870-1951년)가 오스만 제국령인 아랍 지역의 분할을 결정한 비밀 협정이다. 공식적인 이름은 소아시아 협정(Asia Minor Agreement)이다/역주
*** 산 레모 회의(Conference of San Remo) : 1920년 4월 이탈리아 산 레모에서 영국과 프랑스 등이 모여 사이크스-피코 협정을 추인한 회의이다/역주

1928년의 아크나카리 밀약이 반세기 동안 석유 값을 결정했다 307

7월 31일 굴뱅키언은 터키 석유회사의 해체와 이라크 석유회사(IPC)의 설립을 제안했다. 본사는 런던에 두고 자본은 앵글로-페르시안, 로열 더치 셸, 프랑스 석유회사, NEDC(Near East Development Corporation, 미국의 다섯 개 석유회사가 구성한 컨소시엄)가 똑같이 나누기로 했다. 중개인은 자본의 5퍼센트를 받았다.

이 뛰어난 협상가는 공동 개발 지역을 붉은색 선으로 표시했다. 당연히 그는 영국 보호령 지역인 쿠웨이트는 제외시켰다. 석유의 지정학에서 '레드 라인'⁹이라고 불린 굴뱅키언의 붉은색 선은 터키 석유회사의 예전 관할 지역에서 생산되는 석유의 탐사, 채굴, 수출 작업을 공동으로 수행하지 않을 수 없게 만들었다. 이 '강요된' 협력은 석유 회사들이 '검은 황금'의 마지막 한 방울까지 차지하려고 싸우다가 쪽박을 차는 것보다 훨씬 낫다는 논리에서 나왔다. 그뿐만 아니라 석유회사들은 서로 경쟁을 하지 않고, '레드 라인'이 정한 지역에서 나오는 모든 정보를 합리적인 선에서 공유하기로 약속했다. 1948년까지 지속된 이 협정 덕에 참여 석유회사들은 세계 석유 생산의 요충지를 통제할 수 있었다.

사법부가 7자매를 공격했으나, FBI의 메모가 조사를 중단시켰다

아크나카리 밀약은 제2차 세계대전 기간에도 파기 한 번 없이 유지되었다. 그러나 종전 후에 워싱턴의 자유주의 정신과 반(反)트러스트 법규에 의해서 위기에 처하게 되었다. 1951년 미국 연방대법원은 '불법적' 관행을 이유로 석유회사들을 소환했다. 법무부, 연방거래위원회(FTC, Federal Trade Commission), 상원 특별위원회도 같은 결론에 도달했다. 조사 대상이 된 회사들이 반트러스트법을 위반했을 가능성이 농후했기 때문에, 뉴욕 남부 연방지방법원 대배심이 그들을 소환하여 형사 소추 여부를 심의할 필요가 있었다.¹⁰

그러나 미국 대통령 해리 트루먼(재임 1945-1953년)에게 FBI의 막강한 국장 존 에드거 후버(1895-1972년)의 비밀 메모가 전달되었다. 후버는 고차원의 국가이익을 위해서 모든 사법 행위의 중단을 강력하게 요청했다.[11] 냉전, 에너지 시장에서 예고된 균형의 변화, 중동의 지정학적 상황으로부터 큰 영향을 받는 현실의 벽 앞에서 '정의(正義)'는 멈추어 서고 말았다. 나중에 석유수출기구(OPEC)의 득세 그리고 아랍권과 베네수엘라의 석유 국영화로 인하여 아크나카리 밀약은 무력화되었다. 그래도 이 밀약은 무려 45년이나 군림했다.[12]

에너지 시장에서 아크나카리 밀약 시대의 종식은 두 가지 중요한 결과를 낳았다는 점을 지적해야 한다. 중동의 석유 탐사를 위한 투자의 흐름이 불안정해졌고, 미국과 캐나다의 석유 채굴이 과도하게 이루어지게 되었다.

옛날의 향신료, 19세기의 석탄과 철, 20세기의 석유는 전쟁, 무역 및 경제 전쟁을 일으켰고 제국을 수립하고 해체했으며 공급 독점과 수요 독점을 조장했다. 어떤 진귀한 땅이 다음번 전장이 될 것인가?

58

나치의 유보트는 라 플라타 강 하구에서
금을 주고 백금을 매입했다

　1940년 중반부터 나치 친위대 요원들은 대서양 연안의 프랑스 항구에서 출발하는 유보트(U-boat)에 승선했다. 이 잠수함들은 남미 라 플라타 강의 거대한 하구(폭이 무려 219킬로미터)까지 진입하는 비밀 임무를 수행했다. 그곳의 공해(公海)는 모래가 약간 있다. 이 잠수함들이 수면에 떠오르면 그 선원들은 아르헨티나와 우루과이의 트롤 어선 어부들과 접선했다. 접선은 신속하게 이루어졌다. 나치들은 금괴를 주고 백금괴를 받았다. 그러나 교환 비율은 1대 1이 아니라 5대 1까지 올라가기도 했다. 백금이 강자였다.

　이 금속은 제대로 정련되지 않은 상태로 안데스 광산에서 채굴되었다. 대개는 페루와 볼리비아 은광의 부산물이었다. 광산 기업들은 별다른 가책 없이 백금괴를 동쪽으로 보냈다. 백금괴는 라마의 등에 실려 안데스의 두 번째 고개(가장 오래되고 가장 낮다)를 넘었다. 평야에서는 말들이 백금괴를 아르헨티나 또는 우루과이로 운반했다. 양측은 암호 전문으로 바다에서의 접선을 상세하게 정했다. 트롤 어선들이 부에노스 아이레스나 몬테비데오 항구에서 출발하는 일은 단 한 번도 없었다. 그 항구들은 여러 참전국들의 정보 팀이 철저하게 감시하고 있었기 때문이다. 배들은 의심을 받지 않으려고 주로 어항에서 항해를 시작했다. 거래가 끝나면 유보트들은 다시 잠수하여 독일 해군이 통제하는 프랑스 항구로 귀환했다.[1] 백금괴들은 다시 철저한 보안 속에서 독일의 주요 화학 단지와 석유화학 단지로 운반되었다.

백금 : 전략적인 원자재

백금은 아주 독특한 물리적-화학적 특성을 가지고 있다. 백금은 가장 우수한 촉매제의 하나로 중화학 공업에서 사용된다. 석유화학의 필수적인 재료인 백금은 비료, 폭발물, 질산 제조에 유용하게 사용되었다. 말 그대로, 전략적인 원자재이다.

그런데 제2차 세계대전의 추축국인 독일, 이탈리아, 일본 그리고 이 나라들이 점령한 지역에는 백금 광산이 없었다. 실제로 백금 산지는 (당시에 그리고 지금도) 미국, 캐나다, 소련, 짐바브웨, 남아프리카 등 열 손가락으로 꼽을 수 있는 나라들에 집중되어 있다. 이 나라들에서 세계 백금의 99퍼센트가 나온다. 제2차 세계대전에서 이 나라들은 추축국의 적국들이었다. 따라서 독일은 스위스 은행의 금고들에 보관된 백금을 구입했다. 파라데플라츠와 반호프슈트라세에 위치한 취리히 은행들을 주로 이용했다. 백금 수요가 급증했다. 기업인들이 다른 곳에서 백금을 발견하면, 구입하거나 기탁하게 만들었다.

'외환보호사령부'[2]에서 근무하는 나치 친위대는 은행원 경력이 있고 은행과 금고의 회계에 정통한 사람들로 구성되었다. 어떤 지역을 군사적으로 점령하면, 이 '은행 회계의 쥐들'이 은행 장부를 이 잡듯이 뒤져서 금고 관련 정보를 찾아냈다. 유가증권, 현금, 귀금속, 예술작품이 있는 금고를 보유한 고객의 명단이 최우선 목표였다.

백금은 언제나 신비로 둘러싸여 있었다

이 금속은 안데스 산맥과 중앙 아메리카 광산에서 불순물이라는 판정을 받았다. 1557년에 유럽은 이탈리아 인문학자 줄리오 세자레 스칼리제로(1484-1558년)³의 저작을 통해서 이 부산물을 알게 되었다. 스칼리제로는 이것을 다리엔(파나마)과 멕시코의 광산에서 나오는 신비한 금속이라고 기술했다. 이 금속은 너무나 신비로워서 연금술사들이 태양과 달의 상징으로 묘사할 정도였다. 태양은 금의 상징이고 달은 은의 상징이다. 스페인 광부들은 콜롬비아에서 이 금속을 대량으로 발견했을 때 '플라티나'(platina : 작은 은 덩어리)라고 불렀다.

스페인 왕 펠리페 5세(재위 1700-1746년)는 안토니오 데 울로아⁴(1716-1795년, 천문학자, 장군, 루이지애나의 스페인 총독)와 호르헤 후안 이 산타실리아(1713-1773년, 과학자, 수학자, 스페인 해군 장교)에게 1735-1745년 페루의 측지학 조사를 담당한 프랑스 원정대와 동행하라고 명령했다. 이 두 스페인 과학자는 '핀토의 플라티나'(핀토 강에서 발견된 작은 은 덩어리)가 콜롬비아의 누에바 그라나다 광산에서 금과 함께 나오는 이용 불가능한 금속과 동일하다는 것을 확인했다. 이 금속은 용해시키려면 고온(섭씨 1,768도)이 필요하기 때문에 이용이 불가능했다.

울로아의 배는 유럽으로 돌아가는 길에 영국 사략선들에게 나포당해 영국으로 끌려갔다. 울로아는 영국에서 대접을 잘 받고 나중에 왕립학술원 회원까지 되었다. 그러나 1748년 이전에는 '플라티나'에 대한 그의 연구를 발표하는 것이 철저히 금지되었다. 그사이에 영국 금속학자 찰스 우드(1702-1774년)가 1741년에 백금을 분리하는 데에 성공했고, 1751년에는 스웨덴 과학자 헨리크 셰퍼(1710-1759년)가 백금을 비소와 혼합하여 용해시키는 데에 성공했다. 프랑스 화학자 라부아지에(1743-1794년)

는 1782년 백금을 용해시키는 방법을 최초로 기술했다.[5] 그러나 금은 세공사들은 이미 25년 전부터 이 방법을 사용하고 있었다. 루이 16세(재위 1774-1792년)는 백금이 왕들만을 위한 금속이라고 선언하고, 전속 금은 세공사 마르크-에티엔 잔티(종 주조공으로 유명했다)에게 백금을 가공하여 왕실용 식기와 식탁 장식품들을 만들도록 지시했다. 스페인 왕 카를로스 3세(재위 1759-1788년)는 프랑스 화학자 피에르 샤바노 (1754-1842년)에게 이 금속 연구를 의뢰하기도 했다.[6]

1820년까지는 콜롬비아에서만 백금이 발견되었다. 나중에 이 금속이 우랄 광산에서도 나온다는 것이 알려졌다. 러시아는 100년 넘게 세계 백금의 주산지로 군림하게 된다. 1888년에는 백금이 니켈 광산에서 부산물로 나온다는 것이 밝혀졌다. 메렌스키 리프 백금 광산은 1924년에야 발견되었다. 메린스키 리프는 남아프리카 공화국 트란스발의 '루스텐버그 링'에 속하는 옛날 화산 지역이다.[7] 오늘날 이 지역에서 세계 백금 생산량의 3/4이 생산된다. 사족을 추가하자면, 루스텐버그(Rustenburg)는 아프리칸스어(남아프리카 공화국의 공용어/역주)로 '휴식의 도시'라는 뜻이다.[8]

청동 생산에 필수적인 주석을 차지하기 위한 전투에서부터 오스만 제국의 명반(피혁 제조인들과 기독교권의 섬유사업에 핵심적인 역할을 했다) 사용을 규탄하는 교황의 교서까지, 그리고 귀금속 추출에 사용되는 수은을 독점하기 위한 작전에서 포탄에 사용되는 포르투갈 텅스텐 생산을 장악하기 위한 연합군과 나치의 무역전쟁까지, 모든 역사는 대표적인 전략 물자들로 점철되어 있다.

59

미국의 무기대여법은 소련이 나치스의 기갑사단에
맞서 싸우도록 도와주었다

미국 선박들이 소련에 대한 원조 물자를 싣고 처음으로 무르만스크에 도착했을 때 수많은 상자에는 'SPAM'이라는 표기가 있었다. 붉은군대 군수국 장교들이 영어 사전을 뒤졌지만, 그런 단어는 없었다. 장교들은 상자를 열어 내용물을 확인하고 식품 창고에 저장했다.[1] 호멜 식품 (Hormel Foods) 회사가 1937년 SPAM이라는 상표로 등록한 통조림통이었다. 원래 이름은 'Spiced Ham'(양념을 한 햄)이었고 처음에는 'Hormel Spiced Ham'이라고 불렸다.

미국의 무기대여법(Lend-lease Act)에 의해서 소련은 450만 톤이 넘는 식품 외에도 엄청난 양의 민수 물자와 군수 물자를 지원받았다. 1941년 여름에 미국 정보부는 워싱턴의 정계와 군 고위 책임자들에게 나치의 침공을 당한 모스크바의 전쟁 수행 능력에 대한 우려를 전달했다. 전쟁 수행 능력이 부족한 소련이 단독으로 독일과 평화협정을 체결한다면, 영국과 연합군 전체는 물론이고 미국까지 위험에 빠질 것이라는 경고였다.

1941년 8월 25일 런던과 워싱턴은 이란 공동 점령을 시작했다. 이란의 철도망을 현대화하여 바스라 항을 통해서 소련에 물자를 제공하려는 계획이었다. 이 철도망 현대화 계획은 영국에 대한 원조의 일환으로 미국이 자금을 댔다. 루스벨트 대통령(재임 1933-1945년)은 미국이 종전 시까지 소련을 원조해야 한다는 보고를 받았다. 루스벨트는 미국이 1942

년 6월 30일부터 모스크바에 양도할 수 있는 물품과 무기 목록을 준비하라고 지시했다. 1941년 10월 1일 매우 소란스러운 외교 협상 끝에 미국, 영국, 소련은 모스크바 의정서를 체결했다.[2] 미국은 재건금융회사(RFC [Reconstruction Finance Corporation])가 담보 없이는 대출을 해줄 수 없었기 때문에 중요한 법률적 문제를 해결해야 했다. 워싱턴은 방어군수품회사(RFC의 자회사)를 통해서 5,000만 달러 그리고 국고를 통해서 1,000만 달러를 대출해주었다. 이 두 가지 대출의 담보는 만기에 소련이 미국 국고에 넘길 금과 원자재들이었다. 모스크바는 통상적인 무역 거래의 일환으로 미국에서 구입한 물품들의 대금을 금으로 지급한 적이 있었다. 그러나 이 금액은 크게 부족했다. 1941년 10월 28일 루스벨트는 소련에 대한 무기대여법을 별도 조건 없이 확대하기로 결정했다.

미국 : 중립에서 대대적인 원조로

1939년 9월 유럽에서 전쟁이 발발하자 루스벨트는 중립을 지킬 것이라고 단언했지만, 실제로는 런던을 지원할 준비를 했다. 1939년 중립법(Neutrality Act)이 제정되었다. 이 법은 참전국들이 현찰로, 즉 '전액 지불' 방식으로 미국 군수품을 구입하도록 허용했다. 미국 군인들, 특히 조지 마셜(1880–1959년) 장군은 군수품을 런던에 제공하려고 하지 않았다. 영국이 금방 무너짐으로써 히틀러가 영국 땅에서 전략적인 장비를 차지하게 될 위험이 크다고 믿었기 때문이다. 미국의 참전을 원하지 않는[3] 미국 여론 역시 유럽인들에 대한 원조에 적대적이었다. 1940년 9월 2일 루스벨트는 영국과 '구축함과 기지 교환' 협정을 체결했다. 미국은 퇴역한 구축함 50여 척을 영국에 제공하는 대신에 뉴펀들랜드 섬(캐나다)과 카리브 제도의 몇몇 영국 식민지들을 99년 동안 사용하는 권리를 얻게 되었다.

12월 8일 처칠은 루스벨트에게 비밀 전문을 보내, 영국의 상황이 너무 어려워져 미국 군수품 대금을 지급할 능력이 더 이상 없다고 통보했다.[4] 12월 17일 루스벨트는 영국에 군수품을 빌려주고 대금은 후불로 받는 방식(무기대여법)을 제안했다. 무기대여법은 1941년 3월 11일 공포되었다. 점진적으로 38개 연합국이 무기대여법의 혜택을 받게 되었고, 그 대출금은 이율 2퍼센트로 50년에 걸쳐 상환하기로 약속했다. 무기대여법의 전체 금액은 501억 달러까지 늘어났다. 영국과 영연방에 대한 원조가 제일 많아서 300억 달러[5]에 달했다. 런던은 2006년 12월 31일 마지막 상환금을 지급했다.[6]

미국의 원조는 소련에 결정적인 도움이 되었다

미국의 첫 번째 공급품은 히틀러의 침공 직후인 1941년 6월 소련에 도착했다. 소련은 대금을 금으로 지급했다. 미국의 첫 번째 수송선단은 무르만스크에 도착했다. 소련의 경제 상황은 절망적이었다. 1940-1942년 소련의 국내총생산은 34퍼센트나 폭락했다.[7] 소련은 돈바스 지역(제철과 중화학 공업 지역), 모스크바 지역, 폴란드의 동부 지역에 위치한 석탄 광산과 공업생산지들을 점진적으로 포기하지 않을 수 없었다. 나치는 우크라이나의 기름진 흑토 지대(곡물, 해바라기 씨, 면화)만이 아니라 폴란드 동부와 백러시아의 곡창지대도 점령했다. 캅카스(코카서스)의 석유 생산지만 남았다. 남자들은 대부분 전선으로 떠났고 그들 가운데 많은 사람들이 독일군의 포로가 되거나 전사했다. 여자들이 대거 공업지대(주로 우랄 산맥 동쪽에 위치했다)와 농업에 투입되었지만,[8] 인력이 크게 부족했다. 소련 경제는 붕괴 직전이었다. 병사들에게만 의존해야 하는 소련은 연합국들의 원조 없이는 더 이상의 전투가 불가능했다.

워싱턴과 모스크바는 1941년 10월 1일부터 1944년 7월 1일 사이에

5개의 의정서를 체결했다. 이 의정서들에 의거하여 미국의 원조는 점점 더 증가하다가, 1945년 9월 20일 중단되었다. 물자 수송은 3가지 통로를 이용했다. '북극 길'(미국과 캐나다의 동부 해안-아이슬란드-바렌츠 해-러시아 항구들), 알래스카-시베리아 축(알-시브), 페르시아 노선이 그것들이었다. 페르시아 노선에서는 페르시아 만-바스라-조지아(그루지아)를 거치거나 이란에서 직접 카스피 해로 이동했다.[9] 통로는 독일 유보트들의 이동과 기상조건에 따라서 결정되었다. 겨울에는 얼음이 항해를 방해하기 때문에 아메리카 동부 해안-바렌츠 해 통로는 거의 이용되지 않았다. 원조의 47.1퍼센트는 알래스카-시베리아 축, 23.8퍼센트는 페르시아 만 축, 22.7퍼센트는 북대서양을 이용했다. 나머지는 북극 통로를 이용했다. 독일 해군이 지중해에서 작전 능력을 상실한 직후부터는 흑해가 이용되었다.[10] 블라디보스토크와 시베리아 횡단 철도는 핵심 역할을 담당했다. 일본 해군이 미국 수송선단을 공격한 적이 없었기 때문이다. 여기서 모스크바가 미국 공군이 일본 폭격을 위해서 소련 기지를 사용하는 것을 결코 허용하지 않았다는 점을 지적해야겠다. 도쿄와 모스크바는 1945년 8월 8일에야 교전을 시작했다!

지프, 스튜드베이커 트럭, M4 탱크, 통조림통, 의치

오대호 주위에 집중된 미국 군수산업, 중서부의 농장들, 식품 제조업자들(특히 시카고의 대형 도살장과 캘리포니아 공장)이 무기, 탄약, 식품(주로 고기 통조림), 금속, 섬유제품, 공업 기계, 철도 장비(2,000량 가량의 기관차와 1만1,000대가 넘는 전차)를 소련에 보냈다. 66번 도로(시카고-로스앤젤레스), 철도망, 미국 항구들은 대호황을 누렸다. 3대 자동차 회사의 공장들은 하루 24시간 내내 돌아갔다. 소련은 37만5,000대의 트럭을 받았는데, 주로 스튜드베이커 회사 제품이었다. 이 트럭들은 러시아 평원에서의 수송에 사용되었다(철도망은 크게 파괴되었다). 러시아 군인들은 이 트럭에 저 유명한 카튜샤 로켓(자동식 속사포와 다연장포)을 싣고 다녔다. 소련은 총 17,184대의 셔먼 탱크, 즉 M4 중형탱크(포드, 제너럴 모터스, 풀먼 공장, 볼드윈 기관차 제조 전문 공장들에서 생산되었다)를 받았다.[11] 또 76밀리 포를 장착한 신형 M4 탱크 7,056대가 1944년 여름에 소련에 도착했다. 소련인들은 이것을 '엠차'(Emcha : 러시아어로 M4)라고 불렀다. 미군은 신형 M4 탱크를 일본군을 상대로 사용하려고 했으나, 일본군 탱크는 철판이 너무 얇았다. 펜타곤(미국 국방부)은 신형 M4 탱크를 제대로 활용하기 위해서 독일군의 탱크에 맞서 싸우는 소련군에게 넘겨주기로 한 것이다.[12] 미국은 소련에 선박도 많이 제공했다. 화물선 90척, 잠수함 호위함-구축함 105척, 어뢰정 197척, 모터보트 7,784정이었다. 면화, 가죽, 타이어, 장화, 화학과 석유 제품[13]만이 아니라 담배, 음반, 여성용 화장도구 케이스, 낚싯대, 인형, 화장품 그리고 의치 1만3,328개가 소련으로 수송되었다.[14]

1943년 스탈린은 "미국은 기계의 나라이다. 무기대여법으로 제공된 기계가 없었더라면, 우리는 전쟁에서 패했을 것이다"라고 선언하기도 했다.[15] 그 대신 소련은 미국에 망간과 크롬을 수출했다. 전쟁이 끝나자 미국은 모스크바와의 소란스러운 토론 끝에 다수의 선박을 소련인들에게 넘기는 대신 침몰시키기로 결정했다. 또 차량들은 블라디보스토크에서 고철로 만들어 그 상태로 미국으로 가져갔다.[16] 모스크바는 1972년 미국에 대한 채무 결제를 마쳤다. 일부는 탕감되었다.

동서고금의 역사는 전쟁에서 이기려면 용감한 전사들, 완전무결한 전략, 많은 돈 그리고 우수한 군수물자가 필요하다는 것을 우리에게 알려준다. 로마 군단은 매우 체계적으로 군수물자를 보급받았다. 노르망디 상륙작전을 가능하게 만든 군수물자처럼 말이다.

60

헝가리 펭괴는 현대사에서
최악의 초인플레이션을 겪었다

헝가리의 옛 은화 '펭괴(pengö)'는 '소리가 나다'는 의미의 헝가리어 peng에서 유래했다. 15-17세기에는 은화가 진짜인지를 확인하려면, 딱딱한 바닥에 놓고 두드려서 금속의 소리를 들어야 했다.

제2차 세계대전 직후에 펭괴는 최악의 초인플레이션을 겪은 화폐의 하나가 되었다. 오스트리아-헝가리 제국이 금본위 제도를 도입한 1892년부터 오스트리아-헝가리 크로네가 주조되었다. 제1차 세계대전 후 오스트리아에서 분리된 헝가리는 헝가리 크로네를 채택했다. 이것은 붕괴된 제국의 통화인 오스트리아-헝가리 크로네의 초라한 복사본이었다. 헝가리의 인플레이션이 화폐의 가치를 잠식하자 거의 모든 귀금속 화폐들은 자취를 감추었다(크로네는 동전, 백동전, 은화, 금화가 있었다/역주). 시민들이 귀금속 화폐(은화와 금화)를 집에 모아두었기 때문이다.

새로운 화폐를 발행하기로 결정한 헝가리 정부는 그 이름을 지어야 했다. 헝가리 역사를 상기시키는 명칭 4개로 선택의 폭이 좁혀졌다. turull(헝가리 신화에 나오는 새), turán(헝가리 민족의 기원지라고 간주되는 지리적 장소인 투란에서 나온 단어), libertas(헝가리와 트란실바니아의 군주 페렌츠 2세 라코치[1676-1735년]가 주조한 동전 폴투라의 일상적인 명칭), máriás(헝가리의 수호자인 성모 마리아의 모습이 한 면에 새겨진 화폐의 이름)이 그것들이다. 1925년 헝가리 의회가 화폐를 바꾸기로 결정함으로써 1927년 1월 1일 펭괴가 태어났다. 1펭괴는 이전의 1만2,500크로네였다. 의회는 금에 대한 명목상의 평가율도 확정했다(금 1킬로그램은 3,800펭괴였다). 처음부터 완전 태환은 배제하고 비율은 20퍼센트로 정했다. 헝가리 정부는 이 비율을 높여가기로 했다. 7월 펭괴는 51퍼센트 수준에서 태환이 보장됨으로써 동유럽에서 가장 안정적인 화폐의 하나가 되었다. 그러나 1929년의 세계 대공황은 농업 중심의 헝가리 경제 구조를 강타했다. 펭괴는 다른 많은 통화들과 마찬가지로 평가절하를 당하지 않을 수 없었다.[1] 제2차 세계대전 기간에 펭괴가 다시 가치가 떨어지기 시작하자 사람들은 은화를 집에 싸두기 시작했다. 곧 동전은 물론이고 백동전까지 자취를 감추어서 더 작고 더 값싼 금속을 사용하는 주화를 만들어야 했다.

전쟁은 헝가리 경제체제를 붕괴시켰다

헝가리는 전쟁의 참화로부터 비교적 비켜나 있었다. 그러나 1944년 후반기부터 1945년 처음 몇 달 사이에는 히틀러의 군대와 스탈린의 붉은군대 간의 격전이 헝가리 땅에서 벌어졌다. 헝가리의 생산 시설 그리고 도로망과 철도망이 무차별 폭격을 당했다. 산업시설의 약 50퍼센트가 완전히 파괴되고 남은 시설도 약 90퍼센트가 큰 피해를 입게 되어 석탄 생산은 40퍼센트나 감소했다. 다뉴브 강의 부다와 페스트를 잇는 모든 다리들이 파괴되거나 못쓰게 되었다.[2] 1944년 말과 1945년 4월 사이에 소비자 물가는 14.5배나 폭등했다.[3] 한 지역에서 풍부하게 생산되는 몇몇 식품들이 다른 소비 지역으로 운송되지 못하는 바람에 이러한 유통 장애가 물가를 오르게 만들었다.

종전 후 소련의 점령과 함께 헝가리에서는 모스크바가 붉은군대를 위해서 특별히 주조한 화폐가 통용되었다. 종전 후 몇 달 동안 펭괴의 가치는 매우 크게 떨어졌고, 하락은 점점 가속화되었다. 헝가리 정부가 이 엄중한 사태를 저지하기 위해서 취한 모든 조치는 효과가 없었고 오히려 역효과까지 발생했다.

밀펭괴와 아도펭괴

헝가리 정부는 100만 펭괴에 해당하는 밀펭괴(milpengö) 지폐, 그리고 다시 10억 펭괴에 해당하는 비펭괴(b-pengö) 지폐를 도입했다. 이러한 초인플레이션은 1923년에 독일을 강타한 것보다 훨씬 더 급격하고 비극적이었다.[4] 사람들은 화폐의 가치 폭락에 대해서 속수무책이었다. 유일한 해결책은 가능한 한 빨리 화폐를 써서 생필품을 비축하고 가능하다면 빚을 지는 것이었다. 1해(1경의 1만 배, 10^{20}) 펭괴 지폐가 유통되었지만, 그 가치는 0.2달러에 불과했다. 중앙은행은 10해(1경의 10만 배, 10^{21}) 펭괴 지폐도 찍어냈지만, 시민들 사이에서는 통용되지 않았다. 중앙은행 조폐국에서 종이를 너무나 많이 소비하는 바람에 지폐를 인쇄할 우수한 품질의 종이가 희귀해졌을 정도였다. 헝가리의 초인플레이션은 현대사에서 최악이라고 평가된다.[5]

1946년 1월 1일 헝가리 정부는 지출과 조세 징수를 표기하기 위해서 '펭괴-세금'이라는 의미의 아도펭괴(adó-pengö)를 도입했다. 원래 펭괴와 아도펭괴는 동일한 가치였지만, 5월 1일 630대 1이 되었다. 한 달 후에 1아도펭괴는 16만 펭괴가 되었다. 7월 31일 펭괴가 대폭락해서 1아도펭괴는 2×10^{21}펭괴가 되었다. 초기에 아도펭괴는 본질적으로 회계용이었다. 이 통화는 공공행정과 은행계에서만 통용되었다. 나중에는 국채, 우편환, 저축증명서가 아도펭괴로 발행되었다. 펭괴의 추락은 그야말로 세계사적으로 전대미문이었다. 1927년 1월 1일 1펭괴는 5.26달러였다. 1945년 12월 31일 1달러가 12만8,000펭괴가 되었다. 1946년 5월

31일 1달러는 4.2×10^{16} 펭괴, 1946년 7월 31일 4.6×10^{29} 펭괴가 되었다.[6] 이런 재앙은 연합국들에 대한 전쟁배상금 지급 때문에 더욱 악화되었다. 그러나 체코슬로바키아와 핀란드는 헝가리보다 훨씬 더 많은 전쟁배상금을 지급해야 했는데도 초인플레이션을 모면할 수 있었다.[7]

헝가리의 개혁과 구조조정에 의한 초인플레이션의 중단

1946년 8월의 개혁이 대성공을 거두어 상황을 안정시키는 데에 성공했다. 특이한 점은, 주로 조세 분야에서 개혁이 단행되었고(전통적으로는 통화 분야가 개혁의 대상이었다) 그 이후 통화량이 급속하게 또 장기적으로 증가했다는 것이다.[8] 이 개혁과 함께 새로운 통화인 포린트(forint)가 도입되었다. 포린트는 카롤리 로베르트(앙주 가문 출신으로 헝가리와 크로아티아 왕[1308-1342년][9]) 치하에서 피렌체의 플로린(florin)을 모델로 1325년부터 주조한 옛날 헝가리 금화 플로린을 참조한 화폐이다. 새로운 헝가리 화폐 포린트는 1946년 8월 1일 40앙(壤 : 경의 10조 배, 10^{29}) 펭괴의 가치로 발행되었다. 1포린트는 2억 아도펭괴에 교환되었다. 달러와의 교환 비율은 1달러에 11.74포린트로 고정했다.[10]

소련의 압력을 받은 헝가리 정부는 이런 개혁 조치들과 함께 생산과 교통 체제를 신속하게 재편했다. 모스크바는 헝가리가 신뢰할 수 있고 안정적이며 국경 지대에 거대한 농업과 공업 생산 단지를 보유한 동맹국이 되기를 원했다. 요시프 티토(1892-1980년)의 유고슬라비아는 소련의 안정적인 동맹국이라고 간주되지 않았다. 헝가리의 재건은 시민들의 일상생활을 신속하게 개선하고 시민들은 자신감을 회복했다.[11] 시민들은 헝가리 전역의 모든 길에 펭괴 지폐를 내다버렸다. 아무런 가치가 없었기 때문이다. 1946년 8월에 사진 한 장이 전 세계의 이목을 집중시켰고 각국의 교과서에도 실렸다. 도로청소부가 가을에 낙엽을 치우듯이 삽으로 펭괴 지폐를 치우는 장면이었다. 몇 달 후에 헝가리인들은 펭괴 지폐를 난로에서 땔감으로 썼다. 지폐가 장작보다 훨씬 더 쌌고, 나오는 열은 똑같았다.[12]

***

인류의 역사에서 초인플레이션은 심심치 않게 일어났다. 가장 최근의 초인플레이션은 짐바브웨에서 일어났다. 2009년 짐바브웨 중앙은행은 100조 짐바브웨 달러를 발권했는데, 그 가치는 약 30 미국 달러였다. 2009년 짐바브웨는 짐바브웨 달러를 포기하고 남아프리카 공화국 랜드와 미국 달러를 도입했다.

결론

원자재, 분쟁, 기후변화, 단절과 균형 파열의 시점에 주목하자

움베르토 에코는 2002년의 「피가로(*Le Figaro*)」인터뷰에서 "역사는 소설과 마찬가지로 거짓말들로 만들어진다"고 거듭 강조했다. 실제로 큰 역사는 대부분 전쟁의 승자들 그리고 그들의 공식 사관(史官)들에 의해서 기록된다. 공식 사관은 승자의 '진실'을 그대로 받아 적는 공증인과 다름없다. 반면에 사실에 입각한 작은 역사들은 진실이 될 가능성이 훨씬 더 크다. 이 책은 의도적이건 아니면 우연이건 대개는 망각된 역사적인 일화와 진기한 일들을 이야기한다는 분명한 목표가 있다. 그런 이야기들의 선정이 전적으로 개인적일 뿐만 아니라 이론의 여지가 있다는 점은 분명히 밝혀둔다. 필자는 원자재, 군사 분쟁, 기후, 단절과 불연속의 시점들을 주로 선택했다. 이런 주제들은 지금까지 경제사에서 거의 다루어지지 않았다. 제국과 문명의 성쇠와 같은 정치 사건과 경제 행위는 조금만 다른 각도에서 본다면 더 잘 이해할 수 있는 경우가 많다.

금, 은, 향신료의 지리적 대이동은 주민의 이주와 강제이주, 노예 시장, 전쟁과 뒤섞여서 커다란 가마솥을 형성했다. 그 가마솥 안에서 민족들의 혈통과 문화가 무질서하고 우발적인 연금술에 의해서 인류의 새로운 DNA를 탄생시켰다. 언제나 시장과 항구는 상품, 사람, 사상이 이동하는 중심지였고 세계화의 한 동력이었다. 교환의 축을 이루는 이 장소들에서는 향과 향신료의 냄새, 고기와 생선 튀김의 냄새, 신선한 과일의 내음, 사람의 땀, 여인의 매혹적인 향기, 안장을 얹은 동물들의 악취, 곡예사들의 음악, 상인들의 열띤 흥정, 성직자들의 설교, 법규를 준수시키는 임무를 맡은 군인과 야경꾼의 호령 소리가 뒤섞인다. 허접하거나 사치스러운 상품, 꿈과 환상, 쾌락, 문화와 천당행 영적 통행증을 파는 상인들이 언어의 바벨탑을 방불케 하고, 바닥 모를 가난과 엄청난 부가 이웃한다. 한쪽에는 델로스 섬에서 팔린 노예들, 약 15년 동안 바스라 삼각주에서 반란을 일으킨 잔즈 노예들, 아무런 희망 없이 누비아 광산, 중앙아시아의 마와라알-나흐르 지역, 스페인 제국의 아메리카 광산을 파들어가는 남자들의 절망이 있고 로마의 사창가에서 일하는 여자들, 오스만 제국과 명나라의 규방에서 화려하게 치장을 한 노예로 살아가는 여자들, 양차대전 사이에 상하이 사창가에서 몸을 파는 실직 섬유산업 여직공들의 체념이 있다. 다른 쪽에는 로마 포룸의 부유한 상인들, 칼리프국 바자르의 몇몇 실력자들, 피렌체 은행가와 베네치아 상인들, 반종교개혁 시대 로마 교황청의 고위 성직자들, 네덜란드와 영국 동인도회사의 부유한 도매상인들, 벨 에포크의 태평시대를 즐길 준비가 된 유럽과 미국 대서양 연안의 신흥 대기업가들, 호사스럽고 비단 같은 순간들을 보내는 모든 왕국과 제국 궁정의 영화가 있다.

단절의 시점을 이해하기는 어렵다

모든 역사는 작곡가 로시니의 「라 체네렌톨라」*에서 6중창이 노래하듯이 '풀 수 없는 매듭'이다. 청동기시대에서 철기시대로의 이행은 한(漢)나라나 로마 제국의 멸망과 마찬가지로 여러 세대에게 중대한 충격이었다. 이슬람 칼리프국들의 전광석화와 같은 정복과 비약적인 발전은 마야 제국 그리고 당나라의 몰락과 같은 시대에 일어났다. 십자군 운동

---

* La Cenerentola : 조아키노 로시니(1792-1868년)의 오페라 부파이다(1817년 초연)/역주

그리고 몽골인들의 정복과 파괴적인 폭력에 의해서 야기된 공포는 마르코 폴로, 이븐 바투타, 말리의 거부 황제 만사 무사의 대여행과 비슷한 시대였다. 이 모든 것은 25년도 안 되는 기간에 당시 알려진 3개 대륙에서 주민 셋 가운데 하나를 사망하게 만든 대흑사병으로 인한 대살육에 의해서 마감되었다. 이 대재앙 직전에는 세계 은행의 역사를 통틀어 최대의 파산이 있었다. 서로 전쟁을 하느라고 거의 영구적인 파산 상태에 빠진 유럽의 왕과 군주들에게 너무 많은 돈을 빌려준 몇몇 토스카나 은행들의 파산 말이다.

유럽의 지리적 대발견은 초기에는 세계에서 가장 부유한 두 나라, 즉 중국과 인도의 안정에 주변적인 영향밖에 주지 못했다. 그런데 중국과 인도에서는 극소수의 주민들만이 국부(國富)의 혜택을 누리고 있었다. 그후에는 유럽인들의 총기와 탐욕이 인도 지역과 중국해 국가들의 미래를 결정하게 되었다. 정치와 경제의 권력자들은 지리적 대발견에 커다란 충격을 받았지만, 이 새로운 세상을 즉각 이해할 수 있는 능력은 없었다. 신대륙의 존재를 알게 된 서민들은 눈이 휘둥그레졌고, 인도 지역과 유럽의 대형 유통 항구들을 직접 연결하는 캐럭 선과 갤리언 선들이 운송하는 향신료 가격의 하락에 박수를 보냈을 것이다.

그러나 16세기의 강력한 인플레이션이 유럽 전체를 강타했다. 경제의 무게 중심이 라틴-오스만의 지중해에서 대서양 북부와 인도 지역으로 이동했다는 점을 깨달은 사람은 극소수였다. 그사이에 마카오-말라카-나가사키-마닐라로 이루어진 사각형이 점차 강화되었다. 절대다수의 르네상스 시대 사람들은 전쟁, 기근, 가공할 영아 사망률에 짓눌리는 바람에 자신들이 정말 특별한 시대에 살고 있다는 것을 깨닫지 못했다. 콩키스타도르, 뱃사람, 상인, 성직자들은 항해 인원의 평균 30퍼센트가 사망하는 모험에 뛰어들었다. 그들은 신선한 단백질을 조금이라도 섭취하려고 0.5두카트를 주고 배의 쥐들을 구입했다. 그들은 괴혈병, 열병,

이질로 쓰러졌고 단순히 갈증으로 죽기도 했다. 미타*에 희생된 사람들, 포토시의 지옥 그리고 알마덴과 우앙카벨리카의 수은 광산에서 독을 들이마시며 일하는 노예들, 중부 유럽의 산악지대와 일본 이와미 은광에서 점점 더 깊게 파고 들어가는 광부들의 피와 땀 덕에 르네상스 시대 유럽의 일부가 부를 구가했다는 것을 아는 사람들은 거의 없었다.

그사이에 유럽은 종교전쟁에서 서로 죽이기를 계속하고, 대륙 전체를 유린한 군대에 의해서 전파된 흑사병의 재발에 속수무책으로 당하고 있었다. 일본에서는 쇼군 선출을 위한 기나긴 내전에서 아시가루(p. 178 참조)가 화승총(포르투갈 상인들에게서 샀다)을 사용했다. 수많은 '억척어멈들'**이 겪고 자크 칼로***가 감동적인 사실주의로 그려낸 그 끔찍한 30년 전쟁이 끝나기 4년 전에, 번성했던 명나라의 마지막 황제가 자살했다. 숭정제는 자금성에서 간신히 탈출하여 유다처럼 나무에 목을 맸다(1644년). 신기술 보급의 혜택을 누리고 초콜릿을 맛보고 중국, 페르시아, 리옹, 칼라브리아, 코모 비단을 어루만지고 레이스 제품의 세공 솜씨를 감탄하고 무라노 또는 보헤미아 샹들리에 불빛 아래서 중국 자기와 일본의 이마리 자기로 만찬을 즐길 수 있는 사람은 극소수에 불과했다. 절대다수는 굶주림을 면하기 위해서 기껏해야 옥수수와 토마토를 나중에는 감자를 심었다. 그들은 지구가 더 이상 우주의 중심이 아니라는 사실을 배울 시간이 없었다.

혹독한 기후가 몰아닥친 유럽은 1711년의 대우역(大牛疫)으로 막대한 피해를 입었다. 일본은 200년 동안 쇄국을 단행하여 외부와 거의 단절되었다. 만주족들은 중국을 정복하고 안정시켰다. 러시아 제국은 시베

---

* 케추아어(語) 미타(Mit'a)는 잉카 제국의 부역제도를 가리켰다. 하지만 스페인 정복자들이 이 제도를 노예제 미타(mita)로 변질시켰다/역주
** 독일 극작가 베르톨트 브레히트(1898–1956년)의 1938–1939년 작품인 『억척어멈과 그 자식들』은 '30년 전쟁의 연대기'라는 부제가 붙어 있다/역주
*** 로트링겐(로렌) 판화가 자크 칼로(1592–1635년)의 대표작은 30년 전쟁의 참상을 그린 동판화 연작 「전쟁의 참화」이다/역주

리아 지역으로 진출했다. 카리브 제도의 사략선과 해적의 시대는 가고, 삼각무역으로 악명이 높은 노예상인들의 시대가 열렸다.

제국의 도약과 몰락

포르투갈, 스페인, 네덜란드, 무굴 제국은 해체되고 대영제국이 아시아에서 승승장구했다. 비록 미국을 잃었지만 말이다. 프랑스 혁명이 여름 사냥을 떠난 수많은 통치자들을 경악하게 만든 다음에는, 나폴레옹의 돌풍이 유럽 전역을 전장으로 만들어 수백만에 달하는 군사와 민간인들을 이동시켰다. 새로운 산업혁명에서 영국의 석탄이 네덜란드의 이탄에 승리를 거두었다. 이 산업혁명으로 농민 수백만이 비위생적인 대도시 지역으로 이동하게 되었고, 식민지의 농업생산은 구대륙의 염료 화학과 기술의 끊임없는 진보 때문에 막대한 타격을 받았다. 이런 현상은 세계의 다른 지역과 유럽 사회에 끔찍한 피해를 입혔다.

유럽은 다시 전 세계를 상대로 영토 정복에 나서서 '레벤스라움'*을 건설하려고 시도했다. 그러나 레벤스라움은 아마도 존재하지 않을 것이다. 20세기 초반에 3개 제국이 붕괴하고 베이징, 이스탄불, 런던에 중대한 여파를 미쳤다. 제2차 세계대전 기간에 미국은 연합국들과 소련에 믿을 수 없을 정도로 엄청난 양의 군수와 민간 물자 그리고 식량을 제공함으로써 초강대국의 역할을 맡게 되었다. 샘 아저씨의 원조 덕에 모스크바는, 미군이 노르망디에 상륙하기 전까지, 나치의 기갑사단을 저지할 수 있었다.

이 책의 마지막 장은 제2차 세계대전 직후 헝가리의 통화체계를 마비

---

* 레벤스라움(Lebensraum, 생활권)은 1890년대부터 1940년대까지 독일 내에 존재했던 농본주의와 연관된 식민 이주의 개념과 정책 자체를 의미한다. 히틀러는 이 개념에 의지하여, 모든 독일인은 하나의 국가로 단결하여 동방의 레벤스라움을 손에 넣기 위해서 전 세계의 미래를 결정하는 거대한 전쟁을 해야 한다고 주장했다/역주

시킨 초인플레이션을 다루었다. 중앙은행들이 디플레이션을 막으려고 싸우는 오늘날에는 초인플레이션을 이해하기가 쉽지 않다. 지난 30년 동안 머리가 일곱 개인 히드라 같은 인플레이션을 퇴치하려고 노력했는데도 말이다.

결론은 단 하나뿐인 것 같다. 절대다수의 인민과 그 통치자들은 자신들이 살고 있는 현실보다 항상 뒤처지게 마련이다. 눈앞에서 벌어지고 있는 사건을 더 잘 보고 더 잘 이해하기 위해서 안경을 바꾸는 것은 정말 어려운 일이다. 노력만이 아니라 호기심이 필수적이다. 동서고금을 막론하고, 변화를 재빨리 간파할 줄 알았던 사람이 몇 명이나 될까? 변화야말로 인류가 응해야 하는 영원한 도전이라고 믿는다.

감사의 말

자크 아틸리는 필자가 이 책을 쓰도록 격려해주었다. 장-마르크 다니엘은 너무나 친절하게도 추천사를 써주었다. 항상 직원들의 작업을 지원하는 비엘-트러디션(Viel-Tradition) 국제그룹 회장 파트릭 콩브에게도 감사드린다. 클로드 뒤랑은 이 책의 출판을 즉각 수락했다. 필자는 편집 전문가 소피 쿠코야니스의 역량 덕을 톡톡히 보았고, 특히 그 날카로운 비판정신은 많은 도움이 되었다. 파야르 출판사의 모든 분들에게도 감사드린다. 직장 동료인 오펠리 망기와 브누아 모데, 라에티티아 펠라, 쥐스틴 리무안, 사라 페타를 비롯해서 필자를 도와준 분들의 명단은 길다. 필자의 가족 모두에게 오래 참아주어서 고맙다고 전하고 싶다. 마지막으로 집필 과정 내내 필자와 함께한 요한 제바스티안 바흐에게도 감사드린다.

이 책에 등장하는 범선들

갤리 선(galley)

고대부터 지중해에서 사용된 돛보다 노를 주로 사용하는 범선. 근대 초기에는 카리브 해, 필리핀 해, 대서양에서도 사용되다가 17세기에 단종되었다.

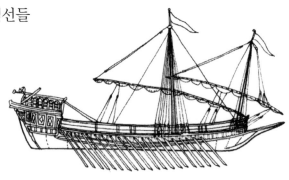

갤리어스 선(galleass)

대형 갤리 상선에서 발달한 군함. 최소 32개의 노가 사용되었다.

갤리언 선(galleon)

16세기 후반에서 18세기 무렵까지 사용된 돛대가 3–4개인 범선. 대항해 시대에 상선과 군함으로 사용되었다.

캐러벨 선(caravel)

3-4개의 돛대가 있는 범선. 15-16세기에 특히 탐험에 쓰인 쾌속 범선. 콜럼버스의 핀타 호와 니냐 호가 캐러벨 선이었다.

캐러 선(carrack)

15-16세기의 돛이 3-4개인 대형 범선. 캐러벨의 단점을 보완하여 원거리 항해와 탐험에 쓰였다. 스페인에서는 나오(nao)라고도 한다. 콜럼버스의 산타 마리아 호는 캐러 선이다.

캐러 선과 정화의 함선

정화의 원양 항해를 위한 함선은 돛이 9개였고, 콜럼버스의 산타 마리아 호(캐러 선)보다 다섯 배가량 길었다. 중간 크기의 배가 길이 126미터에 폭이 51미터 정도였다고 한다.

* 이 그림들과 캡션은 까치글방 편집부가 정리한 것이다.

역자 후기

경제는 경세제민(經世濟民)의 약자이므로 세상을 경영하고 민을 구제한다는 의미이다. 이것은 불가능하지는 않을지 몰라도 참으로 어렵고 또 어려운 일이다. 그래서인지는 몰라도 경제와 경제사 관련 책들은 일반인들에게는 너무 어려운 것이 현실이다.

난삽하기까지 한 경제사를 어렵지 않게 이야기해준 것이 이 책의 첫 번째 장점이라고 본다. 두 번째 장점은 60개의 경제사 이야기가 아주 자연스럽게 세계사로 이어진다는 것이다. 기원전 2500년경의 아시리아에서 로마, 이슬람 문명권의 칼리프국들, 중앙아시아, 중국, 유럽, 오스만 제국, 아메리카, 일본, 미국, 러시아 등을 거쳐 제2차 세계대전 직후의 헝가리까지 그야말로 동서고금을 섭렵하고 있다. 특히 귀금속과 비금속, 향신료, 중국의 비단과 자기, 남미와 일본의 은, 물감(안료와 염료), 기후변화, 화폐제도, 원자재 등이 경제사는 물론이고 세계의 역사를 바꾸는 데 크게 기여했다는 이야기는 정말 흥미진진하다. 세 번째 장점은 우리에게는 전혀 낯설지만 경제사와 세계사에서 중요한 역할을 수행한 지명을 수도 없이 알려준 덕에 이제부터라도 지리 공부를 해야겠다는 마음이 들게 만드는 것이다. 여러 나라에서 역사와 지리를 단일 과목으로 가르친다는 점을 강조하고 싶다. 독자가 절반 이상을 만드는 책이 가장 유익하다는 이야기가 있다. 독자들에게 온라인 사전에 의지해서 동서고금의 경제사, 세계사, 지리로의 여행을 떠나보라고 권유하는 바이다.

이 책이 다루는 시간과 공간이 너무 광범위한 나머지, 번역 과정에서 여러 분의 도움을 받지 않을 수 없었다. 번역을 소개해준 서울대 서양사학과 주경철 교수, 로마 시대 관련 사항을 자문해준 서울시립대 도시인문학연구소 홍용진 교수 그리고 간송미술관 동지들에게 감사드린다. 이탈리아어 발음을 가르쳐준 친구 전종덕에게도 감사의 말을 전한다. 그리고 까치글방 편집부 선생들의 노고에 경의를 표한다. 그래도 오류가 있다면 전적으로 역자의 책임이다.

역자는 1982년부터 건국대 불문과 학생들과의 아름다운 인연을 이어가고 있다. 물론 항상 역자가 학생들에게 민폐를 끼치고 있지만 말이다. 이번에는 85학번 김추연 사장이 크나큰 도움을 주었다. 정말 고맙고 자랑스러운 일이다. 김추연 사장에게 거듭 사의를 표한다.

2016년 7월
송기형

인명 색인